老科学家学术成长资料采集工程丛书

中国科学院院士传记丛书

拥抱海洋

王颖传

古琬莹

吴建华◎著

湖南科学技术出版社

中国科学技术出版社

图书在版编目（CIP）数据

拥抱海洋：王颖传 / 古琬莹，吴建华著. —长沙：
湖南科学技术出版社，2021.12

（老科学家学术成长资料采集工程丛书. 中国科学
院院士传记丛书）

ISBN 978-7-5710-1288-5

I. ①拥… Ⅱ. ①古…②吴… Ⅲ. ①王颖—传记
Ⅳ. ① K825.89

中国版本图书馆 CIP 数据核字（2021）第 236300 号

YONGBAO HAIYANG WANG YING ZHUAN

拥抱海洋　王颖传

著　　者：古琬莹　吴建华
责任编辑：李文瑶
出　　版：湖南科学技术出版社　中国科学技术出版社
发　　行：湖南科学技术出版社
社　　址：长沙市芙蓉中路一段 416 号泊富国际金融中心
网　　址：http://www.hnstp.com
湖南科学技术出版社天猫旗舰店网址：
　　　　　http://hnkjcbs.tmall.com
邮购联系：本社直销科 0731-84375808
印　　刷：湖南凌宇纸品有限公司
　　　　　（印装质量问题请直接与本厂联系）
厂　　址：长沙市长沙县黄花镇黄垅新村工业园财富大道 16 号
邮　　编：410137
版　　次：2021 年 12 月第 1 版
印　　次：2021 年 12 月第 1 次印刷
开　　本：710mm×1000mm　1/16
印　　张：15.75
字　　数：215 千字
插　　页：2
书　　号：ISBN 978-7-5710-1288-5
定　　价：88.00 元

老科学家学术成长资料采集工程简介

　　老科学家学术成长资料采集工程（以下简称"采集工程"）是根据国务院领导同志的指示精神，由国家科教领导小组于 2010 年正式启动，中国科协牵头，联合中组部、教育部、科技部、工信部、财政部、文化部、国资委、解放军总政治部、中国科学院、中国工程院、国家自然科学基金委员会等 11 部委共同实施的一项抢救性工程，旨在通过实物采集、口述访谈、录音录像等方法，把反映老科学家学术成长历程的关键事件、重要节点、师承关系等各方面的资料保存下来，为深入研究科技人才成长规律，宣传优秀科技人物提供第一手资料和原始素材。

　　采集工程是一项开创性工作。为确保采集工作规范科学，启动之初即成立了由中国科协主要领导任组长、12 个部委分管领导任成员的领导小组，负责采集工程的宏观指导和重要政策措施制定，同时成立领导小组专家委员会负责采集原则确定、采集名单审定和学术咨询，委托科学史学者承担学术指导与组织工作，建立专门的馆藏基地确保采集资料的永久性收藏和提供使用，并研究制定了《采集工作流程》《采集工作规范》等一系列基础文件，作为采集人员的工作指南。截至 2021 年 8 月，采集工程已启动 592 位科学家的学术成长资料采集项目，获得实物原件资料 132922 件、数字化资料 318092 件、视频资料 443783 分钟、音频资料 527093 分钟，具有重要的史料价值。

采集工程的成果目前主要有三种体现形式，一是建设"中国科学家博物馆网络版"，提供学术研究和弘扬科学精神、宣传科学家之用；二是编辑制作科学家专题资料片系列，以视频形式播出；三是研究撰写客观反映老科学家学术成长经历的研究报告，以学术传记的形式，与中国科学院、中国工程院联合出版。随着采集工程的不断拓展和深入，将有更多形式的采集成果问世，为社会公众了解老科学家的感人事迹，探索科技人才成长规律，研究中国科技事业的发展历程提供客观翔实的史料支撑。

总序一

中国科学技术协会主席　韩启德

　　老科学家是共和国建设的重要参与者，也是新中国科技发展历史的亲历者和见证者，他们的学术成长历程生动反映了近现代中国科技事业与科技教育的进展，本身就是新中国科技发展历史的重要组成部分。针对近年来老科学家相继辞世、学术成长资料大量散失的突出问题，中国科协于2009年向国务院提出抢救老科学家学术成长资料的建议，受到国务院领导同志的高度重视和充分肯定，并明确责成中国科协牵头，联合相关部门共同组织实施。根据国务院批复的《老科学家学术成长资料采集工程实施方案》，中国科协联合中组部、教育部、科技部、工业和信息化部、财政部、文化部、国资委、解放军总政治部、中国科学院、中国工程院、国家自然科学基金委员会等11部委共同组成领导小组，从2010年开始组织实施老科学家学术成长资料采集工程。

　　老科学家学术成长资料采集是一项系统工程，通过文献与口述资料的搜集和整理、录音录像、实物采集等形式，把反映老科学家求学历程、师承关系、科研活动、学术成就等学术成长中关键节点和重要事件的口述资料、实物资料和音像资料完整系统地保存下来，对于充实新中国科技发展的历史文献，理清我国科技界学术传承脉络，探索我国科技发展规律和科技人才成长规律，弘扬我国科技工作者求真务实、无私奉献的精神，在全社会营造爱科学、学科学、用科学的良好氛围，是一件很有意义的事情。采集工程把重点放在年龄在 80 岁以上、学术成长经历丰富的两院院士，以及虽然不是两院院士、但在我国科技事业发展中作出突出贡献的老科技工作者，充分体现了党和国家对老科学家的关心和爱护。

自 2010 年启动实施以来，采集工程以对历史负责、对国家负责、对科技事业负责的精神，开展了一系列工作，获得大量反映老科学家学术成长历程的文字资料、实物资料和音视频资料，其中有一些资料具有很高的史料价值和学术价值，弥足珍贵。

以传记丛书的形式把采集工程的成果展现给社会公众，是采集工程的目标之一，也是社会各界的共同期待。在我看来，这些传记丛书大都是在充分挖掘档案和书信等各种文献资料、与口述访谈相互印证校核、严密考证的基础之上形成的，内中还有许多很有价值的照片、手稿影印件等珍贵图片，基本做到了图文并茂，语言生动，既体现了历史的鲜活，又立体化地刻画了人物，较好地实现了真实性、专业性、可读性的有机统一。通过这套传记丛书，学者能够获得更加丰富扎实的文献依据，公众能够更加系统深入地了解老一辈科学家的成就、贡献、经历和品格，青少年可以更真实地了解科学家、了解科技活动，进而充分激发对科学家职业的浓厚兴趣。

借此机会，向所有接受采集的老科学家及其亲属朋友，向参与采集工程的工作人员和单位，表示衷心感谢。真诚希望这套丛书能够得到学术界的认可和读者的喜爱，希望采集工程能够得到更广泛的关注和支持。我期待并相信，随着时间的流逝，采集工程的成果将以更加丰富多样的形式呈现给社会公众，采集工程的意义也将越来越彰显于天下。

是为序。

总序二

中国科学院院长　白春礼

　　由国家科教领导小组直接启动，中国科学技术协会和中国科学院等12个部门和单位共同组织实施的老科学家学术成长资料采集工程，是国务院交办的一项重要任务，也是中国科技界的一件大事。值此采集工程传记丛书出版之际，我向采集工程的顺利实施表示热烈祝贺，向参与采集工程的老科学家和工作人员表示衷心感谢！

　　按照国务院批准实施的《老科学家学术成长资料采集工程实施方案》，开展这一工作的主要目的就是要通过录音录像、实物采集等多种方式，把反映老科学家学术成长历史的重要资料保存下来，丰富新中国科技发展的历史资料，推动形成新中国的学术传统，激发科技工作者的创新热情和创造活力，在全社会营造爱科学、学科学、用科学的良好氛围。通过实施采集工程，系统搜集、整理反映这些老科学家学术成长历程的关键事件、重要节点、学术传承关系等的各类文献、实物和音视频资料，并结合不同时期的社会发展和国际相关学科领域的发展背景加以梳理和研究，不仅有利于深入了解新中国科学发展的进程特别是老科学家所在学科的发展脉络，而且有利于发现老科学家成长成才中的关键人物、关键事件、关键因素，探索和把握高层次人才培养规律和创新人才成长规律，更有利于理清我国科技界学术传承脉络，深入了解我国科学传统的形成过程，在全社会范围内宣传弘扬老科学家的科学思想、卓越贡献和高尚品质，推动社会主义科学文化和创新文化建设。从这个意义上说，采集工程不仅是一项文化工程，更是一项严肃认真的学术建设工作。

中国科学院是科技事业的国家队，也是凝聚和团结广大院士的大家庭。早在1955年，中国科学院选举产生了第一批学部委员，1993年国务院决定中国科学院学部委员改称中国科学院院士。半个多世纪以来，从学部委员到院士，经历了一个艰难的制度化进程，在我国科学事业发展史上书写了浓墨重彩的一笔。在目前已接受采集的老科学家中，有很大一部分即是上个世纪80、90年代当选的中国科学院学部委员、院士，其中既有学科领域的奠基人和开拓者，也有作出过重大科学成就的著名科学家，更有毕生在专门学科领域默默耕耘的一流学者。作为声誉卓著的学术带头人，他们以发展科技、服务国家、造福人民为己任，求真务实、开拓创新，为我国经济建设、社会发展、科技进步和国家安全作出了重要贡献；作为杰出的科学教育家，他们着力培养、大力提携青年人才，在弘扬科学精神、倡树科学理念方面书写了可歌可泣的光辉篇章。他们的学术成就和成长经历既是新中国科技发展的一个缩影，也是国家和社会的宝贵财富。通过采集工程为老科学家树碑立传，不仅对老科学家们的成就和贡献是一份肯定和安慰，也使我们多年的夙愿得偿！

鲁迅说过，"跨过那站着的前人"。过去的辉煌历史是老一辈科学家铸就的，新的历史篇章需要我们来谱写。衷心希望广大科技工作者能够通过"采集工程"的这套老科学家传记丛书和院士丛书等类似著作，深入具体地了解和学习老一辈科学家学术成长历程中的感人事迹和优秀品质；继承和弘扬老一辈科学家求真务实、勇于创新的科学精神，不畏艰险、勇攀高峰的探索精神，团结协作、淡泊名利的团队精神，报效祖国、服务社会的奉献精神，在推动科技发展和创新型国家建设的广阔道路上取得更辉煌的成绩。

总序三

中国工程院院长　周　济

　　由中国科协联合相关部门共同组织实施的老科学家学术成长资料采集工程，是一项经国务院批准开展的弘扬老一辈科技专家崇高精神、加强科学道德建设的重要工作，也是我国科技界的共同责任。中国工程院作为采集工程领导小组的成员单位，能够直接参与此项工作，深感责任重大、意义非凡。

　　在新的历史时期，科学技术作为第一生产力，已经日益成为经济社会发展的主要驱动力。科技工作者作为先进生产力的开拓者和先进文化的传播者，在推动科学技术进步和科技事业发展方面发挥着关键的决定的作用。

　　新中国成立以来，特别是改革开放30多年来，我们国家的工程科技取得了伟大的历史性成就，为祖国的现代化事业作出了巨大的历史性贡献。两弹一星、三峡工程、高速铁路、载人航天、杂交水稻、载人深潜、超级计算机……一项项重大工程为社会主义事业的蓬勃发展和祖国富强书写了浓墨重彩的篇章。

　　这些伟大的重大工程成就，凝聚和倾注了以钱学森、朱光亚、周光召、侯祥麟、袁隆平等为代表的一代又一代科技专家们的心血和智慧。他们克服重重困难，攻克无数技术难关，潜心开展科技研究，致力推动创新发展，为实现我国工程科技水平大幅提升和国家综合实力显著增强作出了杰出贡献。他们热爱祖国，忠于人民，自觉把个人事业融入到国家建设大局之中，为实现国家富强而不断奋斗；他们求真务实，勇于创新，用科技为中华民族的伟大复兴铸就了辉煌；他们治学严谨，鞠躬尽瘁，具有崇高的科学精神和科学道德，是我们后代学习的楷模。科学家们的一生是一本珍贵的教科书，他们坚定的理想信念和淡泊名利的崇高品格是中华民族自强不息精神的宝贵财富，永远值得后人铭记和敬仰。

通过实施采集工程，把反映老科学家学术成长经历的重要文字资料、实物资料和音像资料保存下来，把他们卓越的技术成就和可贵的精神品质记录下来，并编辑出版他们的学术传记，对于进一步宣传他们为我国科技发展和民族进步作出的不朽功勋，引导青年科技工作者学习继承他们的可贵精神和优秀品质，不断攀登世界科技高峰，推动在全社会弘扬科学精神，营造爱科学、讲科学、学科学、用科学的良好氛围，无疑有着十分重要的意义。

中国工程院是我国工程科技界的最高荣誉性、咨询性学术机构，集中了一大批成就卓著、德高望重的老科技专家。以各种形式把他们的学术成长经历留存下来，为后人提供启迪，为社会提供借鉴，为共和国的科技发展留下一份珍贵资料。这是我们的愿望和责任，也是科技界和全社会的共同期待。

1985 年王颖荣获全国"三八"红旗手称号

2021 年 1 月王颖采集小组成员和王颖合影
（左起：蒋飞、古琬莹、王颖、朱大奎、吴建华）

2017 年 10 月 29 日，江苏镇江考察合影
（左起：葛晨东、朱大奎、王颖、Georgia-Pe-Piper、David-Piper、殷勇）

老科学家学术成长资料采集工程

中国科学院院士传记丛书

拥抱海洋

王颖 传

古琬莹

吴建华◎著

---

935 年
生于河南省潢川县

1952 年
考入南京大学

1956 年
赴印度参加国际
地理学研讨会

1958 年
参与"新港泥沙来
源与回淤研究"

1978 年
加拿大达尔豪谢
(Dalhousie) 大学进修

1990 年
任海岸与海岛开发国
家试点实验室主任

2001 年
当选为中国科学院院士

2016 年
参与"南海海域、岛礁开
发与海疆权益"项目

序

　　王颖，中国科学院院士，中国海洋学会名誉理事长，PACON International（太平洋海洋科学技术大会）终身会员，法国地理学会荣誉会员，国际第四纪研究联合会（INQUA）终身荣誉会员，国际地貌学家联合会（IAG）荣誉会员，国际沉积学会（IAS）荣誉会员，中国首位滑铁卢大学环境科学荣誉博士学位获得者……王颖教授身上笼罩着许多光环，对于其在地学、海洋事业上的杰出贡献，无论是学生还是老师，都充满了深深的敬意。

　　我与王颖教授相识于 2017 年，当时由我带领的团队承担了中国科协"老科学家学术成长资料采集工程项目"，王老师则是该项目采集对象之一，由此，我们与王老师取得联系。未见王老师前，我听闻其正色敢言，不苟言笑。初次会面，谈话时间不长，但王老师却给我留下了很深刻的印象。王老师虽已耄耋之年，但头发茂密且乌黑，颇显精神。她以洪亮的声音迎接我们的到来，并指自己腿脚不便于起身，希望我们不要介意。桌上已备好茶水和她喜爱的苏打饼干，茶几旁还放着一张字迹工整的便笺，这是王老师一早草拟的谈话提纲。和王老师的这次谈话是高效且愉快的。我感受到这位老人如同钻石般，有着许许多多的横切面，每一面都放射着独特的光芒，有待去挖掘。

　　随着项目的推进，我们聆听着王老师的百味人生事，愈发感受着其深处的思想和人格力量，尤其是王老师始终怀揣着一份初心，保持着对国家、对科学、对生活的热爱。

"国家哪里需要我，我就去哪里。"王老师始终把自己的奋斗成长与祖国的发展需要联系在一起。科学无国界，科学家有祖国，爱国是科学家精神的第一要义。无论是早年为国家建设选港建港，还是后期致力于实现南海权益最大化，王老师始终将自己的科学追求融入建设社会主义现代化国家的伟大事业中去，这种深厚的爱国情怀十分值得我们学习。

"你喜欢什么？""我喜欢海洋。"一个小小的爱好，却成为一辈子的事业。对待科学，王颖热爱而执着，严谨而敢于突破。王老师坚信躬行出真知，每一次考察，每一个发言，每一篇文章，王老师必定亲自参与，严格把关。记得我们将本书的初稿请王老师过目，王老师用了一个星期的时间，从早上八点到下午五点，不停歇地对每字每句进行修订，近150页的稿纸上密密麻麻地作了大量批注，连标点符号的不当之处也全部予以修正。王老师正是以这种俯首躬行的精神诠释着科研工作者的科学精神，用自身的德行传授着鞠躬尽瘁、严谨奉献的老一代科学家的学术态度。

王老师不仅是位德高望重的科学家，也是一位可亲可敬的老人。尽管我在她面前是一个晚辈、一个后生，每次与她会面时，她都会提供如饼干、巧克力等零食。记得去年，在完成本书初稿第一阶段修订后，我们本计划请吃饭以示感谢，王老师却在吃饭期间悄悄地让她的爱人朱老师先去结账。王老师还热情地邀请我们到她家做客。工作中的她严肃认真，生活中的她平易近人，闲暇时还会购买最新最热的网络小说以作消遣。

心中有国家、胸中有理想、肩上有担当、身上有本领，这正是王颖教授的真实写照。如今，85岁的王颖老师仍坚持每日到校办公，她谦逊地表示：自己只是做了国家需要她做的事，希望年轻人能牢记使命，将薪火传递下去。我们在王老师的精神感召下，希望借此书宣扬这一代老科学家的精神风骨，更希望青年一代始终以他们为榜样，学习他们的理论成果和学术成就，学习他们高尚无私的品格，学习他们精益求精的科学态度，学习他们谦虚谨慎的工作作风，涌现出更多优秀学术精神的接班人。

吴建华

2020 年 10 月 20 日于南京大学

目 录

图片目录

导 言

王颖的学术经历与主要成就

王颖，海岸海洋地貌与沉积学家，1935 年 2 月 24 日生于河南潢川，籍贯辽宁康平。1956 年南京大学地理学系地貌学专业毕业，1961 年北京大学地质地理系海岸地貌与沉积学专业副博士研究生毕业。1961 年起历任南京大学助教、讲师（1963 年）、副教授（1983 年）、教授（1984 年）、博士生导师（1991 年）。1979 年赴加拿大 Dalhousie 大学地质系作为访问学者进行研究，由于工作出色，1979 年 8 月即升为研究员，兼 Bedford 海洋研究所大西洋地质学中心海洋地质学访问学者。1982 年 2 月回国任职南京大学，1984 年 5 月至今为南京大学教授。2001 年被加拿大 Waterloo 大学授予环境科学荣誉博士学位，随后被中国国务院授予中国科学院院士荣誉称号。现任南京大学负责的教育部高等学校创新能力提升计划（2011 项目）——"中国南海研究协同创新中心"主任。

王颖专长于用地质地貌、沉积与海洋动力多学科交叉的思路与方法，研究区域海岸海洋环境特点、发育演变规律及可持续开发利用。坚持实地调查、观测与实验分析相结合，重视科学研究为生产建设服务。在具有地域特点的淤泥质潮滩海岸、高纬度鼓丘海岸、河海体系与大陆架沉积以及大西洋深海平原陆源沉积效应等研究方面有重要贡献。总结潮滩动力环境的沉积与生态模式，分析中、新生代淤泥粉砂岩沉积环境，把我国潮滩研究推向国际先进水平。由淤泥质海岸研究阐明潮滩分带性与海岸冲淤动态规律，从贝壳堤研究总结海岸发育历史与现代海岸演变特点，为中国平原海岸发育理论奠定了基础。

通过在加拿大 Cape Breton 岛上鼓丘海岸的研究，她提出鼓丘海岸的发育模式，在 Maritime Sediments and Atlantic Geology 发表封页文章，得到国际同行的充分肯定，认为是"鼓丘海岸的典范文献"，是对冰蚀-冰积与海侵、海岸方面的理论贡献。在加拿大期间潜心研究大陆边缘与深海海底，扩大了科学研究领域。通过对大西洋 Shom 深海平原浊流沉积动态研究，质疑国际上利用深海底埋藏核废料。

回国后从中国主要河流对大陆架的沉积作用、深入到河海体系相互作用、沉积物搬运与陆源通量、黄海辐射沙脊群形成演变、古扬子大三角洲沉积体系演化等研究，推动发展了具有学科交叉特点的海岸海洋科学与海洋地理学。将海陆相互作用研究与全球变化相结合并应用于海岸与大陆架浅海工程建设之中，开创在河海交互作用的现代潮控海岸选建深水大港的理论与实践先例，完成近 30 项中国港口的选址与海岸规划工作，包括河北曹妃甸港、江苏洋口港及海南洋浦港等深水港。

致力于南海海域资源环境与海域权益研究，为我国的"海洋强国"战略贡献力量。将中国南海研究协会创新中心工作与中科院资讯项目"南海资源环境与海疆权益"（2013—2015）、"南海海域岛礁开发与海疆权益"（2016—2018）结合，组织南海岛礁与海域调查，以史为据与国际例证结合，有力论证了南海断续线段为我国海疆国界线。2015 年形成报告《南海的几个关键问题及对策建议》经中国科学院正式上报国务院，2017 年专文《论南海海域岛礁与海疆权益》获外交部以"菲律宾所提南海仲裁案研究成果采纳证明"正式复文证明，为我国外交斗争服务。

王颖重视国际合作交流，与美国、英国、加拿大、澳大利亚等国的大学、研究所有过多项国际海洋科技合作。曾于 1987—2000 年获加拿大国际发展研究中心（IDRC）科学援助 48 万加元，在南京大学组建海岸与海岛开发国家试点实验室；1997—2003 年获加拿大国际发展署（CIDA）资助 115.5 万加元，支持南京大学与加拿大 Waterloo 大学合作，并联合加拿大 Guelph 大学和 Wilfrid Laurier 大学共同进行"中加高等教育合作项目（CCHEP）——中国海南省一体化海岸监测与管理的环境教育"，研究与教育结合，形成模式。2002—2007 年获加拿大国际发展署（CIDA）资助 300 万加元，由加拿大 Waterloo 大学负责，中国南京大学、大连理工大学与海南省国土资源环境厅共同进行"生态中国计划"项目，建设实验室，开展中国海岸环境生态研究，培养青年学者。主持召开 7 次国际学术会议，将我国的海岸海洋科学推向国际舞台。被学术团体授予：国际第四纪研究联合会（INQUA）和 PACON International 终身荣誉会员，法国地理学会、国际地貌学家联合会（IAG）荣誉会员，国际沉积学家联合会、美国国家地理协会、加拿大地质协会会员等。

已发表论文 230 多篇，出版及主编出版了：《中国海洋地理》[2017 年获"第二届全国优秀地理图书（学术著作）奖"，1998 年获教育部科技进步一等奖]、《中国区域海洋学——海洋地貌学》（2014 年获第三届中国出版政府奖）、《南黄海辐射沙脊群环境与资源》、《海南潮汐汊道港湾海岸》与《海岸地貌学》（1997 年获国家教委科技进步二等奖）等专著 24 册。

采集小组工作进展情况

2017 年 5 月，王颖院士资料的采集工作正式启动。采集小组通过中国知网、万方、国家数字图书馆、超星、读秀等文献检索数据库和亚马逊、当当网、孔夫子旧书网、有路网等购书平台，并通过各类搜索引擎检索各类新闻报道，率先对王颖院士的学术生平形成一个初步的轮廓，确定实地调研方案和访谈提纲。在整个采集过程中，采集小组充分采用网络调研与实践相结合的方法，力图全面收集反映王颖院士家庭背景、求学历程、师承关系等与学术成长经历有关的资料。采集资料来源具体包括以下三个方面：

（1）口述访谈。

口述访谈包括直接访谈和间接访谈。访谈可以帮助我们获取重要的口述视频资料、口述音频资料和录音整理的纸质资料。采集小组共进行了 12 次直接访谈，具体内容主要包括童年及求学经历、高中求学及大学学习生活、印度国际地理学与会经历、北京大学深造、加拿大留学经历、归国后在南京大学的学术造诣、国内建港情况、南海研究、培养人才的心得等。

采集小组进行了间接访谈 7 次，采访对象涵盖亲友、同学、同事、同行等，从侧面了解王颖院士的学习、科研、生活方面的详细情况。采集项目访谈了王颖院士丈夫朱大奎、女儿朱蒙和朱耕、大学同学杨景春、同行崔之久、学生王敏京、同事兼学生张永战和葛晨东。

采集小组共采集到视频 1318 分钟、音频 2180 分钟，整理音视频文字稿 4 万多字。这些口述资料的价值十分大，为我们梳理王颖院士学术成长经历提供了宝贵的资料基础。

（2）档案。

在初步了解王颖院士学术经历的基础上，采集小组梳理出最为重要的三个城市，分别是西安、北京、南京。采集小组在走访了这三个城市里王颖院士曾学习或生活过的原址之余，前往该地区或相关单位的档案馆进行资料采集，具体包括南京大学地理与海洋科学学院资料室、南京大学档案馆、南京大学电教中心、江苏省电视台、北京大学档案馆、北京大学城市与环境学院资料室、西安市档案馆。采集小组获得相当数量的档案，形式多样，内容丰富。

（3）大事年表和资料长编。

采集小组通过采集到的档案、各种新闻报道、口述访谈、传记等资料，编制了王颖的大事年表 1 万 2000 多字，尽可能地记载了王颖院士一生中的大事要事，为进一步研究王颖的成长经历夯实了基础。在大事年表的基础上，采集小组又编制了五万字的资料长编，这些均为研究报告的后期写作提供充实的依据与素材。

重要采集成果

项目组通过和院士联系沟通，院士同意捐赠部分实物原件，同时项目组从院士朋友处获得相关实物，作为本项目的重要采集成果，具体采集成果如下：

由王颖院士本人提供的证书类资料均为复制件，主要有："南京大学毕业文凭""加拿大下潜深海证书""北京大学毕业文凭"。"南京大学毕业文凭"是南京大学1956年7月颁发给王颖的本科阶段毕业证书、学习成绩表和毕业考试成绩表；"加拿大下潜深海证书"是1981年8月17日王颖在劳伦斯河下潜216米的证书；"北京大学毕业文凭"是1961年2月北京大学颁发给王颖的研究生阶段毕业证书。由王颖院士本人提供的实物类资料原件，有她曾使用的野外工作皮质背包、野外笔记本、相机、手机和在研究生阶段北京大学所发的铝饭盒。

由王颖院士的朋友伍荣生院士提供的资料均为原件，有：照片类资料"2015年5月21日王颖参加在南京大学举办的资源环境与海洋权益院士论坛暨南京大学5·20校庆与世界海洋日学术报告会的合影"；报纸类资料"南京市鼓楼选区第十届代表大会南京大学第四选区代表候选人王颖同志的介绍"；贺卡类资料"王颖于2013年元月5日庆贺伍荣生工作六十年和元旦快乐的贺卡"。

采集到的资料类型丰富，载体多样，展现了王颖院士在南京大学和北京大学求学时的学习和生活经历，体现了王颖院士在学术和政治上的影响力，丰富了王颖院士的个人形象，具有极大的研究和凭证价值。

综述已有传记类资料

目前有关王颖的传记类资料总检索到五种，具体情况如下：

1998年，郑永彪编著《中华科学之光5地学家卷》，具体描述了王颖在加拿大留学的科研工作，并从母亲的角度对王颖作出评价，丰富了王颖的个人形象。2003年，郭梅尼所著《挥笔写人生：郭梅尼人物通讯选》中以王颖为人物之一，撰写了《理想的航船——记海洋地质学家王颖》。2005年，中国科学院院士工作局编有《科学的道路上》，其中有一篇有关王颖文章《时代的召唤导师的教育——回顾成长历程》，从中了解了王颖求学的经历和时代、国家对王颖的影响。2006年，中国地理学会决定与学苑出版社联合编辑出版《中国地理学家及地理单位名录》，王颖列入目录之中。此书主要是为加强全国地理科技工作者间的信息沟通，宣传地理科学，展现我国当代地理学家的风采和整体形象。2010年，孙鸿烈主编《20世纪中国知名科学家学术成就概览·地学卷》一书按学科分别结集卷册，记述了三百余位地学家，其中记载了王颖的生平和科学成就。此书着力勾画出这些知名专家学者研究路径的变迁和学术生涯的沉浮，反映出中国各学术专业领域的百年发展脉络。

上述文献虽论及王颖学术成就，但篇幅较短，未对王颖学术成长历程形成系统性、完整性的总结。

第一章
故乡与童年

王颖，原名王肃（素）波[①]，于1935年2月24日（农历正月二十一日）出生于河南省潢川县。

寻 根 故 里

祖上所在地最早可追寻至山西省洪洞县，渊源始于元末明初人口迁移活动。元朝末年，连年对外用兵，对内实行民族压迫，加之黄淮流域水灾不断，饥荒频仍，激起连绵十余年的红巾军起义。元政府残暴镇压，争域夺地的殊死战乱，两淮、山东、河北、河南百姓十亡七八。明初"靖难之役"接踵而至，冀、鲁、豫、皖诸地深受其害，几成无人之地。但在元末，蒙古地主武装察罕贴木儿父子统治的"表里山河"——山西，却是相对安定，风调雨顺，连年丰收，较相邻诸省经济繁荣，人丁兴旺。且有外省大量难民流入，致使山西成了人口稠密的地区。明朝为了巩固新政权和

[①] "王颖"原名"王肃波"，但因王颖儿时习惯将"肃"写成"素"，故上学时以"王素波"登记入学。

发展经济，从洪武初年至永乐十五年，五十余年间组织了八次大规模的人口迁移活动。晋南是山西人口稠密之处，而洪洞又是当时晋南最大、人口最多的县。据记载，明朝时在洪洞城北二华里的贾村西侧有一座广济寺，寺院宏大，殿宇巍峨，僧众很多，香客不绝。寺旁有一棵"树身数围，荫遮数亩"的汉槐，车马大道从树荫下通过。汾河滩上的老鸹在树上构窝筑巢，星罗棋布，甚为壮观。明朝政府在广济寺设局驻员集中办理移民，而这棵大槐树下就成了移民集聚之地，晚秋时节，槐叶凋落，老鸹窝显得十分醒目。移民们临行之时，凝眸高大的古槐，栖息在树杈间的老鸹不断地发出声声哀鸣，令别离故土的移民潸然泪下，频频回首，不忍离去，最后只能看见大槐树上的老鸹窝。为此，大槐树和老鸹窝就成为移民惜别家乡的标志。"问我祖先何处来，山西洪洞大槐树。祖先故里叫什么，大槐树下老鸹窝。"[①] 这首民谣数百年来在我国许多地区广为流传。

此次移民迁往全国各地的数量曾达百万人之多，涉及881个姓氏，几乎涵盖了中国所有常见姓氏，直接迁入地包括豫、鲁、冀、京、皖、苏、鄂、陕、甘、宁、晋等省市。王氏先祖们即是当时从山西迁徙入冀的一批。据说移民后裔有两个特征："走起路来背抄手，小拇趾甲是两个。"这个说法准确性虽难以验证，但王颖说自己的小脚趾指甲早年确实分为两瓣，无形中确与山西大槐树产生着某种联系。

历经这场大规模的移民，祖上从山西迁至河北，在河北省唐山市乐亭县定居。乐亭县地居渤海荒滩，现在是河北第一沿海大县，环抱京唐港，毗邻唐山曹妃甸。乐亭县虽系海隅小县，但历史悠久。从历史记载与出土文物考查，在数千年前，已有人类居住，滋养生息，创造社会文明，历代兴替，沿革频繁。在王颖的记忆里，爷爷特别喜欢用一口乐亭"哒"音说："黑丫头，白小子，三十晚上跟爷爷吃饺子。"嘉庆八年（公元1803）前后，黄河下游广大地区连年遭灾，成千上万的破产农民不顾禁令，源源流入东北。王颖的爷爷又携家从河北乐亭的海滨荒滩迁至辽宁省西部蒙汉交界地的康平县哈拉户硕村，是从河北下关东的移民，到王颖父亲一代已在

---

① "老鸹"指栖于水边猛禽或雀鸟的通称，北方洪洞区老鸹实为乌鸦。

康平拥有了几亩田地，得以自给自足。

抗日名将之后

父亲王奇峰，字峙亭，1897 年 4 月 6 日（清光绪二十三年三月初五）出生于奉天省康平县（今属辽宁）哈拉户硕村。王父为了改变家庭的命运，决心培养儿子，让他接受到良好的教育。他在法库中学毕业后，因仰慕霍去病以身许国的雄心壮志，遂决定投笔从戎，于 1916 年入奉天督军署卫队营当兵，三年役满后又考入保定军官学校，1922 年毕业于第八期骑兵科，历任骑兵师参谋、团副、参谋长、团长、旅长、师长等职。先后参加第二次直奉战争、中东路事件、滦河反攻、海阳收复战等，其中在滦河反攻期间因表现出色，并两次收复海阳，于 1935 年 7 月 17 日被国民政府授予青天白日勋章，是为该勋章的第 38 位获得者，也是参加长城抗战诸将中的第 19 位获得者。"青天白日勋章"于最早时称为"青天白日章"，勋奖的设置，始于民国十八年，表彰"为天地、万民、万世的继绝，捐舍小我而成就大我之仁人志士与爱国英烈；同时激励我三军忠勇之士，对于捍御外侮，保卫国家的战功卓著者，论功勋给青天白日勋章"。1933 年，王奇峰在长城抗战中表现杰出，两度夺回海阳

图 1-1　父亲王奇峰

图 1-2　父亲王奇峰

镇，成为抗日英雄。

王奇峰抗日，转战于晋陕豫之间，予敌以极大威胁。1938 年 11 月，日军决心铲除他所指挥的骑四师，在装甲部队配合下大举来犯，王率部且战且走，后虽然带着师部成功转移，但是终因在一夜的转移中淋雨而发起高烧，却未在意，仍坚持工作。连日高烧不退终于引发肺炎，使王卧床不起，辗转至西安广仁医院治疗，因病势沉重，于 1938 年 12 月 28 日不幸去世。

在三个孩子中，王颖长得与父亲最像，同时王颖的性格也与父亲最相近，充分显现着东北人的性格，为人豪爽、真诚，做事情热血沸腾。父亲陪伴王颖成长的时间虽短，但对其成长的影响仍是不可忽视的。父亲儿时很穷苦，但学习很努力，他先在乡下跟一位杨老先生在私塾里学习，因为学习成绩优异，得到了一个比较富有家庭的资助，加上自己勤学好问，一步一步考上保定军官学校，毕业后更参加了张学良的少壮派，保家卫国，战绩颇丰。认真学习，读书救国，这就是父亲给她留下的第一个印象。父亲送人礼物也多以学习用品为主，如墨盒、书、本子等。父亲生前还给王颖留了一些小楷的习字本。

她对父亲的第二个印象是其崇高的爱国精神，立志报国，这也是父亲给她的最大影响。父亲将自己的一生奉献在抗日事业上。关内流亡，日机轰炸，生活动荡，无论是父亲的亲身示范，还是国内的环境，都使年幼的王颖深感国家兴亡，匹夫有责。

迁徙的童年

父亲的离世无疑对王颖的生活造成了巨大的变动，生活来源首先成了主要难题。当时母亲张桂兰带着王颖与弟弟，随军居住在陕西省武功县。因父亲战死于西安地区，故母亲带着王颖前往西安处理父亲身后事，而弟弟跟着静波大姐等人到陕南城固避战。母亲带着王颖来到太行山前线找骑兵第四师部队驻扎地，争取到父亲的薪金和抚恤金。在从太行山返程途中，因当时日本欲进潼关，占据了风陵渡，要过黄河时，母女二人被迫在风陵渡口停留，等待渡河。经过几日的停留，部队顺利护送母女二人骑马回到潼关，而后从潼关坐火车回到西安。经历颠簸与分离，一家人终于定居西安，母亲用抚恤金在南关内买了一个宅院，以及在东关外接近东北义地处，购置了八亩坟地安葬了父亲。一家人的收入主要依靠整个宅院房间出租的租金收入，一个房间的房租为半袋洋面，当时收入大约是七八袋洋面，全家人的温饱问题尚可得到解决。在东关外的父亲墓地，近旁建了一个有三间土房的小院，请当地农民刘生财一家居住，以照看墓地。

母亲十分认同孟母三迁的做法，认为环境对孩子的成长至关重要，培养孩子成才必须要拥有一个良好的环境。西安的房子坐落于南关内的书院门街 44 号，正好在西安师范附属小学隔壁。而这条街正是原长安书院旧址，后为陕西省西安师范学院所在，20 世纪 40 年代时，为军队驻扎占据。书院门街有许多有地位的家庭：王颖住所对面是民国将领杨虎城的岳母谢老太太住宅，她抚养着女儿谢葆贞与女婿杨虎城的四个女儿：杨拯美、杨拯英、杨拯汉、杨拯陆；谢家在王颖家对门，位居大吉厂巷的东侧，再向东是两代李姓老中医住宅（其孙李小龙是王颖同学）；书院门街东口的安居巷是山西人武军长的家，其子武铁城是王颖同学；街道最东边南侧的一个大院是抗日将领冯钦哉的住所。优良的成长环境无疑在王颖的品性、德行方面奠定了基础。

第二章
少年求学

安定的小学生活

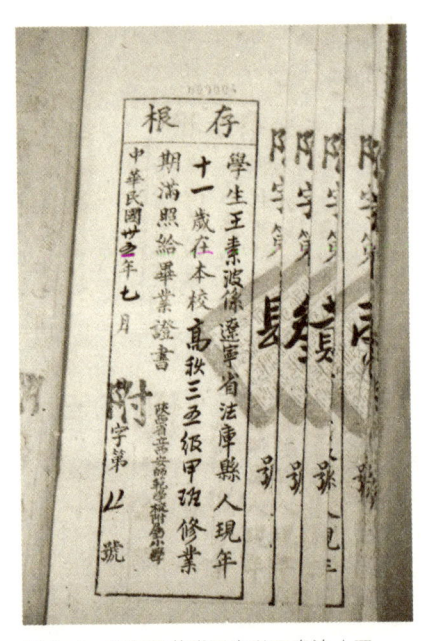

图 2-1　西安师范附属小学王素波（王颖）档案存根

1940 年 9 月，王颖到西安师范附属小学学习，就读于初秋三五级甲班。清晨，天微微亮，市中心新城树林中的乌鸦成群结队地飞向南郊觅食，一路鸣飞经过书院门街。于是乎，乌鸦的叫声成了王颖的报晓钟。冬日里的清晨总是格外的寒冷，衣服都是冰冰的，水缸中的水是冻的，仅炉灶上砌一温缸有热水可用，勤奋的王颖却总是手脚麻利地收拾好，准时上学。王颖宅院前右侧隔出一间小院，租给了从河南逃陕来的人开了一间油条铺，王颖每天早点买一套烧饼、油条，有时也会改善下伙食，到街口南门什子买一份甜甜糯糯的甑糕（镜糕）。早点吃完，正式开始了一天的学习。

　　陕西省西安师范附属小学（下文简称"西师附小"）是一所百年名校，创建于1908年，学校校舍很好，从幼稚园、初小到高小，教室齐全，房舍间有两个操场。学校有着系统的教育模式，课程设置包括国文、算数、体育、音乐、劳作等。音乐教室里有风琴，幼稚园内有一架钢琴及一小木屋供戏习。王颖回忆间仍记得当时音乐老师李逢春，曾教唱一曲《踏雪寻梅》，歌声中所传达出诗情画意的意境让王颖印象深刻。除了重视传授科学知识，学校还组织各类课外活动，如歌咏比赛。在一次歌咏比赛中，王颖负责指挥团队唱一首民歌："乡下老儿喜洋洋，赶着驴子送前方，听说前方打了胜仗，我要前去送军粮，送军粮，送军粮，赶快送军粮……"平时私下排练时王颖发挥得很好，然而到了比赛当天，王颖可能因为紧张，指挥得越来越快，无奈错失第一。劳作课涂明英老师教学生做端午节香荷包，编做花篮与剪纸。初小班主任老师马尚箴、高小班主任王庭梧讲授语文、算术主课。王颖在西师附小得到了系统全面的教育，为后期的学习奠

图2-2　现西安师范附属小学大门口

定了一个很好的基础。学校老师也都很认真负责，对学生如同对自己的孩子一样，学生对老师们都很尊敬。当时的校长王汇百，黑瘦挺拔、和蔼可亲，十分热爱教育事业，将自己的一生贡献给了西师附小，新中国成立后被评为国家级模范教师。校行政主任王敬斋，白胖高大，热心于行政服务。启蒙教师何纫秋，文学素质高，其丈夫郑铁军专长文学与俄语，长年在外（后知是参加陕北革命教育工作），当年，他们在良友书局专门订制了一套《纫辉文库》。他们的女儿何小莲（又称郑廉）是王颖童年的好友、同学，同居一院，上学、游戏与阅读良友文库的文艺书籍均在一起，这对王颖至今热爱文学作品有着深刻的影响。何纫秋与小妹何芹萱，均是当年的"新女性"。其大姐何屏仪在王颖生母去世后，给予王颖母亲般的照顾与求学支持，她守寡多年，抚育一子何汝成，学习成绩好，新中国成立后离开学校参加空军，屡建军功，可惜英年早逝。

王颖在西师附小学习时一直非常努力，年年都是模范生，始终保持着全班第一名的优异成绩。有一次，王颖因一门学科未获满分，非常懊恼，大哭了一场，此后学习更加用功。六年的学习生活比较安定，只是时常会有日军空袭警报。

母亲意外逝世

母亲张桂兰，字蕴如，辽宁省法库县人。她是王奇峰的第二任妻子。早年父亲娶有赵氏，育有一女王静波，后赵氏因病早逝，续娶母亲。母亲出身较为富有的商人家庭，有一个姐姐和一个哥哥，在家排行第三。母亲的父亲经营一家当铺，后因遭遇"奉票"贬值而倒闭，家境逐渐败落。父亲当时在法库附近驻守，经人介绍，与母亲结婚，后举家随军到河南潢川驻防，于 1935 年生下女儿王颖，次年在河北定县驻军时，诞下小儿子王德霖。母亲毕业于师范学校，受过良好的教育，会弹琴、唱歌与简单的英语。母亲喜欢京剧，经常带着王颖看戏。那时西安有个"夏声"剧校，由几位京剧演员接收流浪儿童组成，经常演出精忠报国的剧目，表演充满着一股蓬勃向上的热情，王颖印象深刻。在母亲的教育下，王颖也逐渐养成了良好的文学素养。

定居西安后，一家人本以为可以过上稳定的生活，然而，1947年春，母亲却意外逝世，这时的王颖刚步入西安私立汇文中学的校园。那是1947年的某一天，太阳渐渐落下，校园已褪去白日的喧闹，变得安静，突然有个消息传入了王颖的耳中，她的母亲去世了！这个突如其来的消息让王颖难以置信，之前王颖还跟母亲说学校安排次日赴临潼春游，母亲嘱咐王颖要注意安全。汇文中学位居东关外，王颖在学校住宿，闻讯后，匆忙返回南关内家中，发现家里灯火通明，院子里挤满了人，好多陌生的面孔在院子中走来走去，大人们不让王颖过去，然而王颖执拗地冲进去，看见母亲倒在地上，身上沾有鲜血。关于母亲突然离世的原因，王颖后来从亲戚口中大致得知，母亲可能是由于生活苦闷染上了抽食鸦片的习惯，而当时抽食鸦片是被禁止的，而且花费较大，王颖母亲可能是被原部队人员察觉而遭枪杀。在安放母亲

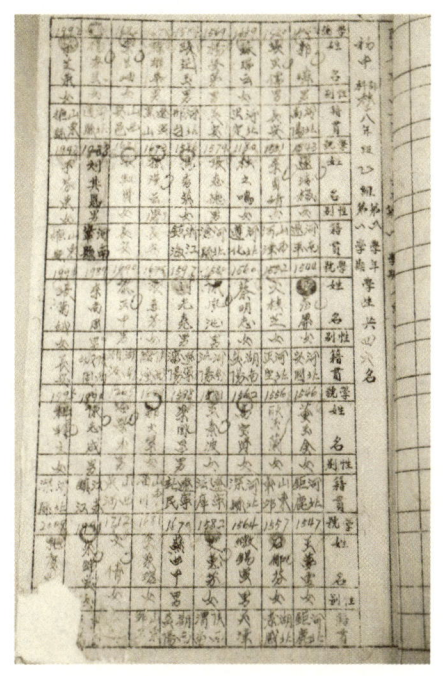

图2-3　西安私立汇文中学王颖档案

图2-4　西安私立汇文中学王颖档案

遗体时，大人们将母亲手上的翡翠戒指摘下来交给了王颖，这也是母亲留给王颖的唯一遗物。母亲去世那年，王颖仅12岁，弟弟10岁。父母的相继早逝，让原本活泼开朗的王颖开始变得沉默寡言，学习成绩明显下滑，那段时期的生活似乎蒙上了一层迷雾。

母亲离世后，由姐姐的表姨夫、父亲生前的副官张显照顾王颖和弟弟二人。姐弟俩不能继续在书院街的房中居住，而搬迁到西安火车站附近的四皓庄租房暂住，该处紧邻父亲战友徐樑军长家庭，藉以保护，免遭杀害。生活开支主要来源于书院门房租所得。房租收入虽尚算稳定，然而战争频仍，物价飞涨，黑色恐怖弥漫，当时国民政府滥发纸币，先是金圆券，后是银圆券，贬值快、早晚价值巨变，曾用过铜板代钱币，货物交易价格每天都在变化，后来以实物计价，生活具有十分的不确定性。幸而1949年，中国共产党领导的解放战争胜利，西安于夏初被解放，继之，中华人民共和国成立，在解放军的保护下，生活出现新的曙光。

新中国成立后的西安，战火平息，物价稳定，百姓欢欣鼓舞，学生为了表达喜悦，上街扭秧歌欢迎解放军进城，高歌道："解放区的天是明朗的天，解放区的人民好喜欢，民主政府爱人民呀，共产党的恩情说不完呀。"王颖说这段歌词充分反映了当时人们的心声，给她留下了深刻的印象。为了宣传爱国、赞美解放军，除了扭秧歌，西安汇文中学排练了秧歌剧《刘胡兰》，由王颖主演，演出大获成功。由于王颖对"刘胡兰"人物的生动出演，好多同学也戏称王颖"胡兰子"。当年，汇文中学剧团还排练演出几部话剧，包括《大马戏团》等，王颖通过表演逐渐地对电影、戏曲等文艺作品加深了了解，培养了浓厚的兴趣。王颖对文学作品的喜爱，还受到了后就读西北大学中文系的大姐王静波的影响。小时候，王颖为了不让母亲发现自己深夜未睡，常常偷偷躲到姐姐的房间去看小说。王颖很喜欢看冰心的作品，如《寄小读者》，为此，她给自己起了一

图2-5　现王颖家中放置小说的书柜

个笔名，叫"慕冰"，即"仰慕冰心"之意。看书已经成了王颖闲暇时光里的最佳消遣活动，现今王颖还时常阅读各类小说，购买的小说已堆满了一屋。

新中国成立后，人们感觉重获新生，掀起改名热潮。王颖的好朋友蔡明志改名为"蔡颐"，王颖本想改名"王新"，但被另一位同学抢先，思前想后，最终取名"王颖"，既表示新的意思，又与好朋友的"颐"字同含有"页"，意为"姐妹"般的好友。

低迷的中学学习

转眼初中毕业，王颖考到陕西省立女子中学（简称"省立女中"）读高中。省立女中学风严谨，教学认真，教师和蔼，设备完善。同学们的学习热情高涨，良好的学习风气让王颖一改往日课外活动过多，而专注发奋学习，并在省立女中结识了两位好友郭秀清和张俊文。张俊文和王颖都是军人后代，与母亲寡居，相似的经历让她们更加亲近。张俊文学习很用功，数学很棒，而当时数学正是王颖的一个短板，于是王颖经常向张俊文请教学习问题。有了朋友的帮助，王颖的学习成绩有了很大的提升。

20世纪50年代初，中国掀起了学习苏联热潮，苏联的书籍被大量翻译过来，如中国青年出版社出版的《青年近卫军》《卓娅与舒拉的故事》，人民文学出版社出版的《钢铁是怎样炼成的》《日日夜夜》等。苏联的文学作品中有很多是表现人们高尚的品格和理想追求，对于教育与新中国一起成长起来的几代人如何做人、如何做事，以及树立什么样的理想信念，都是最好的教科书。这些苏联书籍对王颖影响很大，王颖当时树立了一个目标，即要学习这些人物，做一个爱国的人。保家卫国自然与军人联系起来，然而王颖的母亲因为父亲的缘故，不希望他们从军，但鼓励他们好好学习，用知识武装头脑，报效祖国。母亲说，女生尤其要学习，有自己的思想，学会独立思考，不要做别人的附属品。当年王颖墨盒上刻的字即是

"天子重英豪，文章教尔豪。万般皆下品，惟有读书高"。于是怀有一颗爱国心的王颖决心要在知识领域有一番作为，为新中国的建设奉献出自己的力量。其实在《刘胡兰》的演出顺利结束后，第一野战军曾派两位女兵动员王颖参军，女兵对王颖说军人同样可以学习，而且可以和大家一起唱歌表演。这些理由虽让王颖有点动了心，然而因为母亲的缘故，王颖最终还是拒绝了。

和平稳定的环境终于使王颖可以扎扎实实地开始高中的学习了，然而在王颖心里一直惦念一件事，母亲生前曾说等抗日战争胜利了，就带着姐弟俩返回北平家里居住。王颖时刻记着母亲的心愿，然而单凭王颖一人之力难以实现。正巧，同学郭秀清也打算到北京读书，她的父亲是西安知名餐馆"正大豫"的老板，她父亲也支持郭秀清到北京慕贞女中求学。慕贞女中对于抗战时期流落到西北的孩子，接收条件比较宽松，在简单面试后，基本都可以录用。在郭秀清的引荐下，王颖于1950年春高中一年级时顺利转入北京慕贞女子中学学习。

中学生活尾声

图2-6　位于北京崇文门内船板胡同的汇文中学（当年为男校，女校在邻近的原慕贞女子中学）

慕贞女子中学学习生活很愉快，王颖一心向上，不仅学习进步，思想也在进步。王颖深感中国的首都北京，人民都是一股正气。教师的水平都很高：语文老师刘植莲文学水平高，热心教学，批改作文；英语老师王文颐来自清华大学，教学生动；数学韩老师也总是能把枯燥的数学教授得绘声绘色，引人入胜。学校的课外活动也很丰富，王颖参加了天文观测小组，日常活动如到劳动人民文化宫、天坛观察天象，实地学习天文知识。

图2-7　位于北京崇文门内孝顺胡同的北京市一二五中学（前身为北京慕贞女中）教学楼与操场

识。1952年春季，毕业前夕，王颖在同班同学兰佩云的介绍下，加入新民主主义青年团。

　　1952年，是新中国教育史上具有特殊意义的一年。这一年，全国统一

图2-8　现立于一二五中学的有关原慕贞女中的建筑物

图2-9　现存原慕贞女子中学时期的物件

高等学校招生制度正式实行。1952 年 6 月 12 日，教育部发布《关于全国高等教育学校一九五二年暑期招收新生的规定》，规定全国高校除经教育部批准的个别学校外，一律参加统一招生，并且实行统一分配制。至此，实施近 40 年的高校自主招生宣告结束。这是我国教育史上一个具有现代教育意义的重大改革，也是我国目前高考制度的雏形。1952 年 8 月 15、16、17 日 3 天，举行第一次全国统一高考。每个科目考试时间为 1 小时 40 分钟，每个单位时间考两科，国文、数学、化学、中外史地、物理、政治常识、生物、外国语（俄、英），每个考生必须参加所有 8 个科目的考试。17 日安排加试笔试和术科。报考文法财经等院校或系，政、国、外、史四科分数之和占 60%，数、理、化、生四科分数占 40%；理工农医等院校或系采计分数的科目比例则正好相反。实行全国统一命题，制定统一的参考答案和评分标准，各大行政区招生委员会组织考试、评卷。

二十世纪五十年代初，国家由战争状态转向和平建设，百废待兴的新中国亟需大量的高级知识分子为新中国的建设事业添砖加瓦。大批青年抱着为祖国建设事业添砖加瓦的拳拳报国之心，加入高考大军。由于连年战乱，当年全国高考报名人数仅有三万人，王颖便是这三万人中的一员。最终，王颖凭借优秀的成绩被南京大学录取，开启了人生新的篇章。

第三章
初踏南京大学

专 业 选 择

志愿填报

王颖回想当初，说自己怀着一颗红心，做好了两种准备。她当时觉得如果考取大学，就进入大学校园继续读书，如果未能考取，就按照北京市委的要求，作为从事亚洲和太平洋区域会议的工作人员，被组织分配工作。后来听说王颖已经被高等学校录取，当年录取的名额还不够，要求录取的人员一律进入高校继续深造，王颖最终踏入了大学校园。王颖回忆说："我觉得幸亏是那个时代，我要是调出去工作我也会服从，但是我就不会有以后的这样一个学习道路。我认为青年时期还是要学习，还是一步一步要学习。幼稚园、小学、中学、大学，一定要学。我觉得大学是一个最基本的教育，我觉得一定要学，所以幸亏当年考取了南京大学地理学系。"

1952 年，随着高考成绩的公布，对于考生而言，专业的选择又是另一个难题。"高考"实施的第一年，人们都是摸着石头过河，对于学校及专业的选择不太了解。"高考"后，王颖也陷入困境，她对大学学习所知甚少，对自己将要选择的专业也无明确目标，只知道自己从小喜欢大海、向往大海，有漂洋过海的梦想，神秘而美丽的大海深深地吸引着自己。正在王颖面对志愿填写无从下笔的时候，当时的地理老师贾懋谦提供了很大的帮助。贾老师是北京师范大学地理系的毕业生，教学很受同学们欢迎。当时同学们争先抢后地向他征询意见，他都耐心地一一解答。王颖谈及当年的专业选择时说：

> 毕业的时候，每个人都要填报志愿，我不知道怎么填，后来请教老师，指导我们那个班的是一位北京师范大学毕业的地理老师贾懋谦。我请教贾老师，他就问我想学什么，我说我真的不知道。他说你喜欢不喜欢自然的，我回答："喜欢"。你喜欢做什么？我那时候刚刚看了一本苏联的小说《远离莫斯科的地方》，而且我对文学是特别爱好，我喜欢作文，喜欢写，所以我说我特别喜欢看《远离莫斯科的地方》这本书，非常向往它。他说向往什么？森林、海洋，远离莫斯科的地方。贾老师建议我学地理，报考南京大学地理学系。[1]

贾老师根据王颖的喜好，想了想说："那你到南京大学学地理吧，南京大学有个女教授刘恩兰，是位女地理学家，一口气登上峨眉山，十分有名。"一方面是向往的大海，另一方面是从小喜爱的文学，最终在贾老师的建议下，王颖将南京大学地理学系填入第一志愿。又因为喜爱文学，故第二志愿填报了北京大学中文系。最终在 1952 年 10 月以高分被南京大学地理学系录取。然而遗憾的是，王颖考入南京大学后，刘老师已不在南大任职，故王颖未能听到刘老师的讲课。

南京大学地理学系

地理学作为地学的一个分支，是研究地球表层各圈层相互作用关系，及

---

[1]　王颖第二次访谈录，2017 年 12 月 22 日，南京。资料存于采集工程数据库。

其空间差异与变化过程的学科体系，主要有自然地理学、人文地理学（或者经济地理学），以及地理信息科学三个分支。

图 3-1　竺可桢

关于南京大学地理学系的开创史，必然会涉及一位重要人物——竺可桢[1]，他为中国地学的发展作出了突出的贡献，有"地理学家摇篮"的美誉。1921 年，竺可桢建立了中国第一个地学系——东南大学地学系，竺可桢任系主任，该系设地理气象和地质矿物两个专业。南京大学的地理学源于此时。

1952 年院系调整后，南京大学保留文、理学院，与金陵大学的文、理学院合并，在此基础上组建新学校，校名保持不变，也就是如今的南京大学。南京大学校址迁往原金陵大学校内，原南大的四牌楼校区移交给了南京工学院（今东南大学）。院系调整后，南京大学许多院系的师资力量受到了不同程度的削弱，但是对于刚入学的王颖而言，却是一件幸事，南京大学地理学系的师资力量有了一定的扩充：部分原浙江大学地理系、四川大学地理系和金陵女子大学地理系师生转至南京大学的地质、地理或气象系。南京大学地学教育发展具有地质、地理、大气、海洋、环境以及与独设的天文学系结合的特点，是全国地学人才培养的重要基地。在这样的背景下，王颖开始了在南京大学的四年求学时光，也开启了与地质、海洋相伴的一生。

王颖当年学习的是地理学，属理科系列，一、二年级学习数、理、化，测量与地图学、普通地质学，以及新民主主义论、政治经济学。王颖三年级时，南京大学地理学系率先在国内成立地形学（1956 年统称地貌学）和经济地理学两个专门化（专业的前身）。这样划分设立专门化与师

① 竺可桢（1890-1974），字藕舫，浙江省绍兴县东关镇（现浙江省绍兴市上虞区）人。中国科学院院士，中国共产党党员，中国近代气象学家、地理学家、教育家。中国近代地理学和气象学的奠基者，中国物候学创始人。1909 年入唐山路矿学堂学习土木工程，1910 年公费留美学习，1918 年获哈佛大学博士学位。

资力量及学校系科特长有关。王颖选择了经济地理专门化，但却是唯一的一个被指导分配学习地貌学专门化的学生。地貌学是新兴学科，介于地理学和地质学之间，主要研究山脉河流湖海的结构与形成演化。王颖本科阶段时有一位杨怀仁教授是地貌学家，他从英国留学归来，创建了地貌学专门化。朱大奎回忆本科课程时，说道：

> 我们当时上学的时候，地理系的老师有一位地貌学教授杨怀仁老师，是从英国回来创建地形学专业，他主讲"地貌学"和"第四纪地质学"两门课。其它是地质课，我们与矿专班同时上，每门都是 200个学时的，上了八门课。所以我们班地质学基础是非常强的。[①]

表 3-1　南京大学地理与海洋科学学院历史沿革和历任院长一览表

1921 年竺可桢先生在东南大学创建地学系，该系设地理气象和地质矿物两个专业。	系主任：竺可桢（1921—1930）
1930 年原国立东南大学由第四中山大学改名为国立中央大学后，地学系也分成地理学系和地质学系，地理学系设地理、气象两个专业。	系主任：胡焕庸（1930—1943）
1945 年气象专业独立成系。 1949 年南京解放，改为南京大学地理学系。	系主任：李旭旦（1943—1952）
1952 年院系调整，原浙江大学地理系（地质地理系）、四川大学地理系和金陵女子大学地理系部分师生并入南京大学地理学系。 1954 年在国内率先成立自然地理学和经济地理学专业。 1960 年代后，又先后率先成立地图学、陆地水文、地貌学与第四纪地质学专业。	系主任：任美锷（1952—1984） 系主任：杨戊（1984—1987）
1987 年易名为大地海洋科学系，设有经济地理与城乡区域规划（城市规划）、地图学（地理信息系统）、自然资源（陆地水文）、地貌与第四纪地质学专业。	系主任：王颖（1987—1995）
1995 年易名为城市与资源学系，设经济地理与城乡区域规划（城市规划）、地理信息系统与地图学、资源环境区划与管理（土地管理与房地产开发）、旅游规划与管理、地貌与第四纪地质等专业。	系主任：彭补拙（1995—1999） 系主任：顾朝林（1999—2003）
2006 年 4 月根据学科发展的需要，南京大学批准成立地理与海洋科学学院，下设城市与区域规划系、国土资源与旅游系、地理信息科学系、海岸海洋科学系四个系。	院长：高抒（2003—2014） 院长：鹿化煜（2014—　）

① 朱大奎访谈录，2017 年 12 月 7 日，南京。资料存于采集工程数据库。

知 识 海 洋

学习生活

王颖初到南京大学，南京的城市发展远不如北京，马路只有中间铺一条沥青，两边都是石头子路。鼓楼校区的民国建筑建于 1916—1937 年间，由当时的校董福开森①策划，教务主任、美国传教士魏特琳②着手实施，并由美国建筑师和留美、游欧归来的中国建筑师分别设计建造。风格都为黑灰色筒瓦、灰砖厚墙，朴素简约，除北大楼中楼高耸，余房均为中式大屋顶，但附加有烟囱。

当时的金陵大学是一所教会学校，每周要做礼拜。王颖幼时乳母信仰基督教，小学时常随在教会学校尊德女中的姐姐参加唱诗班及圣诞节活动，耳濡目染，唱赞美诗。牧师宣讲圣经，要仁爱、和善，善待众生，因此王颖觉得南京大学十分自然适意。

金陵大学原有的校舍有限，学生宿舍群位于北大楼与西大楼的西面，宿舍群由甲乙楼、丙丁楼、戊已庚楼和辛壬楼组成，四人一间，上下铺连接的钢丝床，8 个房间合用一间盥洗室，在楼外院子中设有厕所，男、女厕所各一间，晚间每楼层盥洗室内放一白瓷马桶，每日清晨由一老妈妈负

图 3-2　南京大学戊字楼，原学生宿舍

---

① 福开森（John Calvin Ferguson）（1866-1945），加拿大安大略省人，1886 年毕业于美国波士顿大学，获文学学士学位，1902 年获哲学博士学位。1887 年来南京，1888 年南京干河沿创办汇文书院（1910 年与宏育书院合并为金陵大学，1952 年并入南京大学），福开森任首任院长。

② 明妮·魏特琳（Minnie Vautrin）（1886-1941），中文名华群，美国传教士。1919 年魏特琳应聘中国南京金陵女子大学，掌管校务，筹建新校园。

责拎出清洗。南京大学竭尽全力为学生提供可口、有营养的伙食，从大一到大三，学生伙食免费提供，一到饭点，大家都集中到大操场西边的临时草棚食堂用餐。南北方在饮食上存在较大的差异，北京的主食以高粱米、馒头为主，南京大学学生主食是大米饭，每餐荤素均有，并有豆浆为饮料。对于这样的饮食转变，王颖乐观接受。

时至今日，王颖仍然记得半个世纪前入住南京大学的情景：现在东大楼和东南大楼之间那个洼地在当年的金陵大学是一个操场，在大一时，我们都坐在斜坡上看球赛。金陵大学是教会办的私立大学，学生有限。而1952年突然有很多学生招入南京大学，房少、人多，只有甲乙丙丁戊己庚辛几个宿舍，容纳不下，所以一年级新生男同学住在大操场的西边新盖的茅草厅内，吃饭在草棚食堂内。最糟糕是没有厕所。整个金陵大学，过去宿舍区厕所仅有一排两间，隔分为男厕与女厕。女厕内只有两个坑，上百个人清晨上厕所要排队。当时，孙叔平副校长总是谆谆告诉我们："这些是发展中的暂时性困难……"

不同的大学教学特色各不相同，但是学术立校是一所优秀大学应有的主旋律。大学是传道授业解惑的圣地，"道"是大学的气节和操守，是学校和全校师生的脊梁。1935年，东三省事件爆发，华北平原受到侵略，"一二·九"运动中的北平学生发出了对时代的怒吼："华北之大，已经安放不下一张平静的书桌了。"各地高校的无数热血学生决心与祖国共呼吸、同命运，南京金

图3-3 南京大学北大楼

图3-4 南京大学礼堂

陵大学的学生也不例外。王颖介绍：当初金陵大学的北邻高坡上是日本大使馆，大使馆每天升起日本的国旗，中国大地上飘扬着日本的太阳旗，这一幕深深刺激了金陵大学的热血学生。学生商量后，决心全校集资修建旗杆，要高过日本大使馆的旗杆。直至今日，大旗杆仍然树立在南京大学鼓楼区校园，旗杆上树立着的是中国青年乃至所有中国人的爱国之魂，这种精神是南京大学历代相传的气节和操守，不因战乱纷争和时代转换而消失，在一次次的考验中，愈加坚定，愈加昂扬。

入学后，王颖印象最为深刻的是班里有一半的学生来自上海，整个南京大学校园里都是瓜拉松脆的"阿拉"上海话，淹没了各地方言。

当年，班上80位同学中多半不是自己志愿，而是以"指导志愿"被分配到地理系，大多数人原本报考物理系、机电工程系等专业。被分配到地理系后，这部分同学产生了强烈的抵触情绪，一片怨声，闹情绪。

当时，南京大学各系均有一位政治辅导员，负责全系学生的政治思想与安定学习等工作。地理系的政治辅导员初为李乾亨（政治经济学教授），后为毛德馨讲师，系党总支书记是华莹与白秀珍两位老师。王颖学习思想稳定，青年团员，听从学校安排，感情上与白秀珍同志关系比较密切。听说班上有同学不愿意念这个专业，王颖也帮着做思想工作，劝说大家平复情绪，理智地面对，安心留在这个专业。但遗憾的是，之后仍有一部分人选择了退学，并且再也没能参加高考而踏入大学的校门；一部分同学定下心留在南大修完大学课程，毕业后多返回故乡任高中老师；还有一部分如王颖一样的学生，渐渐爱上了所学专业，选择继续深造，成为大学教师或研究员，积极推动中国地理科学的发展。

王颖的身上流淌着将军父亲的血液，对任何事情都充满活力，性格直率热情，不说假话，是个直肠子。王颖积极参加各项活动，具有很强的领导组织能力，毫不隐瞒自己，当时班上的实习、团组织等活动王颖都参加组织工作。

王颖本科时期的学长、北京大学崔之久[①]教授在回忆当初的学生生涯时说道：

---

① 崔之久（1933- ），安徽宣城人，1951年毕业于宣城中学，同年考入南京大学地理学系，1955年被保送为北京大学地理系研究生，是新中国培养出的第一代杰出地质地貌学家。

　　王颖这个人说真的相当的直率、热情，好像要她说点假话，可能不容易，这个人说出来的话都是真话，她也不想隐瞒她自己什么东西，所以我们在一块儿，虽然待了那么多年，说真的，当然彼此都很好，很知己，别的我还真不好说，我就觉得这个人也很有能力、特别，怎么说呢，现在不是经常有个词儿，说一个人很有气场，往那儿一站，我觉得王颖很有气场，她往那儿一站，那个劲儿就来了。①

　　当时国内学习苏联的高校教育模式，南京大学的上课作息时间也模仿苏联，改为 6 小时一贯制，从清晨 8 点上课连续到下午 2 点，学校的后勤部门为保障学生有充足的学习精力，课程中间，按时将包子、馒头送到教室，学生的学习热情高涨。

　　南京大学地理学系在 1952 年这一届一共招收了近 80 名学员，由于各种原因，毕业时两个专业共 70 名学生：地貌学专业 30 名学生（其中女学生 3 名）；经济地理专门化专业 40 名（其中女学生 4 名）。

　　1952 级学生按德智体全面发展培养，学习与体育活动均很活跃，地理系女生组织了牟奇俊（南京大学铅球冠军）锻炼小组，牟奇俊的铅球、沈道齐的自行车比赛、王颖的标枪，以及高曼娜的 200 米赛跑，均曾获得校内冠军。此外，王颖、高曼娜、沈道齐、牟奇俊四人还参与了 400 米接力赛，取得第一名的好成绩，并打破学校记录。

　　上大学前，王颖的生活足迹一直留在中国的北方，对南方的生活完全不了解。一个北方长大的小姑娘，离开自己的家乡，踏上南下求学的道路到南京，在南京大学前后一待就是六十多年。

名师教诲

　　地球科学的基础既不是地表的地理，也不是地球深部的地质，而是地质、地理、气象、土壤与植物的结合。南京大学注重基础学科的教学，学

----

① 崔之久访谈录，2017 年 10 月 30 日，北京。资料存于采集工程数据库。

科设置齐全，包括地质、地理、气象、气候等。地貌学专业注重将地貌与地质相结合，加强学生的地质学基础理论学习与野外实践，强调地貌研究与实地环境结合，赋予地貌环境演变的理念。

南京大学举全校之力培养学生，老师都是著名教授，王颖在这里受益于许多名师的教诲，打下了地球科学知识的基础，确定了今后学科发展的方向。

大学一年级开设的主要课程包括高等数学、大学物理、化学及地质学、气象学。据朱大奎教授回忆："气象学分为上下两个学期在大学一年级时期开设，每周 6 个学时，按照学生的姓氏笔画分为两个班级，分别由么枕生[①]老师和徐尔灏[②]老师教课。么先生讲课非常明确、系统，颇有主见，比如，讲解气象过程、气候的形成、气候分类，使我们都有清晰的认识，对国内外学说讲解后都自有一番评说，这样在课堂上，我们认识了气候分类的柯本、利用高空气球的魏格纳、中国气象学开创人竺可桢，其中么先生对竺可桢评说甚多。一年级系统扎实的气象课，给我们打下了很好的基础，使我们终生受益。"[③] 这一年开设的地质学是本科阶段的重点课程，普通地质学由孙鼐[④]先生授课，野外实习则由郭令智老师[⑤]和

---

① 么枕生（1910-2005），直隶（今河北）丰润人，教授。1936 年毕业于清华大学地学系。曾任中央研究院气象研究所助理员、西北农学院副教授、东北大学教授。建国后，历任浙江大学、南京大学教授，中国气象学会常务理事。九三学社社员。创建南京大学气候专业。开创统计气候学，对回归理论与历史气候数值化颇有研究。

② 徐尔灏（1918-1970），教授。江苏江阴人。1939 年毕业于中央大学地理系。1948 年获英国伦敦大学帝国理工学院理学硕士学位。同年回国。曾任中央大学副教授。建国后，历任南京大学教授、气象系主任，中国气象学会副理事长，国家科委气象组副组长。九三学社社员。1958 年加入中国共产党。专于动力气象学和大气物理学的研究。1958 年创建了我国高等学校第一个大气物理专业。

③ 朱大奎：《地貌学家的足迹：国内外地理散记》。上海：上海科学技术出版社，2013 年，第 9-10 页。

④ 孙鼐（1910-2007），生于南京，我国著名的地质学家、岩石学家和地质教育家。1933 年毕业于中央大学地质系，即留校任教。长期担任地质系矿物岩石教研室主任暨南京大学工会主席。曾任中国地质学会岩石学专业委员会副主任，《辞海》编辑委员会委员兼地质学分科主编。

⑤ 郭令智（1915-2015），湖北省安陆县人，地质学家，中国板块构造和地体构造研究的重要开拓者之一，中国科学院资深院士。1938 年 8 月毕业于中央大学地质系并留校任助教，1956 年加入九三学社，1959 年加入中国共产党，1993 年当选为中国科学院院士。

肖楠森①老师带队指导。几十年过去了，当时上课的一幕幕仍清晰地印在朱大奎的脑海中。朱大奎在自己的散记《地貌学家的足迹——国内外地理散记》中写道："记得当时教室不够，我们的地质学是在金（陵）大（学）的小礼拜堂上课，孙鼐先生讲课就用牧师讲道的小讲台，学生坐的是礼拜堂大木头长条椅子，礼拜堂光线暗暗的，白天也要开着昏黄的电灯。孙先生讲课生动、深刻、风趣，每堂课都带来惊喜。我们总要早早去抢位子，尽可能坐在第一排靠近孙先生的一侧，不但听得清楚，而且能看清板书、图示和他每个动作、表情。"

孙鼐先生讲授的普通地质学给刚进大学校门的新生打下了很好的专业知识基础。大学二年级分班以后，无论是地貌学专门化还是经济地理专门化，每个人都具有很好的地质学素养，这份素养伴随学员终生。王颖及同班的陈毓川、佘之祥等至今仍能背诵孙鼐教授关于矿物硬度表的口诀："滑石方，氟磷长，石黄刚金刚"。教师的影响长达几代，甚至更长远。

土壤学与土壤地理学由马溶之②先生授课，朱大奎回忆："马溶之先生时任中国科学院土壤研究所所长，上课时西大楼三楼梯形教室的台阶上，教室外走廊地板上，都坐满了旁听的师生，有生物系、农学院及林学院的老师、同学。马先生讲编制中国土壤图的整个过程，讲述各种野外调查、实验分析、大量资料的汇集分析、苏联格拉西莫夫院士的参与等，把我们带进了土壤科学殿堂。"③

除此以外，"徐曼英老师讲授高等数学，物理学由王淦昌④教授授课，

---

① 肖楠森（1914-2008），生于湖南湘潭，九三学社社员，中国水文地质工程地质学家。1936年考入中央大学（南京大学前身），先学卫生教育，后转学地质学，1941年7月毕业留校任教，1947年晋升为讲师。新中国成立后继续在南京大学地质系任教，1954年升为副教授，1978年晋升为教授。

② 马溶之（1908-1976），字月亭，1908年11月25日出生于河北省定县西南村。1933年毕业于燕京大学地质地理系。土壤地理学家。

③ 朱大奎：《地貌学家的足迹：国内外地理散记》。上海：上海科学技术出版社，2013年，第11页。

④ 王淦昌（1907-1998），江苏省常熟县人，核物理学家，中国科学院院士。

教植物与植物地理学的是耿伯介先生与仲崇信先生。李学清[1] 老先生教岩石学、沉积岩石学，轻声细语，把岩石讲活了，为我们以后做沉积相工作打下基础。姚文光先生的构造地质学讲得简直出神入化，把大地构造讲成今日动漫一般生动易懂，我们都是屏住气息听他每堂课，生怕漏听了什么，连他一堂课的一些习惯性动作，讲到高兴时耸耸肩，提一下裤腰，都感到十分亲切难忘。陈旭老先生讲古生物，浓浓的温州口音不易听懂，教室中大家聚精会神，个个虔诚聆听，积极背诵，对南京地层及化石至今能脱口而出。教地貌学、第四纪地质学的是杨怀仁[2] 先生，余剑华老师是地史学，教水文与水文地理学的是杨纫章[3] 先生，任美锷[4] 先生与吴传钧[5] 先生教经济地理概论。杨鸿达老师负责中国地质的授课，复杂纷繁的中国地质，经他梳理分析后，给学生一个清晰明了的网络，各地区的地层构造，各学派的分异贡献都说得清清楚楚"。[6] 他们都是年富力强、很有学识的知名教授，为王颖这一代青年的成长打下坚实的基础。[7]

---

[1] 李学清（1892–1977），地质学家、矿物学家、地质教育家，是中国宝玉石矿物学研究的先驱之一，是中国自己培养的第一批地质工作者之一，开拓了中国沉积岩研究的先驱，是地质系的"开山功臣"，培养了一批卓有成就的地质学家。

[2] 杨怀仁（1917–2009），1941 年毕业于浙江大学地理系，1943 年获地理系硕士学位。曾任四川大学副教授、地图审查委员会主任委员。长期从事地貌学与第四纪地质学的研究，主编《第四纪地质文集》《第四纪地质学》。中国共产党优秀党员，九三学社社员，我国著名地貌与第四纪地质学家，南京大学地理与海洋科学学院教授、博士生导师。

[3] 杨纫章（1919–1971），安徽省马鞍山市当涂县城关镇人。我国地理学界优秀的女教授，女科学家。1941 年大学毕业后，任新疆女子学院地理讲师。1944 年冬回到故乡，在当涂中学任教。1947 年应母校之聘，回到南京中央大学工作。先后任中央大学地理系助教、讲师、副教授，兼自然地理教研室主任、中国地理学会理事。

[4] 任美锷（1913–2008），出生于浙江宁波，地貌学家，自然地理学与海岸科学家，南京大学教授，中国地理学会、中国海洋学会名誉理事长。1934 年毕业于国立中央大学地理系，1980 年当选中国科学院学部委员。主要从事自然地理学与海岸科学的研究与教学工作，主持了江苏省海岸带调查。

[5] 吴传钧（1918–2009），别号任之，江苏苏州人，人文地理与经济地理学家、中国科学院资深院士。1943 年获中央大学硕士学位，1948 年获英国利物浦大学博士学位，1991 年当选为中国科学院学部委员。主要从事综合经济地理（含国土开发整治）和人文地理研究。

[6] 朱大奎：《地貌学家的足迹：国内外地理散记》。上海：上海科学技术出版社，2013 年，第 11–12 页。

[7] 孙鸿烈：《20 世纪中国知名科学家学术成就概览 地学卷 地理学分册》。北京：科学出版社，2010 年，第 515 页。

依靠南大地貌专业充足的地质学训练，在诸多老师的悉心教导下，班上同学的专业知识基础扎实，毕业后均有好的工作发展前景，继续从事研究工作，在各自的领域取得了成就。同班同学中，除了出了几十名专家教授外，还成长了王颖、陈毓川[1]与李吉均[2]三位院士，这一切都得益于南京大学的教育。

光荣入党

儿时的王颖经历过日本侵略、烧杀轰炸，目睹了国民党统治时期的西安经济崩溃、物价飞速上扬，老百姓生活艰难。加之，父母亲相继过早地离世，王颖深刻地认为自己的成长与党和国家的关怀密不可分，是党和国家为她的健康成长提供了安定的生活环境，给予她接受新知识的机会。王颖回忆说："青年时代的我，适逢新中国建立，沐浴着党的阳光，在一个朝气蓬勃、日新月异、充满关爱的环境中，得以健康地成长，真是生长逢时。"党和国家为王颖遮风挡雨，是她坚实的后盾和可靠的避风港，她由衷地感激党、热爱党，自觉应该为社会奉献自己的力量，为国家争得一片蓝天。

王颖在1952年高中读书时期即加入了新民主主义青年团。至1954年，大学二年级，党组织在学生中选拔热爱祖国、思想觉悟高、学习成绩优秀的学生加入中国共产党。王颖因在南京大学积极努力，被列为考察对象。当时入党考察很严格，王颖无父无母，没有所谓的"杀关管"，家里成员清楚。自己的成长历史也很清楚。王颖未成年时的生活主要依靠母亲遗留在西安的一点房租过活，家庭出身不是官僚地主，只能算是房主。经过严格的考察调研后，被批准加入中国共产党，成为当时地貌班唯一的党员。

---

① 陈毓川（1934- ），矿床地质专家。浙江省平湖县人。1952-1954年南京大学地理学系学习，后选拔留学苏联，学习岩矿地质，1959年毕业于乌克兰顿涅茨理工大学。原地矿部总工程师。1997年当选为中国工程院院士。

② 李吉均（1933-2020），生于四川彭县，地貌与第四纪地质学家，中国科学院院士，干旱环境与气候变化协同创新中心主任，兰州大学教授兼南京师范大学地理科学学院教授。1952年考入四川大学地理系，一年后随专业调整至南京大学地理学系。

王颖在回忆自己加入中国共产党的情形时说道："可能是因为我无父无母，家庭成分简单，我爱国爱党，没有二心。"

王颖始终将国家的培养对个人塑造的重要价值挂在嘴边，她说，人只有追随国家前进的步伐，才能达成自己的理想，自己的成就离不开国家的培养。

大学同学杨景春[①]与王颖同年进入北京大学，对王颖了解颇多。杨景春在回忆当初与王颖同班的时光时说道：

> 她是党员，班上同学都听她的，唯一的一个党员，其他的都是团员，我们这些都是团员，她比我们年岁小，又是女同学，大家都很尊重她。她确实表现也好，她说什么，咱们就说什么。[②]

图3-5　南京大学同班同学杨景春（2017.10.26）

---

① 杨景春（1933-2021），中国共产党党员，著名地理学家、北京大学城市与环境学院种教授。杨景春先生1933年9月26日出生于安徽舒城，1956年毕业于南京大学地理学系，同年进入北京大学地质地理系任教，长期从事地貌学和新构造的教学与研究工作，是活动构造地貌研究的主要创建者。

② 杨景春访谈录，2017年10月26日，北京。资料存于采集工程数据库。

野外考察

南京大学的教育注重课堂教学与野外实践相结合，地质考察是每一个南大地理学子的必修课。南京大学地理学系利用暑假时间，由专业老师带领学生进行野外实习。大学四年期间，王颖参与了多次野外考察。如果说南大老师的授课给王颖的基础科学知识打下了坚实的基础的话，那么野外调查帮助王颖对祖国的地质地形有了更为直观的认识，王颖开始了踏足祖国形形色色地质地貌的第一步。

大学一年级暑期，王颖所在班级开展为期六周的宁镇山脉地质实习，4周南京郊区地形测量实习。王颖攀登了南京地区周围的宁镇山脉等。

王颖回忆宁镇山脉的地质实习时说道：

> 宁镇山脉是大学一年级地质实习区，每一个在南大地质地理的人都必须去参加南京地区的野外实习。在宁郊下蜀地区，地层完备，具有从最老的太古代与元古代的变质岩地层，到奥陶纪的地层，到寒武纪的地层，到志留（纪）泥盆纪的砂页岩地层，一直到第三纪～第四纪喷发的火山玄武岩，第四纪下蜀黄土层及现代的河流堆积，都可以学习到。①

二年级时，杨怀仁教授指导在安徽九华山地貌实习，伴以耿伯介老师带领的植物与植物地理实习。三年级，杨怀仁和刘振中先生带班级同学前往山西黄土高原等地开展地貌实习。王颖本身是北方人，黄土高原恶劣的环境，特别是水资源短缺问题给王颖的印象尤为深刻。王颖回忆黄土高原的地貌考察时说道：

> 黄土高原的确给我很深的印象，我小时候生长在西安渭河谷地地

---

① 王颖第十二次访谈录，2019 年 1 月 15 日上午，南京。资料存于采集工程数据库。

区，而晋陕黄土高原上，在厚层黄土上边生活的居民是很困难的，缺水少肥，一年耕种的结果亩产收不到一百斤。而且最缺的是水，缺乏地表与地下水，唯一来源是挖地窖储存有限的天降水，最后水里边都长出红毛，而招致疾病。[①]

1956 年 4 月，大学的最后一年，进行地貌与第四纪地质综合考察，由杨怀仁教授亲自带队指导，地点选择浙江天目山，调查基岩山地与丘陵，探查有否第四纪冰川作用遗迹。

图3-6　南大地貌学专业师生在浙江杭州天目山实习（1956.4）
（"天目山"碑左侧是杨怀仁教授，前排左 2 为王颖）

大学期间，王颖所在班级进行了多次野外考察：从宁镇山脉跨越太行—吕梁山脉与黄河谷地到山陕高原，从长三角平原到浙、皖丘陵山区，对祖国的地貌有了初步的了解，培养了对地学专业的浓厚兴趣。野外考察使王颖增长了见识、提高了能力、锻炼了身体，同时也培养了王颖吃苦耐劳的优秀品质。

为 国 争 光

出访印度

1956 年 1 月，大学四年级的王颖被选拔参加团中央组织的中国地理学

---

① 　王颖第三次访谈录，2017 年 12 月 26 日上午，南京。资料存于采集工程数据库。

代表团，到印度阿里迦（Aligrah）穆斯林大学参加国际地理学术大会。

这是新中国成立后，我国派出的第一个参加国际学术会议的地理学代表团。代表团团长由团中央国际联络部的谢邦定^①担任，两位地理学家是中国人民大学孙敬之教授，科学院地理研究所郭敬辉研究员，一名翻译是团中央的岑悦芳，还有一位我国驻印大使配备的翻译、一名北京师范大学地理学研究生陈冠云和一名南京大学地理学本科生王颖。

这是王颖的第一次出国经历。出国前，王颖接受组织上的系统培训，学习印度国情和国际礼貌礼仪。这次大会，中国代表团需要在会议上进行大会发言，准备会议材料是前期的必要工作之一，王颖负责大事记，协助郭敬辉老师准备水文地理文稿。

代表团讲授的关于穿衣需要注意的地方，也给王颖产生了深远的影响，在之后的生活中，王颖很注重自己的仪容，认为这是对别人的尊重。直到现在，王颖还对当时的事情记忆深刻，她回忆道：

当年出国给予制装费，团中央女同志带领我到王府井百货大楼选购皮鞋与衣料，再到"造寸"中装店定制5件旗袍：绿色毛料1件，织锦缎1件，花绸2件、一布料旗袍以及衬裙、长袜等。男同志是两套西装。按当时的外事规定，在国外开会，每天均需更换衣服，每日均需洗发、洗澡。我出国时，同学道齐与飞燕均支持借给我衬衫与花裙，所以衣服是够的。大衣与皮包由团中央提供。记得一位参赞（林林）提醒我："在国外注意'女士优先'，不要抢着提箱子，头发要湿润光滑（当时我惯于头发蓬松自然）。"那时，穿旗袍着过膝丝袜，他嘱咐我："丝袜要拉直，丝袜后面有条缝线，一定要拉直……"我很感谢林参赞的关怀指导，衣装整洁是基本礼貌，我至今仍注意。^②

---

① 谢邦定（1921-2019），江苏镇江人。1948年参加中国共产党。1949年毕业于北京大学哲学系，杰出的外交工作者。历任全国学联主席、全国青联常委兼国际部副部长、政务院文教委员会委员、驻布拉格国际学联书记处代表、共青团中央国际联络部科长、《万年青》杂志总编辑、对外友协副会长、驻突尼斯大使。第二届全国政协委员。

② 王颖第五次访谈录，2018年1月3日上午，南京。资料存于采集工程数据库。

新中国成立不久，国家的经济实力有限，国内没有直接飞往印度的飞机。赴印代表团是乘火车从北京到广州，再由广州换乘火车去香港，之后再从香港乘坐英国海外航空公司（BOAC）的飞机赴新德里。距离随团考察印度已经过去半个多世纪，但是对于当时出访的细节，王颖仍然记忆犹新：

> 我印象最深的是界桥，我们的火车只能到罗湖桥北端。旅客均下车，带上行李，跨过木桥到香港新界。那时候香港还是英国占领区，米字旗，穿英国黑色警服的香港人，手持警棒或警鞭检查过往旅客。从我国深圳，跨越罗湖桥①到香港时，心里十分难过。仍记得当我再跨越罗湖桥回来时，看见祖国五星红旗，我都哭了，是激动地哭了，在外面紧张的心情一下子放松了。②

代表团到达香港后，被接到驻香港办事处，是在岛后侧临海的一幢楼房，有花园与游泳池，当时香港用淡水仅定时供应，泳池用来储淡水，以供外出过境人员可及时洗浴。1955 年正值国际局势处于风云变幻中，周恩来总理受邀去印度尼西亚参会，代表团乘坐印度的克什米尔公主号飞机，怎料飞机在飞行途中突然爆炸，中国代表团成员都死在飞机上。幸而周恩来总理因急事处理改变计划，未搭乘该航次班机，躲过一劫。针对当时复杂的国际形势，国家紧急发布了一个不成文的通知：中国代表团一定要搭乘有外国旅客一起乘坐的飞机，这是个教训。碰到这种情况，要做到保守国家机密，宁死不屈。在香港停留一夜，代表团整理了行装与文件，并且开会明确形势、任务与表态。

印度与中国虽同为世界四大文明古国，但是气候、宗教与生活习惯差异很大，两国衣食住行的方方面面均不相同。初访印度的王颖记下了

---

① 罗湖桥，位于广深铁路的东端，连接着深圳站与香港九龙站，广（州）九（龙）、佛（山）九（龙）、肇（庆）九（龙）。这座桥是我国内地与香港、台湾同胞及世界各国侨胞和国际友人往来的纽带。

② 王颖第八次访谈录，2018 年 7 月 17 日下午，南京。资料存于采集工程数据库。

当时所遇的情景：从香港赴印度达新德里，在大使饭店住了一天。次日再乘火车赴阿里迦，该处是一个学区小镇。当年，印度的火车很奇怪，不像我们火车都是一节一节地相连，而是一个包厢一节，一家人住在一个包厢里边，这一节跟另一节车厢完全隔开的，吃饭、饮水需到达一站台后送上来。我们到了加尔各答后，被安排住在一位女院长家中，英式住宅较印度宅舍易适应，但晚间每隔一段时间由一印度人敲梆与喊更，令人心惊，仍记得的喊："But am I now。"

印度是一个联邦制国家，境内民族众多、教派众多，缺乏统一的语言，多年英国殖民地影响，而以英语作为官方语言，因此印度人的英语水平普遍较好。王颖回忆道：

> 我记得当年在会上陪伴我的两个印度女学生就说"Chinese little English speaking"。而陪同我们的使馆李译员立刻回了句"But Chinese Plenty"！中国人的英文少，但是中国人的中文多多的，而印度没有共同的印度语言，印度语言缺少统一的，只能以英语交流，但印度人的English发音不够纯正，至今我仍记得，印度人说thank you发音为"坦克油"。印度有多少个民族，它就有多少语言。Hindu语是不统一的。各个土邦讲该邦的土语，多种多样的语言。他就说"中国的学生英文很少，但中文很多"。当时他是挺争气的。中国代表讲的"人口增长与食物来源"和有关"水文地理与水资源"的报告，均成功地获得热烈反映。每天的会议我们都参加与交流，十分紧张。苏联代表团成员很强，学术报告科学内容与回答问题都很好，受到与会代表尊敬，这对我启发深刻：一定要掌握英语，做好学术交流！①

王颖出国后认识到学好英语的重要性，任何学术成果的提高与得到国际的承认，离不开英语，这坚定了王颖学好英语的决心。

会议期间，我国两位教授作了大会报告，中国人民大学孙敬之教授

---

① 王颖第八次访谈录，2018年7月17日下午，南京。资料存于采集工程数据库。

讲演题为"人口增长与食物来源"，中国科学院郭敬辉[1]教授作"中国水文地理与水资源"报告，均成功地获得热烈反映。此次参会，王颖接触到享誉国际的地理学界大师，如英国的斯坦普教授、苏联的格拉斯莫夫院士等[2]。

图 3-7　1956 年王颖出访印度照片

　　会议结束后，袁仲贤大使指出：今后学术交流很重要，代表团既已出国，应多停留一段时间，多赴几处考察交往，开阔视野，增加友谊与了解。在使馆的支持与安排下，代表团到了喜马拉雅山南麓，考察了喜马拉雅山地与最新的地层——西瓦里克地层（西瓦里克群为一套山前磨拉石卵石、砂岩、页岩及黏土岩层）。为了能够尽可能地全面了解印度的地貌、风情与文化，代表团的考察路线横贯印度大陆，新德里——阿里迦——阿格拉——加尔各答——恒河平原中部——德干高原——孟买。此次横跨印度的学术交往与考察，使王颖受益良多。阿格拉地区泰姬·玛哈尔陵以其建筑宏伟与爱情文化象征，给予代表深刻印象。印度各区域的差别很大，孟买是完全欧化的城市，热带椰林与小楼散逸出的南国佛国音乐，令人陶醉，风情别具。令人兴奋的是访问电影基地——宝莱坞。代表团一行参观了印度制

图 3-8　王颖出访印度照片（右 4），右 3 郭敬辉，右 5 谢邦定，右 6 孙敬之，左 1 陈冠云，左 3 李翻译

---

　　[1]　郭敬辉，水文地理学家。直隶定县（今河北定州人）。长期从事地理教育工作。建国后，历任中国科学院地理研究所研究员、副所长，中国地理学会第三、四届副理事长。积极倡导开展我国的水文地理研究。

　　[2]　孙鸿烈：《20 世纪中国知名科学家学术成就概览 地学卷 地理学分册》。北京：科学出版社，2010 年，第 515 页。

图 3-9　王颖出访印度照片（左 4）

图 3-10　王颖出访印度照片（右 4）

片厂，巧遇电影《两亩地》①的男主角。此外，代表团还积极开展活动，到不同的学校进行专题报告与实地考察，前后约 40天。经过实地应用，王颖的英语有了很大提高，并且体会到：语言学习需要不断地应用提高，"practice makes perfect"。

代表团结束在孟买的访问后，集体乘坐意大利邮船 Asia 号返回祖国。

回忆在印度的访问，最为触动王颖的是印度根深蒂固的种姓制度，目睹印度最底层人民的艰辛生活，王颖十分不忍。

王颖初到印度，住在新德里的大使旅馆，每天都有人把房间打扫得干干净净，但是从来没有亲眼见到过打扫的人。一次清晨突然回房，王颖才发现一位黑瘦的印度人在清洁房间。后来得知，印度实施严格的种姓制度。印度的种姓制度本质上是以原生的血统对人进行等级划分，涵盖印度社会的绝大多数群体，以此进行社会的严格等级控制。印度的种姓制度主要分为婆罗门、刹帝利、吠舍、首陀罗和贱民。各等级各司其职，不得随意跨越种姓的等级限制，最高等的婆罗门和刹帝利垄断宗教和世俗权力，

---

① 印度电影《两亩地》由比麦尔·洛埃电影制片厂于 1953 年出品，由中央电影局上海电影制片厂于 1955 年译制。该片由比麦尔·洛埃执导，巴·萨赫尼、尼·洛埃、拉·库马尔、奈·赫圣等领衔主演。该片以农民向波为赎回被地主占有的两亩地，从农村到城市谋生的悲惨遭遇，体现了编导对农民和城市底层人民所寄予的同情。该片开创了印度的现实主义电影题材。

首陀罗和贱民等只能从事最低贱的职业，他的后代也只能继续父辈的工作，没有改变自己身份、实现等级跨越的机会。1947 年，英属印度脱离殖民体系后，种姓制度在法律上被正式取消，但是在印度实际的生活中，种姓制度仍旧扮演着重要角色。印度最底层民众的凄惨生活，深深地烙印在王颖的脑海中，难以忘怀。

对比印度民众艰难的等级跨越过程，新中国成立后，人民翻身做主人，平等地享有教育权，通过知识改变自己的命运，令王颖更加热爱祖国。

王颖归国后，撰写了出访印度记事。她这么写道：记得在 1956 年，刚满 21 岁时，我参加了由团中央组织的新中国的第一个地理学代表团，到印度参加国际地理学讨论会。当时，苏联、英国派出了实力强大的代表团，受到各国的重视。我国两位教授作了有关人口与黄河的专题发言，引起了广泛兴趣。可是目睹某些外国学者趾高气扬，听到印度学生嘲笑我们代表外语能力差的情景，心中真是憋着一口气。当时，团长恳切地对我说："新中国的政治影响和悠久的文明历史，使我们报告获得成功，赢得了尊重。但今后我们不能光靠政治影响，老讲五千年的文明史啊，下次会议靠你们这一代了，王颖，要又红又专啊！"[1]

团长的一番讲话萌发了王颖对于祖国建设的强烈责任感，她曾在日记本上写道，"中国人民政治上翻身了，科学上也要翻身。我们有四千多年的文明史，有着得天独厚的地理环境，东邻太平洋，西有世界屋脊，中贯长江、黄河，为什么不能做出世界先进水平的成果？"从那以后，她更加热爱自己的专业，潜心钻研地理科学。[2]

出访印度的经历，让王颖深刻地认识到，中国作为一个社会主义国家，必须发展科技、国力强盛，才能赢得尊重，发挥正义作用。王颖立志要好好钻研专业知识，在自己的学科领域有所成就，报效祖国。

---

[1] 03—MQDLWY09—708.0006，王颖在纪念国际"三八"劳动妇女节 75 周年表彰大会上的发言。存于南京大学档案馆。

[2] 行月：《探求海洋奥秘的女科学家——记南京大学地理系女教师王颖》，《高教战线》，1983 年第 3 期，29—31 页。

毕业前夕

新中国的高等教育百废待兴，从苏联引进了大量的教学模式，体育锻炼"劳卫制"是其中的一项。1931 年 3 月 14 日，苏联颁布第一个"准备劳动与保卫祖国体育制度"，通过运动项目的等级测试，促进青少年积极参加各项体育运动，以提高体力、耐力、速度、灵巧等素质，按年龄分组，制定不同的达标标准。当时的中国大学生也需要按照这个制度来进行考核，对学习成绩评优有极大的参考价值。

王颖大学毕业时，门门优秀，但是体育一百米跑的时间不合格，16 秒及格，王颖跑了 16 秒 1，"劳卫制"不过关，遗憾未评上三好优秀生。

王颖在回忆当年未获得"三好学生"时，这样说道：

> 大学毕业，但是我没拿到"三好学生"，为什么？他必须要身体好、思想好、学习好。我学习门门都是优，全优。除非是那些上课不考试（按测验）给你及格、不及格，这种我全优。政治思想（达标），我是党员。哪个不行？体育不行。体育是要跑一百米，（及格）必须要

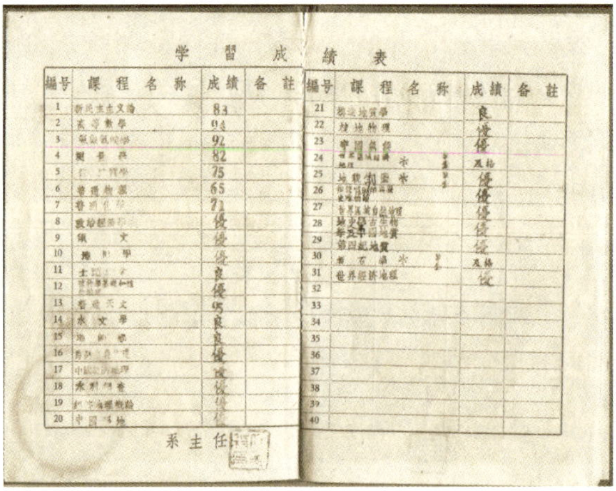

图 3-11　1956 年王颖本科学习成绩表　　　　图 3-12　1956 年王颖毕业
考试成绩

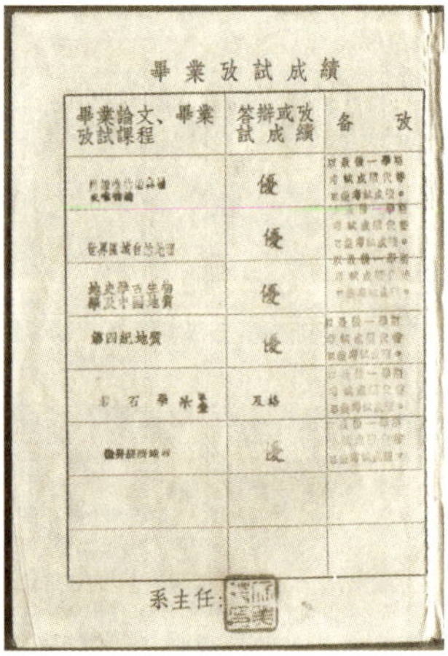

（画 * 的科目为考察，只分"及格"与"不及格"两档）

达到十六秒。一百米是十六秒，我跑啊跑啊，一次（又）一次不行，最后跑到十六秒一。所以因为十六秒一（这个成绩）没拿到这个优秀生，体育没有达标，（没有评上优秀生）。①

图 3-13　1956 年王颖本科　　　　　　图 3-14　1956 年王颖本科毕业文凭
　　　　　毕业文凭封面

---

① 王颖第七次访谈录，2018 年 7 月 17 日上午，南京。资料存于采集工程数据库。

第四章
北京大学读研深造

良 师 益 友

恰逢副博士学位研究生招生

民国时期，我国的学位授予制度参照西方建立。以美国为例，美国的学位分为副学士、学士、硕士和博士四个层级。新中国成立初期，受制于西方的经济、军事、文化封锁等因素影响，实施了"向苏联学习""一边倒"的方针政策。20世纪50年代起，中国拟借鉴苏联的研究生培养经验，尝试设置"科学副博士"。

1953年，中国科学院首次进行尝试，结合中国实际，多方征求意见，充分讨论，最后拟定出《中国科学院研究生暂行条例》。该条例规定，研究生的培养年限是4年，学位的名称是"副博士"，研究生毕业后由中国科学院授予副博士学位。该条例还强调，中国科学院培养副博士研究生的目标是培养真正意义上的科研工作者。[①]

[①] 《1956年高等学校招收副博士研究生暂行办法》，《中华人民共和国国务院公报》1956年第28号，第701页。

《暂行办法》颁布后，高等教育部开始组织部分高校参照《中国科学院研究生暂行条例》进行招生。同年，北京大学、南京大学、同济大学、华东化工学院（现为华东理工大学）等名校成为首批招收副博士研究生的高校。由于时间紧迫，全国各招生高校按照《暂行办法》的相关规定，迅速组织报名、考试工作。1956 年，"我国计划招收副博士研究生 769 名"。①

为了建立副博士制度，高校配备了强有力的师资力量，还按照国家规定，向"副博士研究生每人每月发放 50 元的助学金和地区物价津贴"，符合条件的研究生还可以申请福利补助。高校副博士研究生在国家的大力关怀和学校的精心培育下，很珍惜来之不易的学习机会，勤奋学习，刻苦钻研，迅速成长为素质较高的青年科研人才，他们参加工作后，受到了用人单位的普遍好评。但是，副博士研究生培养制度也引起了一些误会，有些人认为"副博士研究生"就是"4 年制研究生"，有人建议取消"副博士研究生"称谓。

1957 年 3 月 25 日，高等教育部发出通知，取消"副博士研究生"的称谓，统称为研究生，并将培养年限由 4 年统一改为 3 年。5 月 17 日，高等教育部再次发出通知，明确规定不再举行副博士论文答辩，不再授予副博士学位。至此，高等院校授予副博士学位的做法被废止，因此 1956 年入校攻读副博士的研究生也都未能获得副博士学位。

从 1957 年开始，"反右""大跃进""四清"等政治运动接连发生，《中国科学院研究生暂行条例》和《1956 年高等学校招收副博士研究生暂行办法》的实施效果受到严重影响。"文化大革命"爆发后，研究生教育被迫中断。同时，关于副博士研究生培养的制度条例被彻底废止。

虽然政治运动等因素影响了实施效果，但还是培养了一批素质较高的青年科研人才，王颖就是我国短暂的"副博士研究生制度"培养出来的一批科研人才中的一员。虽然我国副博士研究生制度存在时间很短暂，但是正是因为有了此次探索，才为我国的科学人才队伍注入了新生力量，为后

---

① 《青少年爱国主义教育读本》编委会：《科技与教育》。北京：中国时代经济出版社，2009 年，第 123 页。

来我国建立完整的学位与研究生教育制度积累了重要经验。①

北大求学

1956 年，我国开始探索建立"副博士研究生制度"，这一年正值王颖大学毕业。北京大学地质地理系开始招收四年制副博士研究生，王颖面临直接就业和继续求学深造两个选择。王颖本科阶段学习成绩优异，除了按规定只区分及格和不及格的科目外，其余都是全优。学校分配王颖报考北京大学地质地理系研究生。进入北大后，王颖初以见习助教领薪，后顺利考取北京大学副博士研究生。

王颖回忆自己报考北京大学副博士研究生的情形时说道：

1956 年全国第一次招考副博士研究生，学习苏联教育制度，包括当时的研究生助学金高于助教月薪，以供专购参考书。苏联的副博士不等于国外的 master。国外 master 一般最多三年，副博士研究生学习四年。似相当于英美的 PHD？苏联也有 PHD，但却相当于国外的科学博士（doctor of science），一般的 doctor 是 doctor of phylosophy。现在我们很少有人去学 doctor of science，所以都是 PHD。而当年，我是考取的第一批副博士研究生，而且是完成了四年的学习课程，从事山东半岛砂矿与淤泥质海岸选港两项研究，完成学年论文，发表了文章，但当我完成研究生学习时，我国取消了副博士研究生制度，说是资产阶级法权，是名利思想。因此，我也没想要这个学位。②

王颖分别在南京大学和北京大学接受本科教育和研究生教育，两个学校对王颖的学术成长都具有奠定和推动作用。两校教学风格各有不同，但是都给王颖日后从事教学工作产生了极大的影响，北京大学给王颖日后带

---

① 李鹏：中国副博士研究生培养制度的历史考察。《当代中国史研究》，2013 年第 20 卷第 3 期，第 36—40+124 页。

② 王颖第八次访谈录，2018 年 7 月 17 日，南京。资料存于采集工程数据库。

研究生的教学风格打下了深深的烙印。北京大学的研究生教育比起南京大学更为严格，地貌专业研究生必须学习地貌学基本理论和应用地貌实践。英语和第二外语的考试也是必需的。除此以外，北京大学要求在校研究生必须要带本科生进行野外实习，给学生上课，完成生产实习报告。学习期间要有学年论文，毕业时还必须完成毕业论文。研究生教育主要是自我研究能力的提升，应该自己主动地学习。当时，导师王乃樑教授与王颖每学期有定时交流，如果有出野外则改为回校再详谈。王颖认为在北大研究生学习收获大，研究生不同于本科生，毕业后是要到高校从事科研工作的，必要的生产实践工作是不可缺少的，必须提高自己的教学能力和科研能力。

北京大学的研究生教育经历，为现在王颖的研究生教育方案的制定产生了极大的影响。王颖在回忆南京大学和北京大学迥异的教学风格时说道：

> 我觉得北京大学对我的锻炼，是系统的，动力、地貌与沉积研究结合，结合港口回淤研究实践，对我培养很大。那时候老师并不是每天跟我们谈话，有问题请教，没问题你做你的。导师就给你项目支持，给你指明个方向，你去做，有问题再讨论、解答。①

北京大学期间的研究生培养方案王颖沿用至今，现在带学生基本是按照王乃樑教授的方式：老师给学生指明一个课题、研究方向，列出学习需要的参考书目，基础科目自学，有问题师生讨论，但必须有生产实习的实践锻炼。王颖认为：研究生必须有自己思考的问题，绝对不能像小学生一样由老师来主导学习，而要培养自主学习、独立思考以及独立工作的能力，这样学生才能有创造性的发展。王颖认为这是南京大学和北京大学最大的区别，北京大学民主开放，充满自由的空气、民主空气；南京大学教学亦开放，但注重遵守秩序，认真踏实。北京大学的培养方式更为接近西方国家。

---

① 王颖第二次访谈录，2017 年 12 月 22 日，南京。资料存于采集工程数据库。

中国的高校多像南京大学一样地培养学生，这样培养出来的学生在毕业后难以立即投入工作第一线，需要一个缓冲的过程，不利于学生的发展。大学应该是自由的天地，创造性和开拓性应成为中国学生的主旋律。

王颖的大学同学杨景春在回忆当时的升学时这样说道：

> 当时是计划经济时代，1956 年毕业，暑假后 9 月份到北大，当时指定她是考研究生，我就是当助教。另外，还有一位韩同春同学，现在还在南大地理系任职。当时他们两个都是指定的考研究生。结果后来韩没来，被南大留下来。王颖和我来北大。王颖和我不是同时来的，因为她要考研究生，所以她比我早个把月，我是开学 9 月份报到，她是 1956 年 6 月份来北大的，是准备 1957 年研究生的入学考试。①

1957 年 2 月，王颖开始北京大学的求学生活，攻读北京大学地质地理系四年制副博士研究生，师从王乃樑教授。

王乃樑是我国著名地貌学家、地理教育家。1937 年 7 月毕业于西南联合大学地质地理气象系。1940 年 8 月至 1945 年 7 月，在西南联合大学师范学院史地系任助教，为专修科讲授"自然地理""外国地理""地理教材教法研究"等课程。1945 年 8 月至 1946 年 7 月任西南联合大学地质地理气象系教员，1946 年 8 月至 1948 年 5 月任清华大学地学系教员，讲授"普通自然地理"及三、四年级学生的选修课"太平洋地志"等。1948 年 6 月至 1951 年 12 月，获中法交换生的奖学金，赴法国巴黎大学理学院自然地理与动力地质教研室学习，本打算进入 Bourcart 教授师门，在得知王乃樑立志研究地貌学后，教授又推荐 A.Cailleux 为其副导师，实际指导其论文。在法留学期间，王乃樑主要进行将沉积学与地貌学结合的研究。归国后，他继续自己的研究方向，积极倡导沉积相与地貌结合的研究，以相关沉积方法研究地貌形成过程。他的论文经过答辩，获得了高等研究文凭。新中国成立后，留学海外的大批爱国科学家怀着拳拳报国之心，归国报效祖

---

① 杨景春访谈录，2017 年 10 月 26 日，北京。资料存于采集工程数据库。

国。1951年底，王乃樑放弃了继续学术深造的机会，毅然携夫人回到祖国，参加新中国建设。归国初期，王乃樑先在留学前的工作单位——清华大学地学系任讲师，后伴随着1952年全国高等学校院系调整的浪潮，调至北京大学地质地理系任副教授。1955—1966年期间，王乃樑还任北京大学地貌教研室主任。王颖幸运地成为其学生，在导师的指导下，进一步打下了地质学习的基础。

王乃樑教授是我国从新构造运动角度研究地貌发育的倡导者之一，是我国高等学校第一位地貌专业的创建者。王颖最终选择海洋为其研究方向，着重研究沉积学与地貌学，与其导师的研究方向不无关系。

王颖重视实践工作。当时的学校实验条件有限，王颖就自己创造条件，在学校搭建自己的实验场所。王颖为了搞波浪实验，带着一批学生在原北京大学的九斋外面自己捡砖头，修建了水池，研究波浪等动力如何对地貌、泥沙产生影响。杨景春在回忆王颖当年的"胆大妄为"时这样说道：

> 印象最深的是，58还是59年，具体时间不记得了，可能是59年，当时思想解放，想什么就干什么，她在北京大学的九斋，现在拆掉了，当时是蒋介石的办公室，她在外面修个水池，自己捡砖建水槽，搞波浪实验、动力试验，实验怎么对地貌、怎么对泥沙的影响。那时她就带领一些同学，她是研究生，带同学一起研究。[1]

新中国成立初期，中国和苏联是军事同盟关系，中国提出了"一边倒"外交方针，倒向社会主义苏联一边。1950年，苏联与中国签订"中苏友好同盟互助条约"……在中苏蜜月期间，苏联对中国提供了全方位的援助，学术方面的交流也在持续开展中，大量的苏联专家来到中国，为中国军队及高校师生进行讲课。交通部邀请了苏联专家组3人：В.П.曾科维奇、Н.Е.涅维斯基等参加天津新港回淤研究与讲学，北大、北师大、华南师院、山东师院等校相关师生以及科学院海洋研究所青年人员均参加听

---

[1]　杨景春访谈录，2017年10月13日，北京。资料存于采集工程数据库。

课与海岸带调研实践。王颖均参加了学习。北京大学先后邀请苏联专家来华讲学与培养研究生，如：讲学两年的地貌学家 B.Γ. 列别杰夫副教授与地质学家 A.Π. 列兹尼科夫教授，嗣后又邀请了 B.Π. 曾科维奇院士与 O.K. 列昂杰夫教授。因此，王颖在研究生学习阶段获得导师王乃樑教授的学术指导外，还得到多位苏联专家的教导与帮助。

苏联专家指导

北京大学地质地理系在 20 世纪 50 年代中后期邀请了多位苏联专家讲学，主要是 B.Γ. 列别杰夫副教授、B.Π. 曾科维奇教授、O.K. 列昂杰夫教授和 A.Π. 列兹尼科夫教授。

B.Γ. 列别杰夫讲授"地貌学基本理论问题"和"砂矿地质学"等课程。王乃樑教授与 B.Γ. 列别杰夫副教授联合指导研究生与来自地学院校的进修教师，到京郊西山斋堂、山西大同盆地、桑干河谷及聚乐堡火山群做地貌与第四纪地质考察，学习如何绘制地貌沉积综合剖面，如何观察、思考、记录、填图与总结，如何把地形的变化结合沉积组成，如实地反映地貌结构[①]。北京大学的研究生培养方案要求研究生在读研期间负责教一门地貌学专业课，在两位导师要求下，王颖完成了该教学任务：指导大学生在大同进行野外实习，指导二年级同学在山东半岛从事砂矿地貌与沉积的野外调查，勘测锆英石砂矿分布规律。

王颖在回忆 B.Γ. 列别杰夫副教授对她的教育时说道：

北京大学聘请了一批苏联专家，这些苏联专家，当年邀请的都是他们国家最好的。带我们的是 B.Γ. 列别杰夫副教授，讲授"地貌学基本理论问题"与"砂矿地质学原理"，指导我们从事野外观察，如何把地貌形态——山、地、平原……和它底下的沉积物是岩石、还是松散的泥土结合分析，并与当地的气候、动力结合分析等。所以，后

---

① 孙鸿烈：《20世纪中国知名科学家学术成就概览 地学卷 地理学分册》。北京：科学出版社，2010 年，第 515 页。

来我在学术上一个贡献，就是把海岸带根据它的地貌、和沉积、和动力特点结合，获知该海岸是怎么发育形成的，它下一步发展是侵蚀还是堆积，以及如何防止侵蚀，如何利用它这个堆积。我觉得那时候苏联的专家教学的特点是把科学知识和他的实践经验结合，当年，这位苏联专家仍是副教授，却非常优秀，既传授知识，又提高了我们工作能力。[①]

苏联专家 B.П.曾科维奇院士，是世界级的海岸科学权威，他在天津新港与北京大学讲学期间，王颖紧跟学习，多次参加曾科维奇教授带队的海岸带考察，系统学习苏联的海岸科学理论与研究方法，并指导她在大连与山东半岛的工作实践。王颖在曾科维奇的教导下奠定了坚实的海岸研究基础，师生友情一直持续了几十年，直至曾科维奇逝世。[②]

继 B.П.曾科维奇之后，他的学生——著名的海岸地貌学专家 O.K.列昂杰夫被邀来华进行教学，讲授海岸地貌学，王颖聆听讲学，并参加专家科研、实践，获得系统的海岸科学教育。

王颖与苏联专家共同进行野外考察，聆听专家在全国各地（青岛、天津和北京）的讲座，开阔了视野，既在国内外学科对比下吸取精华，又很好地将理论与实践相结合，应用于实际之中，王颖的学术之路走得更加扎实。

上台授课

北京大学对研究生要求，必须在读研阶段给本科生讲授专业课，由此来锻炼学术思维，提高讲学能力，为毕业后直接进行教学活动奠定基础。王颖在北京大学期间负责的专业课程主要是砂矿地质、海岸地貌两部分课程，共 12 学时。北京大学的本科生教育与南京大学存在很大的不同，当

---

① 王颖第二次访谈录，2017 年 12 月 22 日，南京。资料存于采集工程数据库。
② 孙鸿烈：《20 世纪中国知名科学家学术成就概览 地学卷 地理学分册》。北京：科学出版社，2010 年，第 515 页。

时的南京大学本科生毕业不需要完成毕业论文或是毕业设计，北京大学的本科生则需要在老师的指导下，独立完成毕业设计。毕业设计的选题大多是学生结合自己本科学习阶段的野外考察或是参与的科研项目而定。王颖需要给本科生上两门课，也负责本科生在二、三年级时的地质地貌实习，学生的调查总结需经王颖过目，但是本科生的毕业论文不属于王颖负责。王颖直至今日，还清楚地记得曾经与她一起出野外的本科生的姓名：第一个学生袁家义，第二个的学生是任明达与徐海鹏，第三个学生是李荣全。任明达和徐海鹏的毕业设计结合当初与王颖一起在山东半岛找砂矿进行毕业设计。李荣全的毕业设计就是苏北海岸选港的问题。

王颖回忆在北京大学学习与实践时说道：

> 当时，我只管本科生在二、三年级时的地质地貌实习，这个阶段，他们的调查、写总结，我管。至于他们的毕业论文工作，我不管的。只负责在二、三年级时的教学任务，不负责该班学生毕业。因为我也在研究生学习，教学是个实践学习。①

王颖在研究生阶段参与大量的野外实践，这些实践给她的毕业论文撰写提供了不竭的研究动力。在北京大学求学的最后一年，王颖结合自身的野外实践活动，撰写了题为《中国粉砂淤泥质平原海岸的发育与海港建设问题》的毕业论文。淤泥质平原海岸是沿平原外缘发育的低缓平坦的海岸，由粉砂和淤泥构成。中国粉砂淤泥质平原海岸规模巨大，海岸线总长约4000多千米，在世界上具有特殊地位。王颖借助于北

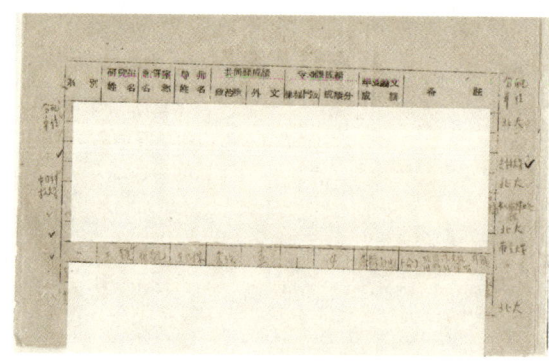

图 4-1　1961 年王颖北京大学成绩及分配单位

---

① 王颖第九次访谈录，2018 年 9 月 27 日，南京。资料存于采集工程数据库。

大期间的野外实践工作，完成
了毕业论文。1961 年 3 月 20 日
进行毕业论文答辩，成绩为优。
遗憾的是，王颖毕业时，国家
取消了副博士的学制计划，因
此王颖只有北京大学的毕业证
书，却没有北京大学的学位证
书。没有一个博士学位是王颖
多年来的遗憾，欣慰的是，多

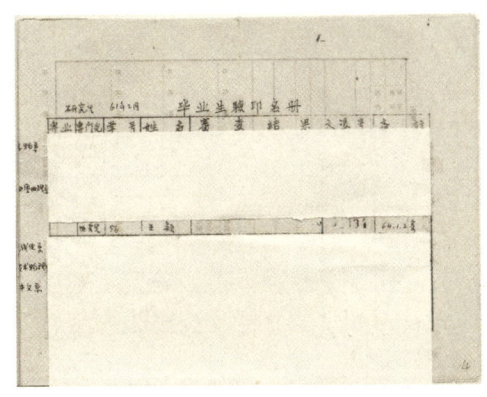

图 4-2　王颖毕业验印名册

年后，为表彰王颖在世界海洋科学研究方面的突出贡献，加拿大滑铁卢大
学授予王颖环境科学荣誉博士学位，弥补了这一遗憾。

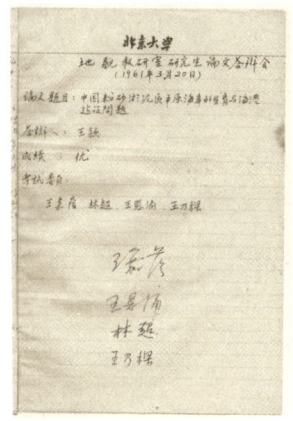

图 4-3　1961 年王颖毕业
论文答辩情况记录

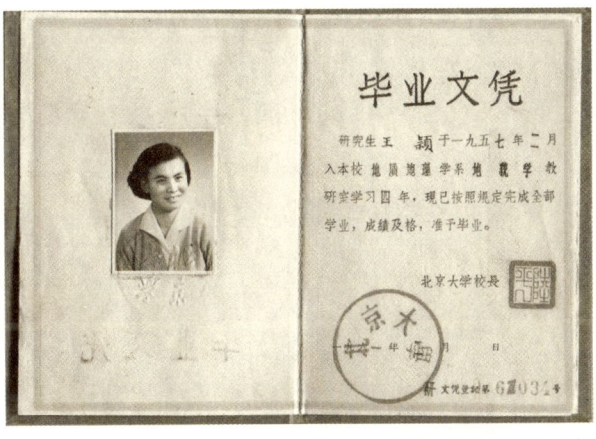

图 4-4　王颖北京大学毕业文凭

科 研 起 步

　　北京大学读研期间，王颖参加了国家重大项目"天津新港回淤研究"，
担任渤海湾考察北队的队长。我国的现代海洋地质地貌学研究，是从五十
年代治理长江口和天津港开始的，而天津港的泥沙来源与回淤研究可以说

是王颖研究的起步阶段，很好地为王颖之后的港口选建累积了十分珍贵的经验。

地理考察的条件艰苦，海洋野外考察的艰苦比地理考察更甚，海洋考察需要进行海岸带定点，在不同的海岸段落之间间隔固定的距离，设置垂直于岸线的断面定期观测。每个断面上至少需要三条船，分设在近岸带、海岸带中部及外海。断面调查三船同步进行，全潮调查 25 小时，半潮 13 小时。在测量的过程中，船体不停地晃荡，除了少数体质特别好的人不晕船外，大多数人都经不起这么持续的摇晃。王颖曾说："浪流上下左右地晃荡，几乎没人不晕船，除非身体特别特别好的，但少有人不晕船。还有老年人少晕船，因为他们感觉比较迟钝。身体好的人、敏感的人一定晕船，几乎是每个人都晕船，晕船起来非常难受，开始觉得头晕，后来就恶心、胃液上涌，忍不住就呕吐了，初吐食物，食物吐尽后吐清水，最后吐黄水，胆汁吐出来，最后的最后确实无物可吐，仍不停地干呕。"曾经有一次，王颖在浅水区观测晕船，晕到实在没有办法，直接就跳到浅滩海中，跳到海里仍晕，当时海水温度极低，又冷又晕，没办法，再爬回船上。有人晕船后上到岸上还会出现"晕陆"的状况，海洋考察的艰辛由此可见。

为了研究潮滩的冲淤分布，王颖与师生在海岸断面上按一定距离设置沉降板，测定每潮后淤积物质及淤积量，立木杆于滩地上，在杆子的一定高度上缚设竹筒，以测量不同水位时的含沙状况……当年这些装置皆由王颖带领师生一一安置。陷膝泥滩，行走困难，何况需自己背负，一个断面一个断面在不同地带安置，然后，再于潮汐涨落后一一检测、量计与分析。也就是这样，在渤海湾从新港到歧口，再至黄河口的断面定点观测、拍照、量计与分析，历经三年春、夏、冬季的观测，总结南京大学渤海湾调查成果，发现了潮滩具有分带性，根据滩面泥沙质地与黏土矿物成分对比，发现与提出黄河现代的入海泥沙达不到天津新港，即：不会直接影响到天津新港回淤。这一结果为新港采取挖泥浚深给予有力的科学支持，确切否定沿渤海湾建坝拦淤之计划。继之，研究发现渤海湾沿岸的贝壳质砂堤为古海岸位置之遗证。根据贝壳堤的位置、数列贝壳堤分布形式及贝壳堤中断等情况，判定该海岸段是稳定的、侵蚀的或淤积前进的不同发展动态，为海岸带开发基地的应用性提供重要依据，这些皆是重大的研究进展。

虽然海洋工作非常辛苦，但是王颖认为这是自己的专业，是对科学的追求，经历了艰苦，才能认识海岸，深入研究海岸，就能有所发现，才能有所创造。

山东半岛的滨海砂矿研究

中华人民共和国的航天事业起始于 1956 年。中国于 1970 年 4 月 24 日发射第一颗人造地球卫星（"东方红" 1 号），是继苏联、美国、法国、日本之后世界上第 5 个能独立发射人造卫星的国家。中国航天事业的发展过程中聚积着多方面的人力与行业支援，也包含老一辈地质工作者为寻找稀有元素砂矿而付出的努力。北京大学对研究生培养要求做到教育与生产劳动相结合，结合国家需求从事调查研究。1957 年，结合 В.Г. 列别杰夫专家到山东半岛冶金部第五勘探队指导勘探锆英石砂矿，王颖随同学习，然后留队从事寻找高品位砂矿工作。

航天器材选用的金属需要很高的要求，锆是一种高熔点金属，呈浅灰色，密度为 6.49g/cm³，熔点 1852 ± 2.001℃，沸点高达 4377℃，锆的表面易形成一层氧化膜，具有光泽，故外观与钢相似，具有耐腐蚀性、硬度超高和强度超强等特性。高温时，可与非金属元素和许多金属元素反应，是一种适合炼制航天钢材的矿物，钢里只要加进千分之一的锆，硬度和强度就会惊人地提高。含锆的装甲钢、大炮锻件钢、不锈钢和耐热钢等是制造装甲车、坦克、大炮和防弹板等武器的重要材料；从原子能和核能上来看，锆有突出的核能性，是发展原子能工业不可缺少的材料。

但是，锆是稀有矿物，多伴生于岩浆岩中，而且需经过岩石风化分解，再经水流动力富聚成矿层才有开采价值。寻找它是沿侵入体山地，对原岩、风化层、河流砂及海岸砂层——采样淘洗、选出锆砂与定样，其过程异常艰苦。1958 年 5 月到 9 月，王颖带领徐海鹏与任明达两位大二学生在山东半岛滨海带生产实习，寻找我国航天业所需的砂矿元素。

野外考察条件异常艰苦，王颖他们每天做的事情就是踏遍山东半岛东端的每处山地、河谷与海岸，仔细查看与淘洗每处松散沉积层。日晒雨淋，海浪飞溅，当年布票定量供应，所以衣服有限，又多已破烂、有洞，常被误解为乞丐。胶东老区的老乡均很热情，看到他们背个浅木盆到处挖土、淘洗，还把黑砂放在布袋中带走，很辛苦，老乡主动地同他们说："姑娘你站一站"，实意是休息一下，还拿水给他们。当王颖他们喝水时，突然包围上来一群民兵，让他们出示证件。王颖不明就里，也不愿拿出证明给他们看，相持不下，后知，胶东老乡觉悟高，看到这几个人形迹可疑，以为是海外来的间谍，报告民兵围捕。最后王颖明白了，拿出北京军区的通行证，才化解这个误会。

山东半岛东端的石岛地区，山地分布着大片正长岩，其中富含锆英石砂矿，每一立方米可以达到 1000 克到 2000 克，当年是 C_1 级富矿，还含有金红石。第二类的是在花岗岩中，锆英石与金红石含量每一立方米有 1000 克。最后就是变质岩，变质岩不到 1000 克。王颖在参加第五勘探队找寻锆的过程中，从地质图上把正长岩的地区、花岗岩的地区与变质岩地区一一划分出来，将矿床初步圈明。可以说，今天我国的航天器飞天和当年冶金部的努力是分不开的，生产航天所需的合金钢，其中所含的一些矿物原料，正是王颖这批搞地质的、搞海岸的学者参与寻找的。同样，在从事稀有元素矿床勘探工作的过程中，王颖等人对矿物元素性能、矿床分布特点以及区域海岸地质环境的认知得到了很大的提高。

天津新港的泥沙来源回淤研究

天津新港位于渤海湾西岸的海河入海口处，是从淤泥质河口海岸的滩涂上开挖的深水港。渤海湾海岸潮滩带宽达 2—3 千米，岸滩坡度很缓，约在 1/2000；滩面泥沙颗粒较细，为粉砂淤泥，中值粒径约在 0.005mm，黏土含量较高，约占 40% 以上，属于典型的淤泥质海岸。新港建设初期港口严重回淤，成为制约天津新港发展的重大难题。

20 世纪 50 年代，天津新港回淤量大，主航道及一、二号顺岸码头前港池及新建三号码头前港池，年回淤量约 610 万 m³，淤积的均为细颗粒的泥沙，中值粒径 <0.05mm，容重 1.6，含水量 70% 以上，极为稀软。[1] 交通部为查明天津新港淤积原因，探讨减轻回淤的措施，专门成立"天津新港回淤研究组"，由华东水利学院严恺院长为组长，协助指导天津新港回淤研究，先后聘请 B.Π. 曾科维奇、O.K. 列昂杰夫、H.E. 涅维斯基等苏联海岸专家协助研究。当时，苏联专家出具的意见是：黄河入海泥沙沿岸输送，会对天津新港有一定影响。中方专家则着眼于海河口大沽坝浅滩是回淤泥沙来源之一，同时，亦有人认为黄河口泥沙、甚至滦河口泥沙均对新港有所影响。

为此，交通部委托中国科学院海洋研究所组织全国力量研究天津新港泥沙来源。1958—1959 年，由中科院海洋所助理研究员尤芳湖为负责人，分为南北海岸两队及海上一队的大规模实地调查，当时北队（滦河口—天津）由北大研究生王颖为队长，成员有北京大学、南京大学、北京师范大学、华南师范学院、福建师范学院与山东师范学院的青年教师、研究生与大学生。南队（黄河口—天津）由陈吉余讲师为队长，有华东师大和浙江师范学院，海上调查由中国科学院海洋研究所负责。调查工作结束后，集中在青岛由海洋研究所组织完成了"渤海湾海岸动力地貌研究专题调查报告"。

王颖负责的"北队"通过调查了解到滦河泥沙主要是砂级的，其影响范围绕不过突出的南堡三角滩，影响不到天津新港。"南队"意见认为黄河泥沙为粉砂淤泥质的，细颗粒浮泥会对新港有一定影响。为确定黄河泥沙影响的情况，王颖等人及南京大学师生于 20 世纪 60 年代初再次调查了从新港到黄河口的南部海岸，明确黄河迁移过程对渤海湾泥沙组成有贡献，但是，现代黄河口汇入海中的泥沙没有直接影响到天津新港。因此，不需要从黄河口至新港的沿岸筑坝拦截泥沙。新港泥沙回淤主要来自于港口所在的海河口海域，大沽坝的泥沙被风浪掀起而趁潮入港造成，与涨潮流急、延时短，而落潮流缓、延时长亦有关。因此，采用工程界所提出的

---

[1] 朱大奎，王颖：《工程海岸学》。北京：科学出版社，2014 年，第 399 页。

整修新港两侧防波堤，加长延伸两侧防波浪至深水域，减轻了泥沙回淤，采用浚深而保证万吨级大港的使用。

通过渤海湾海岸调研，王颖了解到平原淤泥质海岸，延伸出自己对于潮滩分带性问题的研究。渤海湾与莱州湾现代海岸的基底是经古黄河摆荡落淤的泥沙形成的。调查过程中发现潮水涨落往复作用的这个地带，涨潮淹没、落潮出露的这一潮间带具有分带性，是与潮流往复作用时流速的强弱有关：自海堤向海，在堤底滩上受雨水渗落而长草是为草滩，$\xrightarrow{向海}$为黏土龟裂带$\xrightarrow{向海}$泥沼滩$\xrightarrow{向海}$冲刷带$\xrightarrow{向海}$粉砂带，截止于低潮水边线。而海堤堤基或仍出露的贝壳质沙堤，是古海岸遗迹，是在潮滩的泥沙来源中断时，激浪冲刷潮滩，在高潮岸线以上的堆积。

1959年，正值"三年自然灾害"时期，全国出现粮食和副食品短缺危机，开展野外工作十分艰难，每天要长时间（6—13小时）在小船上或跋涉泥滩往返工作。当时王颖已怀孕数月，食品匮乏，且多为高粱面与红薯粉，孕吐饥饿，又吃不下。但大家心境高昂，同心同德，仍出色完成了滦河三角洲的野外调研，证实了滦河的入海泥沙是砂质的，主要在河口外被沿岸流自东北向西南搬运，最远到曹妃甸，没有越过南堡，对天津新港没有影响[1]，结论重要。在天津新港回淤的研究工作，为我国培养了一批海岸海洋动力地貌与沉积学者，王颖就是其中的一员。

要不是下海，不是在涨潮中测水文泥沙，在落潮数个小时内步涉往返6千米的泥沼潮滩，淤泥陷膝达40cm，每一步都困难，又怎么知道潮流往返作用使潮滩的地貌与沉积具有分带性呢！王颖在回忆天津新港治淤时说道：

> 当年我要不是下到海水中怎么知道潮滩呢？可是你知道，当涨潮的时候浅滩上水浅，浪流拍击，船只上下摆动，左右晃荡。我们测波浪与采水样时晕船，还得工作，而那风浪一敲打就吐，吃的东西都吐出来了，饭食吐完了以后就吐什么呢，吐胃液，我把黄水都吐出来，

---

[1] 孙鸿烈：《20世纪中国知名科学家学术成就概览 地学卷 地理学分册》。北京：科学出版社，2010年，第516页。

吐出来以后刚好一点，马上又难受，有的人吐到最后吐血！还有个男生把肠子里的蛔虫都吐出来，我没吐过蛔虫，而是吐到胃液，实在难受啊！后来还不行，水虽不深，但风浪却大，仍坚持 13 个小时测量。后来我跳下船站到滩上，我以为跳到水里边就不晕船，我跳到水里还是晕，就叫"晕陆"，晕船了以后到陆地都晕。非常苦，但是就是这么苦，我们把整个的沿着渤海的几百千米的海岸给它一步一步测量出来了，了解了潮滩的分带性。没有这个经历怎么会有对自然界的这个重要的发现。所以实践出真知，我很相信这句话。所以我很感谢北京大学教育我们要结合实际需求、认真做。①

江苏苏北海岸与射阳河口选港研究

1960 年，还在北京大学读书的王颖承担北海舰队任务，进行江苏苏北海岸与射阳河口选港研究。射阳河口为强潮喇叭型河口湾（Estuary），是苏北平原海岸的战略登陆点，抗日战争时期，日军曾从射阳河登陆，国民党撤退台湾，也选择以射阳作为撤退点。北海舰队拟在射阳河口选建深水港，委托北京大学合作选港的调研，地质地理系将此任务交予曾在天津新港工作过的王颖研究。王颖组织北大地貌专业濮静娟、李荣全与高善明等几位大学生一起从事调查。首先调查射阳河口地区的水文环境、潮汐特点与波浪海况，发现射阳河口潮流很强，是个喇叭口（三角港），上游没有很多的泥沙下来，海水进入河口后，潮流很强，有冲刷力，的确是良好的备选港址。此外，苏北平原位置特殊，海岸受到黄河与长江的双重影响，射阳河口以南主要受长江影响，而北部则受黄河影响。王颖带领团队调查后，得出结论："当黄河在苏北入海时，海岸平原堆积迅速，岸线向海淤进；而黄河北迁返回渤海后，汇入黄海泥沙骤减，海水侵蚀作用强，海岸线蚀退；苏北平原的形成与大河泥沙——黄河、淮河、长江汇入黄海的巨

---

① 王颖第二次访谈录，2017 年 12 月 22 日，南京。资料存于采集工程数据库。

量泥沙密切相关，尤其是黄河夺淮入海使历史时期苏北平原淤进迅速。平原上的几条在贝壳砂堤上加筑的岗堤，标帜着各时期的海岸线所在。南黄海辐射沙脊群主要是长江从苏北入黄海时堆积的泥沙、所构成的浅海大三角洲体。当长江南迁汇入东海，以及冰后期海平面上升以来，海洋浪潮侵蚀改变古三角洲而形成辐射状的潮流沙脊与间隔的水流通道。"

值得一提的是，苏北平原上河渠纵横，河网化程度高，解放初期为防止国民党反攻部队从苏北登陆，建立河网，防止战车在平原上奔驰入侵。但意想不到的是，河网化阴差阳错地改善低地平原水涝灾害，促进区间水上运输。

在盐城市射阳县的档案馆里，仍保存着关于新中国初期当地军民共同"反特"的资料：1963年秋天，十名特务从黄海偷渡而来，他们登上射阳县的土地仅一天的时间，就被射阳军民悉数活捉。这十人是台湾情报局武装特务，来自"江苏省反共救国军独立第十八总队"，他们原本是想在新洋港口及其以北附近海岸登陆，由于航行途中方向发生偏差，汽油用完，被迫搁浅。因船推不进港，特务们就将机器砸坏，无奈在射阳地区登陆，没想到登陆仅一天时间，就被全部活捉。

史实证明，毛主席关于苏北平原的战略预见英明。

喜 结 良 缘

初识南大校园

王颖在南京大学不只收获了科研上的成功，更幸运的是遇到了携手一生的伴侣——朱大奎先生，组建了幸福的家庭。

两人的相识始于南京大学，两人同年入学南京大学地理学系，成为同班同学。一个是谦谦有礼的南方人，一个是活跃外向的北方人。两个人从相识走向相知，在生活中不断地磨合。多年后，朱大奎教授谈及对王颖的第一印象，他这样回忆：

> 我对她最初的印象就是她是北京来的。她从北京高中毕业报考南大的。再一印象就是她普通话讲得很好，我是杭州来的，我这个普通话就讲得很差，所以她是学校的广播员，功课好，也很活跃。[①]

大学时期的朱大奎是班长，王颖是班上的积极分子。在班上同学的眼里，王颖和朱大奎是再适合不过的一对，两人在学习上相互勉励、在生活上相互关心。

大学同学杨景春在回忆王颖与朱大奎大学的相处时光时说道：

> 他俩上学时就很好，那时研究生都不让谈恋爱，本科生更不能。那时候没设博士，只有硕士，硕士都不能谈恋爱。当时谈恋爱，同学背后开玩笑说大奎找王颖汇报思想。我们知道，两个人在一起时间多一点。[②]

牵手未名湖畔

大学毕业后，王颖在北京大学攻读副博士研究生，除了继续自己的学业外，还担任团总支的委员、研究组组长，生活充实、忙碌。

朱大奎留在南京大学任教。之后，苏联专家来华讲座，全国各个大学都派了进修教师来北京大学专修班学习。南京大学派了两位老师：陈丙咸与朱大奎。1957 年 9 月，朱大奎在北京大学地质地理系进修，跟随王乃樑教授学习沉积学。朱大奎当时住在北京大学的 25 斋（位于北京大学南校门内东面第一栋楼），这里是研究生和进修生的宿舍，两人一间，生活和

---

① 朱大奎访谈录，2017 年 12 月 7 日，南京。资料存于采集工程数据库。
② 杨景春访谈录，2017 年 10 月 26 日，北京。存地同上。

图 4-5　朱大奎王颖结婚照（1959年 1 月 2 日摄于北大未名湖畔）

学习都方便。①

据朱大奎回忆："我的同屋王北辰，是系主任侯仁之教授的研究生，原是齐齐哈尔的中学老师，慕名考上侯先生的研究生，全家搬到北京，住在海淀街上，已有三个儿女在读小学。他年长些，视我为小老弟，对我有诸多关照。隔壁是研究生崔之久、钱宗麟。25 斋的年轻人都很用功，整天玩命地读书学习。"

朱大奎大多白天听课，在地貌教研室活动。晚上回到宿舍后，学习到 10 点多钟。此时的朱大奎和王颖处于热恋中，朱大奎自述曾做过不少疯狂的事情，记忆最为深刻的是整夜排队买歌剧《茶花女》的票。当年北大食堂前公告栏贴出在天桥剧场公演《茶花女》，这是苏联帮助中国排练首次演出的大型歌剧，十分轰动。买票的前一天晚上就排队，一人限购两张票，朱大奎借了厚厚的军大衣，带上小板凳在北大对面海淀街上排队整整一夜，次日上班开门时买到两张票。演出在天桥剧场，远离北大，朱大奎和王颖是下了课骑自行车一个半小时到天桥。全剧仅一个多小时，演出成功，激动人心，看完后再骑车回到北大，已是晚上 11 点了。②

1959 年初，朱大奎在北京大学的进修即将结束，两人选择在北京结婚。当时受经济条件限制，购衣需布票，朱大奎甚至连结婚需要的一件新衣服都没有办法准备齐全。王颖灵机一动，想到母亲去世时留下的大衣可以给朱大奎改制为呢上装。结婚时，王颖认为应拍一张结婚照留念，但是腼腆的朱大奎死活不让，还说要是拍结婚照他就闭上眼。最终，两个人一起在北京大学的未名湖前面照了一张相片。未名湖畔的这张照片定格了两人的

---

① 朱大奎：《地貌学家的足迹：国内外地理散记》。上海：上海科学技术出版社，2013 年，第 28 页。

② 同①，第 31 页。

青春影像，也见证了两人携手走过半个多世纪相濡以沫的幸福生活。

家有双姝

在忙碌的工作中，王颖和朱大奎的第一个女儿朱蒙于 1959 年 12 月 25 日出生。在大女儿朱蒙的印象中，自己的妈妈总是穿着野外勘探的专业服装、脚登大大的登山靴，将自己的每分每秒都用在工作上，很难有时间打扮得漂漂亮亮地去接自己放学，出现在学校的母亲总是刚刚结束野外考察工作，带着一身风尘仆仆。1961 年，朱大奎和王颖迎来人生中的第二个小天使，小女儿朱耕呱呱坠地。两个女儿的出生并没有打乱王颖原有的工作。在丈夫朱大奎的记忆中，他们那一代人，工作是第一位，所有的事情都必须让位于工作。王颖和朱大奎用自己微薄的工资请保姆照顾孩子，自己则完全服从组织的号召，随时出野外调查，风雨无阻。直到今天，王颖仍清楚地记得 1963 年大女儿突生疾病的情形。那年，天津新港调查队刚成立，马上就要出发进行野外考察，王颖的大女儿朱蒙突然得了急性黄疸肝炎，而小女儿中餐时又吃了大女儿的剩饭，王颖很担心小女儿也会染病。此时丈夫朱大奎尚在野外工作，王颖考虑到全队的工作需要，无暇他顾，将大女儿送往医院，小女儿托交老公公照看，毅然带队离家赴天津新港。

两个女儿从小就知道，自己的爸爸妈妈需要长时间出野外，姐姐朱蒙和妹妹朱耕早早地过上了随父母时间调配的"小候鸟"生活，在南京的家、浙江的奶奶家、上海和西安的亲戚家等线路构成了姐妹俩童年生活的印迹。

王颖和丈夫一心扑在工作上，两个女儿自由发展，父母很少干预。但是对于孩子的兴趣爱好，王颖则是全力支持，想尽一切办法满足孩子的需要。邻居黄玉瑜老先生是《老残游记》作者刘鹗的外孙，写得一手好字，他喜欢这两个女孩，王颖拜请他指导两个女儿习汉字大楷，使书写有体。两个女儿渐长大，大女儿朱蒙 1982 年毕业于南京大学化学系，考取加拿大某大学攻读硕士学位。大女儿出国时，家里的经济条件还不是很好。当年，王颖每月的工资是 66 元钱，朱大奎是 60 元钱，大女儿出国的机票却需要 3000 元，远高于王颖夫妇每月工资收入，对此，王颖出售了到期的公债，加上在加拿大留学时的积蓄，才为大女儿买了一张机票。大女儿出国后，因越洋电话联系速度慢而费用高，主要通过书信传达情感交流。数年的信件积达 600 多封。因往返机票昂贵，朱蒙在加学习期间及初期工作时，从未回国团聚。

王颖的小女儿朱耕毕业于上海旅游专科学校，是当时国内最早开设旅游管理的高校。毕业后在金陵饭店工作。与全力支持大女儿出国留学相比，王颖最初并不支持小女儿出国求学。她认为小女儿当时在国内的工作并不差，在国内也能有不错的发展。但是朱耕出国意愿强烈，她认为国际交往日益增多，需要出国学习，提高旅游管理水平。王颖也十分尊重女儿的想法。朱耕在加拿大阿卡迪亚大学（Acadia University）顺利获得了旅馆与旅游管理专业学位。

朱大奎在回忆当初女儿出国求学的情形时说道：

> 我们孩子出去的时候，我们也没有多想，就想到她们应该多学习，多读书。她妈妈的一句话就是讲："我们把你们养大，供你们大学毕业，就像一只小船，我们把你们推向世界。以后的事情就是你们自己的事了。"至于她们找对象什么的，全由她们自己定。①

女儿出国后，王颖和朱大奎也曾因中加合作研究项目出差的机会顺便短暂地探望孩子，王颖会适时地给女儿一些学习和交往的建议。朱蒙获得加拿大化学硕士学位后，初始转入多伦多大学攻读博士学位，后因有良好的从事化学制药的工作机会，决定转赴美国从事维生素保健品研制工作。当时，王颖正在美国斯克里普斯海洋研究所合作研究，合作者是古斯塔夫·阿伦尼斯教授（Gustaf Arrhenius），是瑞典裔的海洋地球化学家，先祖是"阿伦尼斯定律"的始建者，与早年来华的斯文·赫定是世交。所以，G. 阿伦尼斯崇敬中国文化，尤其是对发现青蒿素治愈疟疾……故此极力邀请王颖访美合作。当时，女儿朱蒙常来王颖处度假，渐结识古斯塔夫的小

---

① 朱大奎访谈录，2017 年 12 月 7 日，南京。资料存于采集工程数据库。

儿子 Peter 阿伦尼斯，也是化学系毕业，志同道合遂结婚成家。

初到加拿大，朱蒙选择与同根同源的中国留学生待在一起。第二年王颖因公赴加拿大，见到女儿身边大多是中国人，直接地建议女儿应该学习加拿大文化、社会人文情况。母亲对于朱蒙在与人交往方面的建议，给了朱蒙很大的启迪。朱蒙认为母亲真的是位十分睿智的女性（wisest lady），在某些观念方面，走在大多数人的前列，具有先见之明。

大女儿朱蒙回忆初到加拿大留学时的生活说：

　　其实现在我确实是深深认识到，你出国了并不代表你就融入这个社会，你要融入一个社会的话，you have to make big up（你必须要付出努力）。所以从这一点我就觉得我妈妈的话反映出 she is the wisest lady（她是一个睿智的女性）。她是非常敏锐聪明的一个人，她提出来的很多见解，就是在当初我觉得确实要比人家早好几步。因为你看现在咱们国内也出来很多人，那么很多很多要比我们当初出来的时候条件好很多，但是很少有人一心就是努力去学习，因为现在中国和国外的差别几乎是没有了，那么就是在生活上差别。但是很多同学出来以后，就是扎堆，吃中国饭，说中国话，看中国电影，其实比在国内有的时候更甚。你在国内还想 OK, I want to see some American movie. You know, different cultures.（想看一些美国电影，感受不同的文化）但是在这边反而他就是要看中国电影或什么，结果那个语言呢？从语言文化，不光是语言，其实语言是有一个文化背景，那就很难融入。你做什么事，就像外国人到中国，如果他一直是跟留学生在一起，他就很难融入中国人的文化，你说是不是？必须要学习。这个学习的话，你必须要 make big up（付出努力）。要非常非常的努力。按我们过去说的话叫"有的放矢"，对吧？所以我觉得这点上我妈妈还是蛮敏锐的，就是她是一个非常 wisest lady（睿智的女性）。①

---

① 朱蒙、朱耕访谈录，2018 年 11 月 19 日，南京。资料存于采集工程数据库。

小女儿朱耕留学期间，自己在国外打工赚学费和生活费，与姐姐在一起学习生活，姐姐像母亲一样照顾自己。在回忆自己打工时的第一笔小费时，朱耕说道：

> 打工做 waitress（女服务员），一个人赚二十加元。当时二十加元很多啦，大约一百块人民币。而我做得比谁都开心。为什么？你为什么能赚那么多钱？（因为）你有 passion（激情）。你喜欢，你愿意给人服务，我不想作为 job（工作），你 inspire people（鼓舞人们），你给人家带一个菜来，告诉他这个菜多好吃，inspire people，人家给你一百块小费，就这么简单。所以说做任何事情，你的父亲也好，母亲也好，给你带来的东西，他只能给你带来，你自己怎么做，在于你自己，你不听，根本没有用。所以说，我个人认为，父母对孩子的影响，在他们小的时候是一种灌输，是一种言传身教，是一种影响。①

出国多年，大女儿和小女儿早已在国外组建幸福的家庭。大女儿现定居美国加利福尼亚，大女婿出身于化学世家。大女婿的家庭与化学有着深厚的历史渊源，早在 1883 年，其祖辈阿伦尼斯（Svante August Arrhenius）

就提出电离理论的基本观点"Law of Arrhenius"：由于水的作用，电解质在溶液中具有非活性的分子形态和活性的离子形态两种形态，在溶液稀释时，活性的分子形态的数量增加，溶液的导电性也因此增大。该理论提出的初期，并不为大家接受，但是随着时间的推移，观点得到越来越多人的支持。1901 年，阿伦

图 4-6　大女婿祖辈 Svante August Arrhenius

---

① 朱蒙、朱耕访谈录，2018 年 11 月 19 日，南京。资料存于采集工程数据库。

尼斯参评首届诺贝尔物理学奖，可惜落选；1902 年，又被提名诺贝尔化学奖，依旧落选；1903 年，再次参与诺贝尔化学奖的评选，顺利获奖。

小女儿朱耕定居加拿大多伦多，育有两子，生活美满。小女儿是国内酒店管理学习的先驱，如今继续从事这份她热爱的工作。朱耕继承了王颖的外向性格，乐观自信，提及母亲王颖，她滔滔不绝。朱耕觉得母亲王颖就像是英文字母"S"，字母"S"虽是一笔写成，但是笔画多变，弯弯曲曲，让人捉摸不透。"S"无论是正过来反过来横过来，依旧还是那个"S"。就像王颖虽是性格多样，但一颗善良的心却是无论如何都不会变化的。朱耕形象地用 9 个"S"描述了她眼中的母亲：Smart（聪慧），Strong（坚强），Sassy（时髦），Special（特殊），Silly（傻劲），Serious（严肃），Stupid（愚蠢），Self-centered（自我），Stubborn（固执）。首先王颖是一个聪慧的女性，善于学习，充满智慧；其次性格坚强，坚强果敢，虽然是孤儿，但是自立自强；王颖从小就喜欢文学，喜欢幻想，最爱看浪漫的小说，因此她又是时髦的；王颖是特殊的，虽然是孤儿，但是依靠自己的努力不仅在事业上取得成就，也组建了幸福的家庭；王颖又是傻傻的，这并不是一个贬义词，做学术的人想要成功就要有一股钻研的"傻劲"；王颖对待工作是严肃的；她是愚蠢的，正是因为这样子她才有兴趣研究枯燥的科研；她也是自我的，她不论在哪里都是世界的中心，这是一种能力；对待科研，王颖又是固执的。这么多的"S"成就了今天的王颖。

朱耕将父母教会她的人生哲理归纳为三个 E：Explore（探索与研究），Experience（经历与实践），No Expectation（不要有过高期望）。首先，父母将她和姐姐送出国，让她们学会自己在国外拼搏。其次，父母教会她们要躬身于行，别人说得再多、再好，都抵不上自己的亲身经历，自己只有亲自感受了，才知道事情的好坏。最主要的是，人最好不要过多地期待，有期待就自然会有失望，生活只要快乐就行，说不定这样反而会有意外的收获。王颖对两个孩子的教育更多的是言传身教，教会她们最重要的就是做人要诚实、信任。小女儿朱耕回忆小时候自己拿了一块橡皮，母亲的处理方式令她终生难忘。

我母亲教过我。我小的时候从学校里拿一块橡皮回来，中文叫"偷"。我在小学二年级的时候把一个非常漂亮的橡皮拿回来，班上就说是偷东西，是个多么耻辱的事情，多么 mistake。但是我母亲到学校，别人都批评我什么什么，但是我母亲到学校跟我小学老师怎么说，她说我们家耕耕喜欢漂亮的东西，她拿东西是错了，但是你们不能说她是小偷，你们不能这样子把一个孩子最好的美的理念给打碎了，我回家会告诉她，不是自己的东西不能拿。因为你（不能）看到个小兔子好玩就拿回家，我妈妈说你这些拿东西的习惯是不好的，你要学会：是你的就是你的，不是你的永远不是你的。①

图 4-7　王颖全家福

2001 年加拿大滑铁卢大学授予王颖荣誉博士学位后，阖家团聚摄于多伦多。照片右侧从上到下分别是：大女婿 Peter Arrhenius、大女儿朱蒙、外孙 Oliver Konrad；照片左侧从上至下分别是：小女婿 Ray Konrad、小女儿朱耕、外孙女 Julia Arrhenius；照片居中从上至下分别是：朱大奎、王颖、外孙 Alexander Konrad。

好的父母要给予孩子自由，认同孩子的个人性格，充分地信任他。在母亲的教育理念下，朱耕认为对于孩子而言，父母需要做的是告诉孩子底线在哪里，你不能跨过这个底线。信任是人与人交往最重要的品质，没有信任，不可能成功。

王颖给予两个孩子最大的信任，做错了事情可以原谅，她相信将来孩子会改变。

一个人的性格是综合的、多面的，正是因为有了这些多样的性格，才造就了今天的王颖，和世界上任何一个人都不一样的"王颖"。

几十年来，王颖处处以事业为重，家庭在她的心里也只能让步于工作。在一次访谈中，王颖曾经提及自己为朱大奎织毛衣，一件毛衣织了五年还没有织完，最后在邻居的帮助下才得以织完。王颖并不是

① 朱蒙、朱耕访谈录，2018 年 11 月 19 日，南京。资料存于采集工程数据库。

不懂母女之情、夫妻之爱，而是精力有限。正如爱人朱大奎所说："王颖把全部心血都用在科学研究上了。"

在女儿的眼中，王颖不是学生口中的老师，也不是少有的女院士，仅仅只是一个普通的母亲。

幸福生活

而今，王颖和朱大奎都已八十高龄。两人居住，仅有一个阿姨帮忙处理家中琐事，但是他们却拥有了属于自己的生活和工作节奏，深感满足与幸福。朱大奎在退休后，仍坚持工作日陪王颖来学校上班，两人各自干自己的事情，互不干扰。对于他俩来说，工作已经成了生活中不可割舍的一部分，生命不止，工作不停。

这么多年，两个人多次随考察团队进行地质考察，世界上大多数角落都留下了两人的足迹。王颖和朱大奎喜欢参加学术会议后旅行，也喜欢将美景和精彩的瞬间定格在影像中，两人在世界各地留下了大量的合照，令人羡慕。

王颖家客厅后有整面墙的书架，书架上摆满了各式书籍，既有别人赠送的专业书籍，也有两人自己撰写的书籍。王颖的文学梦一直延续至今，因而储物间里面还有大量书，类型众多，也有其他名家文学，有金庸武侠，每天阅读已经成为王颖的习惯。

工作之余，朱大奎和王颖还抽出时间与长年居住国外的外孙、外孙女一起旅游，祖孙关系亲近。1994 年，王颖和朱大奎在澳大利亚东海岸汤斯维尔市做海岸调查研究，对珊瑚礁做过一些调查，也赴大堡礁考察与观光。2009 年，王颖和朱大奎在澳大利亚墨尔本参加国际地貌学会议后，赴新西兰作环岛地质旅行考察。如今，王颖与朱大奎两人的工资收入提高，家用开支后，仍有多余，他们邀请外孙女与外孙一起赴澳大利亚与

图 4-8　家里客厅书架

新西兰，承担他们的机票及一应开支，通过旅行，增长孙辈的见识，给孙儿们讲解国家与地球环境特点，提高他们对国际风情之了解。Waikto 大学 Terry Healy（黑利）教授专门租用一辆大越野车，由他开车与沿途讲解，亲自指导一行在北岛、南岛旅行考察两周，几乎遍及新西兰主要城市、名山大湖及海岸。[①] 近些年，两个女儿和女婿经常在节假日来华看望父母，共享天伦之乐。

图 4-9　王颖与 Waikto 大学黑利教授（左一）合影

图 4-10　王颖、朱大奎与外孙女（Julia）、外孙（Oliver）合影（摄于 2009 年 7 月，新西兰北岛地热公园）

图 4-11　王颖、朱大奎与外孙女、外孙在澳大利亚海滨（摄于 2009 年）

---

①　朱大奎:《地貌学家的足迹:国内外地理散记》。上海:上海科学技术出版社，2013 年，第 84 页。

第五章
教学与实践

任 教 南 大

初归南大

北京大学是中国的顶级学府，北京大学的研究生毕业后首先会考虑留在北京大学任教，其次会根据专业需求考虑到不同的大学任教。1950 年代中后期，我国要发展海洋，强调知识分子下海，但是著名的海洋物理学家、山东海洋学院教务长赫崇本[①] 教授向教育部提出分配王颖到山东海洋学院任教，因而教育部最初分配王颖到山东海洋学院工作。王颖在得知这个消息后认为：如果北大留自己，没话可说，但到山东海洋学院工作，而爱人与两个孩子在南京，困难大。思考再三，决定向教育部反映自己的特殊情况，希望国家能够考虑自身实际，分配到南京工作，这样能够兼顾工作和家庭。王颖到教育部主管研究生分配处去申请改分配到南京大学。当时，分管研究生分配的是辽宁人，他理解并同意将王颖分到江苏，但是要求必

[①] 赫崇本（1908–1985），满族，教授。辽宁凤城人，九三学社社员，1956 年加入中国共产党，1932 年毕业于清华大学物理系，曾在清华大学、西南联合大学任教。

须是专业一致的河海大学。到了江苏后，任美锷先生下海正需要助手，当时他的学术地位与成就威望很高，最终任美锷教授的鼎力支持和自己的外向性格让王颖如愿回到了母校南京大学，并且终生在学校教书育人。

1961 年 4 月以后王颖正式到南京大学报到，分配到地理系任专职科研初任助教，并组建海洋研究组。由于扎实的专业基本功、认真的教学态度以及对积极参与科研实践项目的工作热情，王颖于 1963 年被第一批提升为讲师。当时的讲师属于高级知识分子，待遇等不同于普通的教师，王颖回忆自己被提升为讲师时得到了国家很好的照顾：

> 我是 1963 年时，第一批提升讲师，承担地貌学基础与所特长专业的两门课程。当时是在困难时期，讲师享受高级知识分子待遇，每个月有定量的食用油、肉与鸡蛋票补贴。这在当时，已有幼女，是很及时的照顾。①

这么多年的教学工作，王颖不论是日常在校教学还是野外考察工作，一直秉承严格要求专业学习，以及关心学生日常生活的理念。王颖的学生在回忆老师的教育时说道："研究生入学，王老师给予从基础到实践再到研究的深入指导，对新生的基础知识与体系，她都会一一了解，再给你提供指导，你需要补什么课、什么方面的知识，需要加强什么方面的学习；实践阶段，只要时间没冲突，她都会带研究生去野外考察调研，让学生从实地工作中来体会这个专业、学习相关的知识，学生一般都会做一些总结思考，这对后面的研究是有帮助的。老师还会给予后期的研究方向指导，提出一些建议。再针对学生的想法进行总体的指导，论文也会细致地指导。出海调查，王老师首先强调安全是第一位的。她对天气、海况及船上的安全设备都很关注，设备一定要齐全。因为她担心如果船上没有救生设备，万一遇强风浪，调研人员没有救生衣，危险几率非常大，所以这些她都很关注。而且在野外的服装，她也会有要求，要求大家尽量穿颜色鲜艳的衣

---

① 王颖第四次访谈录，2017 年 12 月 26 日，南京。资料存于采集工程数据库。

服，在茫茫大海，能让自己非常显眼。"

港口选建

海洋蕴含着巨大的资源与发展潜力，海洋经济发挥的巨大价值不低于传统的陆地资源。沿海国家将海洋的研究与开发作为重要的国家战略，是国家发展的重要推动力，海洋问题不可忽视。中国是世界上海岸线最长的国家之一，海域跨越三大气候带，海洋资源丰富。但是长久以来，我国仅将目光聚焦在陆地疆域，忽视了海洋疆域。20世纪60年代，我国开始意识到海洋对于国家发展的重要价值——深入研究海洋资源的开发利用有利于我国的经济发展，遂开始将目光投向广阔无垠的海洋。中国是一个东南面环海的沿海国家，因此东南面的海南以及广东、广西地区是研究我国海洋的重要地区。王颖随导师任美锷一起参与了大量的两广地区和海南的海洋与建设规划工作，对这片海域有足够的了解。在南京大学任教到赴加拿大留学前，王颖除了承担学校的教学任务外，还与导师合作，参与了大量的军港选建工作，为日后从事海岸海洋研究，组建海洋研究室、海洋研究中心、逐步形成海洋研究队伍打下了坚实的基础。

她先后从事了天津新港泥沙来源回淤研究，秦皇岛油港与煤港、山海关船厂的选址勘测，北海港扩建、拦门淤积治理与地角海军码头选址工作，海南岛铁炉军港的沿岸泥沙治理，广东镇海港的海军码头选址，三亚港的扩建工作，以及湛江652调顺码头的选建等，与南京大学海岸研究一起成长为高校海洋教研的主要力量。①

1963年，在青岛东海饭店由海军与国家科委联合召开专家会议，商讨建立中国国家海洋局，出席会议的有：国家科委王遵伋处长，海军方面的袁也烈将军，中国人民解放军第7研究院院长于笑虹、刘志平大校及少将

---

① 孙鸿烈：《20世纪中国知名科学家学术成就概览 地学卷 地理学分册》。北京：科学出版社，2010年，第516页。

级待遇的刘恩兰教授与秘书万延森①等为军方代表，中科院海洋研究所几位所长毛汉礼、张玺、曾呈奎与尤芳湖等助研出席；高校方面有赫崇本教授、文圣常教授及任美锷教授；地质界有业治铮与刘光鼎两位先生。王颖作为任美锷教授助手参加了研讨会，是为数不多的中国国家海洋局成立的见证人之一。

王颖回忆建立国家海洋局的情景时说道：

> 1963年的时候，在青岛东海饭店开了一个会，就是要建立中国国家海洋局。所以，我应该是1963年参加国内议论建立海洋局的见证人之一。现在在世的，估计仅文圣常院士、万延森及我了。②

在东海饭店会议召开一年后，国务院于1964年正式批准成立国家海洋局，主管海洋规划、立法、管理等行政管理工作，多年来在监督管理海域使用、保护海洋环境、维护海洋权益和组织海洋科技研究等诸多方面发挥巨大作用。2018年，在国家机构改革的浪潮中，国家海洋局的职能被分拆，组建新的部门。我国对海洋仍应海陆、海气、人文与自然兼顾地予以加强。

王颖从事海洋工作始自1958年在北大时期，与王乃樑教授、韩慕康翻译一起，同列别杰夫，后同曾柯维奇合作，是国内最早从事现代海岸海洋研究的人员之一。王颖在从事海洋调查中多次与海军方面接触，早期多从事军港建设研究活动，后期逐渐转入以民用研究为主。

一个优秀的港口最主要的特征就是"水深浪静"，港口泥沙回淤给港口的持续运营带来阻碍，还会大量耗费国家的资金进行回淤治理。对于一穷二白的新中国而言，科研人员利用自身的专业知识为国家节省资金就是对国家建设最好的助力。

早在北京大学读研期间，王颖就参加天津新港泥沙来源与回淤治理的

① 万延森，南京大学地理学系毕业生，1958年分到海军，出席会议时是中尉，担任刘恩兰教授的助手。
② 王颖第四次访谈录，2017年12月26日，南京。资料存于采集工程数据库。

研究工作，充分了解天津新港的情况。在王颖参与的诸多港口选建工作中，最早的项目也是天津新港回淤研究。1963—1965 年，天津港务局、天津新港回淤研究站再次委托南京大学开展"天津新港泥沙来源及减轻回淤措施的研究"，二十多岁的王颖开始负责此项目，担任了新港海岸地质调查队的队长，带领三十多人，包括青年教师及南京大学地貌专业三、四年级学生，负责海上和陆地的全面工作，连续三年做大面积海岸海洋调查与海岸断面重复测量：①黄河口海域至天津新港海域断面测量（地形底质、潮流、含沙量等）；②黄河口天津潮间带浅滩动力地貌调查研究（潮间带沉积、微地貌、水动力及泥沙定位观测等）；③沿岸平原古海岸线调查、渤海湾古贝壳堤调查研究等，于 1964 年与 1965 年先后完成相应研究的专题报告。其基本结论是：①现代黄河入海泥沙沿岸向北运移至渤海湾中央岐口附近，并未越过岐口向北至天津新港；②天津新港回淤物质主要来源于海河入海泥沙在河口形成的浅滩，风浪掀沙、潮流输沙，大沽口浅滩物质随潮流进入新港航道，港池造成回淤。海河口外浅滩沉积中亦有古黄河在天津附近入海时的堆积。[①]

　　这是我国现代海洋地质地貌学研究一个重要的起点，将地质地貌、沉积与海洋动力作用密切结合研究，获得现代海岸海洋作用过程与发育之真谛。当年的渤海湾素有"苦海盐边"之称，沿海荒无人烟，没有公路，缺乏淡水。涨潮时，王颖他们要在颠簸摇晃使人晕眩的小船上测量水文。落潮时的六至八个小时间隙，他们要往返数千米，跋涉泥滩步行到各个观测点，测量滩面微地貌，落淤的泥沙粒径、成分与层厚等各种数据。在泥沼滩上跋涉，空手行进已很困难，更何况身上还要背着沉重的仪器。王颖身材不高，每步深陷、淤泥过膝，拔腿再迈步十分困难。淤泥滩还不同于沙漠，没有任何可以坐下休息之处，再累也得一步不停地往前走。当时，年轻的师生共甘苦，互相照顾，相较而言，王颖与女同学背负的设备轻。虽工作条件艰苦，但大家都很乐观，因为调研目标明确——察明泥沙来源，解决新港需挖六百万立方泥沙才能持航的问题，而每多挖一方泥，国家的

---

① 朱大奎，王颖：《工程海岸学》。北京：科学出版社，2014 年，第 399 页。

第五章　教学与实践　　**75**

花费就加大！

三年奋战，王颖他们终于弄清了新港泥沙的来龙去脉，他们艰苦的劳动为新港的开发建设作出了重要的贡献。[①]

之后，王颖在交通部一航局设计院李彻院长、王剑泉总工程师支持下，积极参加了山海关船厂、南李庄新港以及长山寺等处港口选建工作，获得对渤海辽东湾海域环境特点的认知，提高了海岸动力地貌选港能力。在天津的一航局总结工作时，由于没有适合的女单人间住宿，王颖只能选住在夏季闲置的锅炉房，安置了床铺与桌椅，却也安静适宜，节省交通往返时间，便于和交通部第一航务工程设计院同志及时合作交流。在这段工作期间，王颖与毕业于大连工学院的顾民权、周振球、谢世楞工程师以及王玉定助手所从事的海洋动力与水文研究合作，从事海岸地貌和沉积研究，选港获得成功，建立了长达数十年的科学合作友谊。

基于海港实践研究，王颖参加中国海洋湖沼学会召开的第二届全国代表大会，提交的论文《渤海湾西南部岸滩特征》《渤海湾西部贝壳堤与古海岸线问题》被《中国海洋湖沼学会 1963 年学术年会论文摘要汇编》收录刊登。

《渤海湾西部贝壳堤与古海岸线问题》是这方面早期的系统论著，其中有些资料至今仍被许多学者所引用。这篇论文是王颖在进行大量的野外考察研究的基础上，总结而成，以渤海湾西部沿海地区由粉砂、淤泥质粉砂组成的平原海岸为基础，当年在海岸平原上遗留着两列贝壳堤，是发育于唐代与清初历史时期的 Ⅱ、Ⅰ 两列海岸沙堤，当黄河南迁至苏北时，汇入渤海湾的黏土粉砂质泥沙骤减，波浪与潮汐水流冲刷海岸，淘洗泥沙而堆积了贝壳质沙堤。根据不同时代几列沙堤的分布与相互关系，王颖明确划分了：海河三角洲上两列相隔分布的贝壳堤，反映出当时该三角洲向海的淤长时代与速度；在歧口两列贝壳堤相并分布，反映该海段是稳定的；而在南部狼垛子一带残留着老贝壳堤（Ⅱ）的片段，反映出该处海岸被侵刷蚀退。这是以历史考古贝壳沙堤的分布形式与现状而对海岸稳定性作出

---

① 古平：王颖，大海的骄傲。《瞭望周刊》，1984 年第 13 期，第 44-45 页。

判断之范例。

王颖在文中提出，贝壳堤能够反映地貌问题：根据两列贝壳堤分布的位置、相互关系以及海岸地貌的其他特点，可将本区海岸划分为以下四个类型。新生的海积平原海岸（南堡地区）、淤进的冲积——海积平原海岸（海河口地带）、稳定的贝壳堤潟湖平原海岸（歧口岸段）和有残余贝壳海滩冲蚀的潟湖凹地平原海岸（狼垞子岸段）。①

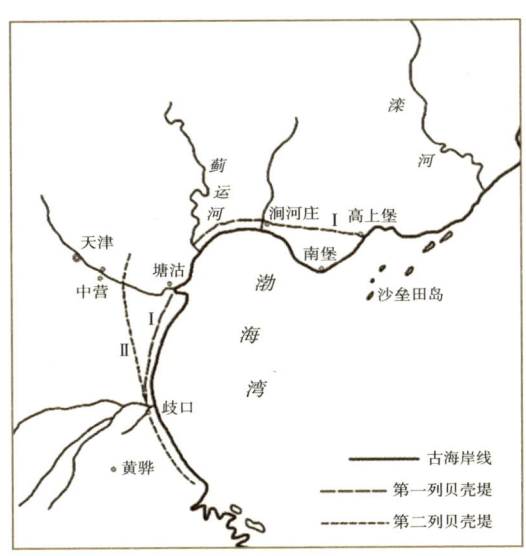

图 5-1　渤海湾西部海岸范围与贝壳堤分布略图
（据：王颖，《渤海湾西部贝壳堤与古海岸线问题》，
《南京大学学报（自然科学版）》，1964 年 8 卷 3 期）

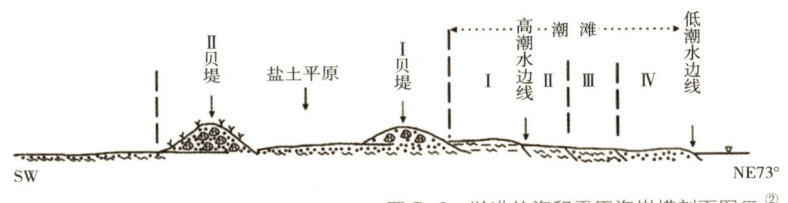

图 5-2　淤进的海积平原海岸横剖面图示②

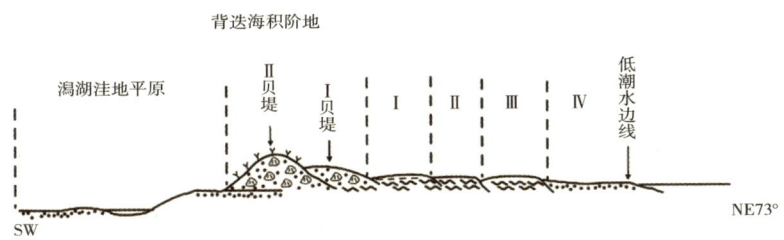

图 5-3　稳定的贝壳堤潟湖凹地平原海岸横剖面图示③

---

① 王颖：渤海湾西部贝壳堤与古岸线问题。《南京大学学报（自然科学版）》，1964 年第 3 期，第 424—440+462—464 页。

② 同①。

③ 同①。

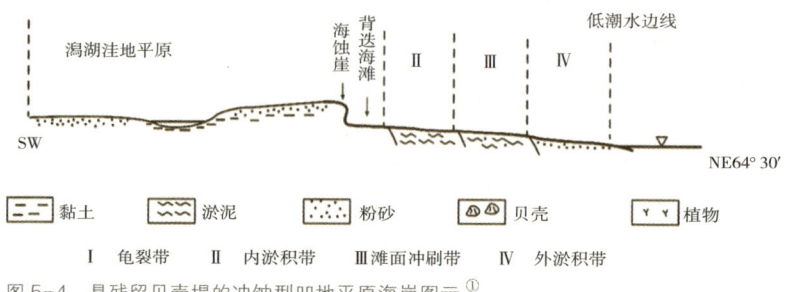

图 5-4　具残留贝壳堤的冲蚀型凹地平原海岸图示 [1]

王颖于 1964 年发表的《渤海湾西南部岸滩特征》一文，阐明因潮流与波浪作用差异形成潮滩分带性特征，其文章与英国 Gram Evans 关于 Wash 海岸的潮滩分带性论文，具有相同的结论，但发表时间要早 1—2 年（论文摘要 1963 年发表）。她提出了"黄河改道、潮滩反馈与贝壳堤发育"的成因相关；对比中、英、加潮滩，总结出了 3 种动力环境的淤泥潮滩沉积与生态模式；分析中、新生代淤泥粉砂岩沉积环境；把我国的潮滩研究推向了国际前沿水平。[2]

1956—1965 年，我国各地的港口选建工作在如火如荼开展之中，王颖也接连承担或参与了多项港口选建工作。

当年，外国的专家在中国考察后，认为中国没有大型油田，是贫油国。李四光却以力学的观点研究地壳运动与矿产分布规律，在分析我国的地质条件后，认为中国大陆一定有石油矿藏，先从理论上推翻了中国贫油论。该理论得到了周恩来总理的肯定。1956 年起，李四光主持了在松辽平原、华北平原的石油普查，于 1959 年发现了大庆油田，从实践上论证了自己的"找油观点"，中国贫油论土崩瓦解。大庆油田发现之后，除了勘探开采问题以外，如何将石油运输到祖国建设的每个角落亦成了急需解决的问题。在此背景下，交通部第一航务工程设计院根据上级计划，拟在渤海湾沿岸选建运油海港。预选的港址有"长山寺、鈪锚湾和南李庄"三个。

① 王颖：渤海湾西部贝壳堤与古海岸线问题。《南京大学学报（自然科学版）》，1964 年第 3 期，第 424-440+462-464 页。

② 方延明. 海的女儿：访新任中科院院士王颖教授. 南京大学学报，2001 年 12 月 20 日，第 790 期。

1964 年，南京大学地理学系接受设计院的委托，对三个预选港址进行可行性分析。由于回淤问题与海港使用关系最大，所以设计院要求解决的问题是以"新建海港是否会发生回淤"为中心，阐明南李庄港区泥沙动态与岸坡均衡；明确鈋锚湾海底淤泥性质及其对海港的影响；六股河泥沙对长山寺港区的影响。

1964 年，经过海上调查和测验工作，认为：南李庄港口基本不受沿海岸纵向泥沙流的影响，但是波浪将海底泥沙向岸陆搬运的横向泥沙运动明显，建港后不致发生严重的回淤；鈋锚湾港区不受纵向泥沙流的影响，横向泥沙运动也不明显；[1] 初步认为南李庄和鈋锚湾港区均适于建港。

六股河泥沙对于长山寺地区的影响，通过后续开展实地勘测后，亦获明确的结论。

长山寺的预选港区位于辽东半岛南部的南海屯海湾，南京大学地理学系海岸地貌队进行了辽宁省沙后所—长山寺—六股河口—小李屯（鈋锚湾北）地区的海岸动力地貌调查。在进行调研后，王颖等人发现：长山寺地区的泥沙主要来源于海蚀，泥沙量不大；六股河的泥沙主要为砾砂，不会形成长距离运移的泥沙流，对预选港区无影响而适合建港。但是如果在该地建大型的油港是不适合的，因该区暴露，不蔽风浪；水深小且深水域距岸太远；淡水资源不足；交通不便。最终的结论是长山寺地区作为预选的油港地址不会发生严重的回淤，但是不适合建立大型港口或油港。[2]

早在 1964 年，王颖与朱大奎等受广州海运局邀请赴广州，商谈并承担广州海运局委托南京大学对其所管辖的海口港、三亚港、北海港、湛江港、汕头港等海港扩建工程，进行泥沙来源、回淤情况及新港址选择等有关的动力地貌研究与论证。[3] 后来由于"文化大革命"的爆发，原定的工作安排有所变化，但是仍断断续续开展。

北海港的建设主要是出于军事考虑。广西北海地理位置靠近越南，当时的越南深陷与美国的战争中，陆上运输物资的胡志明小道连遭轰炸破坏，

---

① 朱大奎，王颖：《工程海岸学》。北京：科学出版社，2014 年，第 119-120 页。

② 同①，第 194 页。

③ 同①，第 399 页。

不能保证运输补给。中国为了援助越南，决定在北海市的地角建立专用码头，以北海港为基地出发，建设海上胡志明小道，用船艇运输物资到越南。

王颖回忆中国在越南战争中给予的帮助时说道：

> 南京大学海洋组参加了北海港地角码头的选建工作，从二线支持了我国抗美援越工作。①

这项工作具体由海军主导，交通部的第一航务工程局和南京大学共同合作承担。任美锷先生擅长军港建设，这个项目获任先生支持，由王颖担任调查组长，研究组的教师有：张忍顺②负责海洋水文，陈万里负责岩矿鉴定，何浩明负责沉积粒度分析。王颖负责动力地貌与沉积及课题总结。

王颖在南大的海岸与海港选址研究，是因系主任任美锷教授点名接纳王颖、支持开展项目研究，从起步到发展，海洋工作是国家建设所需，南大党委、系总支许廷官与白秀珍决定建立专职研究组，在实验室建设、海洋勘测设备及人员选定等方面，许廷官给予鼎力支持，多年一贯的支持使南大海洋科学教研工作坚定不移地前进，成长为一支中坚力量。王颖与海洋组的建港足迹从渤海、黄海，逐渐踏上祖国大陆最南端的明珠——海南。海南岛地居海洋前哨，但在二十世纪五六十年代的港口建设十分薄弱。三亚港在海南岛南端，背依海湾平原与山地，以潮流通道与河流联通，海域有岛礁蔽风，但是一直没建码头与航道，仅仅是利用天然的水域海轮在锚地停泊，由小船驳运货物上岸。1965—1966年，南京大学与交通部第一航务工程设计院合作，对三亚湾进行开创性的勘测研究，进行"三亚港泥沙来源与海岸发展趋势研究"的海港扩建专题论证。

三亚港在日军侵占时启用以运输食盐与铁矿砂、石，南京大学海岸研究室需论证如何疏通港口与港口扩建。王颖领队在三亚区海岸进行三次动力地貌勘察与投放流明砂测定沿岸泥沙运移的专门实验，对三亚港与周围

---

① 王颖第四次访谈录，2017年12月26日，南京。资料存于采集工程数据库。

② 张忍顺（1940- ），江苏徐州人，教授，博导。研究方向为海岸动力地貌与海岸带开发利用，已发表专著《江苏岸外沙洲演变与条子泥并陆前景研究》等及论文60余篇。

海岸环境与海洋动力有了充分的了解，由此确定三亚港可以扩建，于1966年开始深挖与贯通航道，奠定三亚港的规模，沿用至今。之后，受任美锷先生委托，对三亚邻近的海军铁炉港进行辅助性的调查。铁炉港位于海南南部的山地岸段，辟为潜艇基地，潜艇系列停泊于深水岸段山洞内，但在出海航道的尾端，形成拦门砂浅滩碍航。也就是说，原定的水深为6m，但行至港口外航道的末端，水深为4m，似沙槛般阻碍航道通畅。曾经多次挖沙浚深，但是效果不佳，泥沙仍不停地回淤。这对海军的潜艇活动是一严重的问题，战时，军队潜艇必须迅速出港。南海舰队工程部请任美锷教授主持此项研究任务，任先生安排王颖具体负责。通过实地调查，在王颖与海军工程师合作研究后，通过在港航两侧建设防沙堤，阻断沿岸泥沙流，并束水增速冲出波浪破碎带，解决了水深问题，保证潜水艇的顺畅航行。

表 5-1　王颖 1961—1977 年部分发表论文一览表

序号	题名	作者	来源（出处）	年份
1	中国粉砂淤泥质平原海岸的发育因素及贝壳堤形成条件	王颖	中国地理学会一九六一年地貌学术讨论会论文摘要	1961
2	谈谈海岸动力地貌学	王颖	地理 No.3	1962
3	海岸地貌学现状的初步分析	王颖 朱大奎	南京大学学报（地理学）Vol.2, No.1	1963
4	红树林海岸	王颖	地理 No.3	1963
5	渤海湾西南部岸滩特征	王颖 朱大奎 顾锡和	中国海洋湖沼学会 1963 年学术年会论文摘要汇编	1963
6	渤海湾西部贝壳堤与古海岸线问题	王颖	南京大学学报（自然科学版）Vol.8, No.3	1964
7	渤海湾北部海岸动力地貌	王颖	海洋文集（秘密）Vol.3	1964
8	渤海湾西南部岸滩特征	王颖 朱大奎 顾锡和 崔承琦	新港回淤研究 No.2	1965
9	珊瑚与珊瑚礁	肃波 曾昭璇	地理知识 No.1 *此文作者肃波系王颖笔名	1974
10	南海的海底	王颖	海洋战线 No.3	1975
11	渤海海底地貌	王颖	海洋战线 No.6	1977

"文化大革命"十年

溧阳时光

1966 年 1 月 17 日，为贯彻毛主席的指示，南京大学党委作出《关于建立溧阳分校的决定》。起初主要是针对大学教育中的文科设置开展，将"文、史、哲三系迁往溧阳果园，三系打通组建大文科，实行半农半读"，增强知识分子的劳动能力。

1966 年 5 月召开的党中央政治局扩大会议标志着"文化大革命"全面发动，国家经济和社会生活受到了严重影响。南京大学也停止了教学工作，全部学生在校参加"文化大革命"运动，王颖和丈夫朱大奎的正常工作受到影响。大女儿朱蒙回忆，当时的父母对这样一场突然发起的运动，并不感到担忧，每天的太阳还是会照常升起，却遗憾科研工作被中断，无法继续自己的研究。

"文化大革命"的初期，夫妻二人并没有被直接下放。1969 年 10 月 18 日，在中央下达关于加强战备的紧急指示（林彪一号令）后，南京大学师生被组织离开南京，徒步前往距宁 100 千米外的溧阳农场分校。由于王颖的父亲是抗日将领王奇峰，当时的时代背景下，诬谓王颖的家庭具有"军阀背景"。朱大奎的父亲新中国成立前后是经营浙皖山区木材向杭州销售，成分是小商，当公私合营、木材由政府统购统销后，失业在家。因此，朱大奎的家庭成分比王颖好，可暂留南京校本部进行"斗、批、改"，王颖则需要被下放农场，她在"文化大革命"期间的改造时间长于朱大奎。

当时的南京大学师生被安置在溧阳农场与周边上兴、老河口旧县的农家进行劳动学习。溧阳农场原是溧阳县的果园，一下子拥来大量师生，农场条件有限，分男女生宿舍，均住双层铺的大草房子。溧阳县委在得知南京大学想在当地设立分校后，主动提出将溧阳果园交给南京大学。该决定得到南京大学师生的积极响应，集体劳动建造教室、宿舍以及水电、道路等基础设施。

王颖等老师和学生徒步九十多千米前往溧阳。王颖起初是住在上城的一个农民家里，朱大奎则住在旧县的农民家，两地距离甚远。当地的农民对这批远道而来的知识分子很友好，为了改善女生的住宿条件，老乡在地上铺了厚厚的草堆，上面铺一层油布，或借助绳网等搭建了一个类似阁楼的地方，女生扶着梯子上去。即使是在当地老乡的帮助下，住宿条件还是很简陋。当时的房子漏水，为了防止被子被雨水打湿，王颖她们在被子上放了一层塑料布，但是第二天醒来后，夜里身体散发的热气全都聚集在塑料布里面，被子上全是潮湿的水汽。

王颖下放半年后，南京大学在上城住地的马路对面建立了溧阳果园——南京大学分校，建了三四栋稻草房子，散居周边村落的师生可齐居农场。宿舍里有了床，也吃上了食堂的饭菜，亦辟出可排水的水泥地单间为浴室，生活条件大为改善。

南京大学师生在溧阳果园的日子逐渐步入正轨。王颖等需要进行半日劳作和半日政治学习。政治学习就是学习党的文件、学习"文化革命"的十六条，结合自己的思想进行深刻的自我批评。除此之外，念毛主席语录和跳忠字舞①也是每天的必修课。王颖回忆当时每天的生活时说道：

> 劳动半天，政治学习半天。政治学习就是学习党的文件，学"文化革命"的十六条，然后斗私批修。什么叫斗私批修？学文件，结合自己的思想，自我批判，每日半天。还有就是念毛主席语录，跳忠字舞，对着毛主席唱："敬爱的毛主席，敬爱的毛主席，您是我们心中的红太阳，您是我们心中的红太阳。我们有多少知心的话儿，要对您讲，我们有多少热情的歌儿，要对您唱。千万颗红心，向着北京，千万张笑脸迎着红太阳……"天天就这么唱，天天表演，起床后第一

---

① 忠字舞是"文化大革命"时期用于广场（大场地）或游行的队列行进间的歌颂性民众集体舞蹈。以《大海航行靠舵手》《敬爱的毛主席》《在北京的金山上》《满怀豪情迎九大》和语录歌等歌曲为伴唱、伴奏。流行于"文化大革命"高潮期，时间约在 1966—1968 年间；九大以后渐趋衰微。

件事，唱歌跳忠字舞，吃饭前首先跳忠字舞，就像基督徒祷告一样，睡觉以前跳忠字舞，然后念毛主席语录，背毛主席语录，然后就斗私批修。下半天就下田劳动了。①

溧阳农场的劳作很是辛苦，王颖学会割草和薅草等农活，稻田里积水，长时间的浸泡对人的关节有很大的损伤，下放期间的田间劳作使王颖落下了风湿性关节炎的病患。

王颖谈及夫妻二人下放时说道：

（朱大奎）家里是父亲原来做过江浙皖山地的木材转运杭州销售小商，在1952年公私合营后，不能经营转销就没有工作了，所以他自己填的家庭成分是小商，还是城市贫民？所以他的成分好，他调回学校从事斗、批、改，我分到农场劳动。大奎下乡的时间没我长，他没有下放，只是在南京市人口疏散的时候，到农村，但不久即返校了。没有像我在农村、在溧阳住了两年。但是，等到我从农场回城前的时候，朱大奎他们一批搞斗批改的骨干力量，也下来到溧阳农场居住。②

当王颖下放时，女儿年龄小，还在上小学。为了解决下放教师的后顾之忧，南京大学成立了小学生管理组，将教师子女集中在鼓楼校区，吃住和上学都集中在学校。后来，小学生管理组解散了，老师也下乡到了溧阳，两个孩子也下到溧阳和王颖住在一起。她们带着书包在溧阳农场由下放教师辅导学习。后来，把孩子们送到溧阳当地的小学听课。在当时，匡亚明校长的儿子匡榕榕，亦随在化学系任讲师的母亲丁莹如下放在溧阳农场"分校"，年幼一代相识，当年有着相同的生活经历。对于王颖的两个女儿来说，农村的生活无忧无虑，能和妈妈在一起，每天都可以玩，可以先到食堂排队买饭菜，十分高兴。

朱大奎到溧阳果园后，主要任务是帮厨、干力气活：拉板车到县城购

---

① 王颖第十二次访谈录，2019年1月15日，南京。资料存于采集工程数据库。
② 同①。

买米面蔬菜，在厨房和面蒸馒头等。一家人并没住在一起，朱大奎住在果园的前边，王颖带着两个孩子住在后边，中间隔着一个大池塘。在溧阳果园的日子虽然劳作辛苦，但却较前松弛愉快，不乏富有生活气息的点点滴滴，洗澡趣事是王颖始终不忘的回忆。果园建立在岗丘上，淡水资源短缺，就连被誉为"找水活佛"的肖楠森教授也没在溧阳果园找到充沛的水源。当大批南大师生来到这里后，洗澡就成了一个大问题。据王颖回忆，当时每位教师每日只给两个热水瓶水，王颖一个人喝洗是够的，但是加上两个女儿后，两瓶热水就远远不够了。王颖为让母女三人都洗上澡，用半茶缸热水兑着冷水，使每人一搪瓷缸温水，把自己和两个孩子打湿，然后打上肥皂，让孩子自己搓澡，最后，每人再用一缸多清水冲掉身上的肥皂。而每个星期日休假时，王颖都要带上孩子到溧阳县城或上城镇去洗个澡。值得一提的是，当地老乡的洗澡方式不同于其他地区，是用浴锅洗澡。

浴锅是苏南地区的洗浴传统，特别是在寒冷的冬天，热气腾腾的浴汤让冬季的人们倍感舒适。浴锅的外形类似农村烧饭的大锅，一个烧火的土灶，上面放置一口大锅，然后就开始烧火。王颖带着两个孩子和王飞燕老师一起去上城洗澡，当时洗澡的费用是按照一锅水来计算，一锅水大概是几分钱，但是一锅水是循环利用，第一个人洗澡所用的水是最干净的，老板为了便于后面的人洗澡，拒绝了王颖她们洗澡需要打肥皂的要求。为了能够洗一个干净的澡，王颖协商，获锅主同意："两毛钱买一锅水的'沐浴权'"。仍是采用沾水湿身，肥皂搓垢，再留清水冲洗。每周能洗一次干净澡，真快活呵！

"文化大革命"十年期间，人与人之间的关系变得扭曲，阶级斗争仿佛一堵无形的墙将人与人隔开，当时即使是本应最亲密的亲情，也受到了极大的挑战。

但是，王颖始终保持一颗生活向上的乐观心。溧阳果园留住了一批下放师生。据王颖回忆：当初，每日除劳动外，还要有半日斗、批、改。天天批斗，哪有那么些人被批呵！后来，就"批斗"当时的干部教师。住在同一排女生宿舍的化学系党总支书记，跳到宿舍后边的水塘自杀，给王颖等人留下了深刻的悲惨印象：

我记得有一人跳塘自杀，是化学系的原党总支书记，一位女老师，跳到塘里头被救上来。当时已无呼吸，需人给她做人工呼吸，众人都害怕，我上前救，但不懂，有人告诉我，"把双臂往上举"，然后又摁她胸部，但是，仍无效。人们就告诉我："需要你用嘴对准她的嘴，把口腔中的泥沙吸出来。"我不敢，她已经死了，脸都已经紫青了，我怎么敢用嘴对吸。我没敢做。我记得这位化学系总支书记，为人很好，却跳塘自杀。还记得她的丈夫也来了，是一位鼓楼医院的外科医生，整洁清瘦，不言语。但我到现在还记得外科医生的那个手，白、细，指甲剪得很整齐。他走过去了，看看自己的妻子，然后把头发给她摩挲整齐，清理了她的少量遗物带走，然后，再看了看其妻，就走了。心情沉重，却一句话都没说地走了。到现在我仍认为，"文化大革命"害了多少无辜的人啊！其后又有位男教师跳塘自杀，被救出来了，但救出来后还要批斗，说"是背叛人民，你就是以死和党和国家作对到底"？没有道理。当年，地理系学生高锡珍也是造反派，当年在校大学生都是造反派，但是高锡珍对人是实事求是、讲道理、很平和的，"文化大革命"后留校任教师，现在是唯一的当年"文化大革命"学生留校任教的。当年她同班的几位同学均没有人云亦云地侮辱人，至今，健康生活。[①]

时光荏苒，溧阳果园的时光已过半个世纪。我们无法想象那时候老一辈的科研工作者在溧阳果园劳作学习时的复杂心情，但是像王颖能随遇而安，积极乐观地面对困境，虽历经艰辛，但仍坚信光明终归会重现。无论在任何时候，人都不能失去信心，心中长怀希望的明灯。

科研坚守

虽然"文化大革命"期间禁止个人搞科学研究，但王颖选建港口是为

---

①　王颖第十二次访谈录，2019年1月15日，南京。资料存于采集工程数据库。

了海军服务，服务于国家需求，因此，那十年间，即使环境如此恶劣，中华大地历经浩劫，王颖仍有机会参加与军港选建相关的研究工作，在"文化大革命"后期，科研工作断断续续地开展。近十年间，累积的工作量仍然可观。

1966年，王颖同时参与了"湛江652港泥沙来源与回淤趋势分析"和"新开河船厂口门航道防淤研究"两个项目。"湛江652港泥沙来源与回淤趋势分析"任务是要选建一个面积不大的专业石油码头，为保障航海能源补给。王颖回忆说，可能现在觉得这个工作不是很大，但是当年是服务于南海军事需要，非常重要。之后，王颖又参加了在秦皇岛海区选建南李庄海军码头任务，王颖负责海岸动力地貌调查，明确海岸线冲、淤变化趋势与岸段稳定性，泥沙回淤与水深保证途径等。

1968年，王颖承担了"汕头港区（新建码头区域）泥沙来源、回淤条件及回淤量估算"和"岸外拦江沙浅滩区域泥沙来源与淤积条件"两个项目。潮汕地区修建的港口淤积严重，河流搬运的泥沙汇入大海后，海浪又掀起泥沙而趋涨潮运向岸陆，在口门航道堆积了一条沙埂即"拦门沙"。初始是通过不停地疏浚来解决港口口门水深保证问题，但是沙埂不是一朝一夕形成的，而且疏浚后，泥沙又会再次淤积，大量的资金投入而不能获得水深保证，是个严重的问题。

王颖认为汕头港的建设，因有河、海两个方向的泥沙来源，交会淤积，该处建港，需将整个航道维持统一疏浚加深，顺通航道、利用河流与落潮流合力加速下泄水、沙，以自然力加强航道水深维持。但是，港务局没采纳王颖他们的建议，建港时，仅在口门深挖了一条航道，没有疏通内、外形成一统的深水航道，仅仅是局部浚深，这个局部浚深处，内、外两向来沙，很快的，甚至一次就把它填满了。仅在口门挖个"坑"是不行的，必须开挖顺通的一整条航道，使涨潮流顺畅入港，而使下泄的河水与落潮流合力向海顺流，携卸泥沙入海，港口与航道均不会淤积。汕头港域为沙质，且沙量有限，顺通一条深水航道就可避免形成局部骤淤。但是整个航道都很浅，仅在中间口门处挖了个深坑，上、下没有贯通，泥沙必然填到坑段。港务局因此认为汕头港可以扩建的结论是错误的，后来王颖再次提出要建成顺水顺流的一统航道，被了解采纳。事实证明王颖的建议是正确的，现在这个港口已成功建成。

早在 1964 年，为选建秦皇岛油港港址，交通部第一水运工程设计院与南京大学地理学系海岸研究组曾共同进行了秦皇岛、釿锚湾与长山寺地区的海岸动力地貌调查，为这次的港口建设积累了地区海岸资料。1973 年 6 月，为了山海关船厂与秦皇岛油港的进一步建设，交通部一航局设计研究院委托南京大学对两港地区再次进行调查研究，阐明山海关船厂港区泥沙来源与回淤趋势，肯定支持港口建设。

1974 年，汕头港务局为建设第二作业区及整治拦门沙等工程，再次委托南京大学进行动力地貌调查研究，合作进行"汕头港地区海岸特征与港口建设问题"调查研究，南京大学海岸研究组完成了三项专题：论证汕头港第二作业区港址的建港条件；分析论证拦门沙成因并提出相应的治理方案；完成了对广澳新港址的勘测与论证。

当时，不论是南京大学还是汕头市，均处于"文化大革命"气氛中，正常工作的开展较为困难，阴霾笼罩，学校这片学术乐土也难逃厄运。但在汕头的野外调查过程中，整体氛围较为轻松，学生想在外多待段时间，不想回到学校面对无休无止的批斗。在朱大奎老师的争取下，该次野外调查持续的时间较长。

1975 年，王颖进行"广西南湾渔港泥沙来源与回淤趋势研究"，又参与选建广东镇海港建设。镇海港由海军主导研究与建设，南京大学主要负责提供补充意见，做检测性的实验，确定建设镇海港的可行性。

这些年里，王颖的各项工作主要与海军合作开展，参与建设了诸多海军军港，如北海港、铁炉港、镇海港、湛江 652 港、南李庄码头等。在参与这些港口的建设活动中，王颖对于港口的建设过程有了较为充分的认识，也为后来进一步参与大型港口的选建工作奠定了基础，王颖在这些工作中得到了很大的锻炼。王颖回忆说："参加军港选建的区域调研，对我有很大的锻炼：我身体很好，下海与沿岸调查充分了解海岸动力与泥沙冲淤动向，多项分析建港条件与港口发展动态，基本上判定港口水深保证使用的年限，或者回淤不是那么频繁，这些可做到了。"

建港工作既要研究陆地，也要研究海洋，还要研究陆地和海洋交接的过渡地带。王颖在南京大学任教期间，主持或参与了中国大大小小、各地的港口选址工作。实践出真知，可以说王颖在海港选址与回淤确定的科学领域，位居国际前沿。

　　1976年10月，"文化大革命"结束，全国各行各业回归发展的正路，高校的教学活动也开始恢复，王颖也回归学校，继续自己的教学科研工作。

第六章
留学加拿大

出 国 前 夕

新中国成立初期，中国主要是向苏联公费派遣大批留学生。1978 年改革开放之后，国家的工作中心开始转向经济建设，亟需大批的科技人才加入祖国建设工作。1978 年 6 月，邓小平明确提出："我赞成留学生的数量增大，这是五年内快见成效、提高我国水平的重要方法之一，要成千上万派，不只是派十个、八个。" 1978 年教育部下发《关于增选出国留学生的通知》，经过考试选拔，构成了改革开放后向国外大学（研究所）派出的第一批留学生，最初叫"进修生"，临出国时改称"访问学者"。

此时的王颖正任教南大，南京大学有出国留学的名额，需要进行考核选拔。首先是院系的考试，考核的科目是英文，要求英文达到一定的分数。1978 年 8 月，王颖顺利通过南京大学校内的语言考试。1978 年 8 月—1979 年 1 月，王颖等一批通过考试的教师被送到北京语言学院外语培训班进行专门的语言培训，培训时间依据个人的外语水平而定，三个月到六个月不等。王颖第一批通过各级的英语考试，踏上公费赴加拿大研修之路。王颖回忆道：

我是 1979 年的 2 月 6 日到加拿大，是在 1982 年的 2 月回来，回到南大是 3 月。1979 年的 2 月到 1982 年的 2 月，我在加拿大整整三年。当年国家要派遣一批留学生出去，每个学校是通过考试选拔，南京大学也是考试。笔试与口试英语在多少分以上的就可入选，我们那一批均是在七十几分以上。我记得我的英语考试成绩是 79 分。随后就在北京语言学院专门学习，培训三个月到六个月，当年一起派往加拿大的有三位：复旦大学生物学家苏德明赴蒙特利尔大学研修；上海第二医学院的荣烨之医生赴多伦多大学医学院；南京大学王颖赴加东的达尔豪斯大学。苏、荣两位英语考试成绩均 85 分，免予培训。我是 79 分，所以要学习。80 分左右的是甲班，经过简单的口语培训就行了。我是乙班，因为我是 79 分，是乙班的班长，它是按照成绩顺序定为班长。但是我学了不到三个月就派出去了。①

1979 年出国前夕，王颖作为首批三名理科访问学者，受到加拿大驻华大使明明瑞的接见与宴请。②

　　王颖当时的英文水平在国内学生中算是比较好的，之前也有过出访印度的经历，但是真的到了加拿大之后，语言的困难还是不可避免。国内的英文教学主要注重语法，对于口语的训练较少。初到国外，英文既不能读也不能说，王颖形容那时的自己是一个"半吊子"。在外语学院学习的英文主要是"灵格风"③英式英语，但是王颖派往的国家却是北美的加拿大，英文的发音与语调有很大的差异，需要王颖花费大量的时间进行练习。幸运的是，王颖在加拿大达尔豪斯大学地质系的系主任 H.B.S.Cooke 教授很尽心地帮助王颖克服语言上的困难。他说："一定要把你放在一个说英语的环境内，不让你接触到中文，让你想英文说英文，到晚间做梦都说英文。"

---

　　①　王颖第五次访谈录，2018 年 1 月 3 日，南京。资料存于采集工程数据库。

　　②　孙鸿烈：《20 世纪中国知名科学家学术成就概览 地学卷 地理学分册》。北京：科学出版社，2010 年，第 516 页。

　　③　灵格风是全球领先的语言培训机构，创始于 1901 年。创办人为杰克·罗士顿（Jacques Roston），他意识到语言培训的潜力，把爱迪生的录音发明（1877 年）与贝尔的蜡筒技术（1888 年）率先应用于语言教学，在英国伦敦创办了灵格风。

在加拿大留学的三年期间，王颖克服了语言上的障碍，熟练地以英语交流与写作。

王颖选择的留学地点是加拿大的哈利法克斯市（Halifax），哈利法克斯市是加拿大新斯科舍省（Nova Scotia）的首府，位于加拿大的最东部，距离首都渥太华（Ottawa，位于安大略省）有很远一段距离。著名的达尔豪斯大学坐落于此，市域集中了海军舰队、哈利法克斯船厂和哈利法克斯海港，海洋资源丰富。在这里王颖借助于国外先进的科研设备和自己在国内多年研读与教学的实践经验，将自己从事的中国海岸研究推向世界，让世界了解中国海岸海洋。

三大创新性研究

1979 年，王颖作为改革开放后较早出国访问的科学工作者出访加拿大。在加期间，王颖在鼓丘海岸研究、石英砂表面结构研究、淤泥质海岸研究三大领域取得了不小的成绩。其中她对鼓丘海岸研究的论文，曾被国际海洋地质专家称为"鼓丘海洋的典范文献"。王颖对石英砂表面结构的研究工作，受到加拿大 David J.W Piper 教授 [1] 的赞许，认为她是当时研究石英砂表面结构的世界两大专家之一，被誉为"与美国著名科学家克润斯里并肩而立的科学家"。

1979 年 2 月，王颖赴加拿大学习深造，到位于哈立法克斯市的达尔豪斯大学，进修海洋地质与沉积学。起初，学校还不了解她，把她作为"预备学员"（Special Student）进行安排。经过半年考察后，决定让她做研究员（Research Fellow），发放研究员证书，免去了她的学费，并给她配备

---

[1] David J.W Piper，加拿大知名海洋地质学家，达尔豪斯大学地质学系主任，贝德福德海洋研究所环境地质学家，长期担任著名 SCI 期刊 Marine Geology 的主编，从事第四纪海洋沉积作用及地质灾害、气候变化与资源方面的应用研究工作，在浊流和等深流等深海沉积作用研究方面具有很高的知名度。他先后参加了 55 个海洋科考航次，并担任其中 30 个深水航次首席科学家（包括 ODP155 航次），因在海洋地质学领域的卓越贡献于 2010 年被授予 Shepard 奖。

了野外考察助手。这在当时访问学者中是不多见的，这得益于她在国内多年的研究工作，在海洋科学领域确有真知实力。达尔豪斯大学海洋系与 Cooke 教授支持王颖在加从事海洋调研实践，联系与介绍她参加贝德福德海洋研究所 [①]（Bedford Institute of Oceanography，简称 B.I.O.）的大西洋考察研究项目，扩展了王颖的科学视野与研究领域。

> 最初我在达尔豪斯大学地质学系作为预备学员，因为系里不知道如何安排我，经过半年考察后，定为研究员。在当时是不多的，这得益于我在国内的多年研究工作，在海岸科学领域确有真知实力。[②]

在加拿大进修学习的三年中，王颖潜心科研，在海洋科学领域获得全面锻炼，掌握了从海上作业、实验室分析与总结成果的研究能力，推进了她在国际海岸海洋科学领域的合作研究与影响力，这具体表现在鼓丘海岸研究、石英砂表面结构研究、淤泥质海岸研究三大领域取得了不小的成绩。

鼓丘海岸研究

王颖在达尔豪斯大学地质系作为研究人员从事专题研究工作，由系主任 Cooke 教授负责全面指导，由副教授 David Piper 任导师与合作研究成员。Cooke 教授与她讨论确定研究课题，王颖回答要做鼓丘海岸（Drumlin Coast）研究。教授以为是就近选一段鼓丘海岸进行研究，便对她说，"很好！那你就在哈立法克斯地区做些工作吧！比较近，资料也比较多"。教授是一片好心，想照顾这位 44 岁的中国妇女。但王颖却十分坚决地说："不，我选择了开普不列颠（Cape Breton）岛东南海岸中一段

---

① 达尔豪斯大学海洋科学教育与贝德福德海洋研究所（Bedford Institute of Oceanography，简称 B.I.O.）是密切合作的"兄弟"单位，构成加拿大东部海洋科学与教育的重要基地。加拿大另一海洋学基地是在太平洋沿岸的温哥华市，以 U.B.C. 为核心。

② 王颖：时代的召唤，导师的教育。见《科学的道路》。上海：上海教育出版社，2005 年，第 973 页。

典型的鼓丘海岸。"教授惊愕了，王颖选定的那段鼓丘海岸，荒无人烟，条件艰苦。

鼓丘海岸发育在高纬度地区，是经过大陆冰流磨蚀岩层形成众多岩丘罗列的原野，岩层上覆有泥砾层而松林繁殖茂密，当冰后期海侵淹没岩丘原野形成岩岛群的浅海奇观，令人心仪。这种林岛众多、港湾曲折的海岸分布在美洲大陆东部的丘陵和平原地区。如此艰苦的环境，王颖为何如此坚定呢？原来，这种海岸类型在中国是没有的，文献上也没有系统的记述，鼓丘海岸明显地缺乏现代地貌学著述，理论上还是一片空白。于是她暗下决心，运用加拿大的先进设备，用自己在中国海岸工作的经验，做出成果，由中国人来填补这个空白。

当时，王颖查阅了大量资料，用两个月的时间踏勘了该区近千千米的海岸后，选定了开普不列颠东南部从戛不若斯岬（Cape Gabarus）到弗阮木博伊斯湾（Framboise）间的一段近 50 千米长的典型鼓丘海岸作为研究对象。王颖从地质结构与海岸特点方面详细论证了这个地区是典型的鼓丘海岸。听完王颖的陈述，Cooke 教授被这位中国女学者的勇气和踏实的科学态度深深地感动了，连连说："很好！同意选题研究，尽快将计划和方案报上来。"

王颖的研究计划引起了加拿大同行的极大兴趣，不仅她所在的达尔豪斯大学支持研究费，加拿大贝德福德海洋研究所和大西洋地质中心（Atlantic Geosciences Centre）也愿意提供经费、助手和设备，并聘请王颖做兼职研究人员。由于工作需要，中、加两国有关部门研究确定，将王颖的进修期从两年改为三年。

在开普不列颠岛进行鼓丘海岸调研工作，海陆结合，沿岸调查与固定断面重复测量结合，王颖考察组在无人的海岛岸边，从南向北沿海考察，只能听到自己走路的声音。遇上风暴天气，天是铅灰色的，海是黑沉沉的，大西洋的海浪一个接一个地扑过来，实在令人心惊！但无论风浪多么大，王颖都不能停止观测，都要在预定的时间内拿出成果来。功夫不负有心人。经过两年多的艰苦而认真的工作，王颖写出与 Piper 教授合著的学术论文 *Dynamic Geomorphology of the Drumlin Coast of Southeast Cape Breton*

Island（《开普不列颠岛东南部鼓丘海岸动力地貌》），在加拿大 "*Maritime Sediments and Atlantic Geology*"（《海洋沉积与大西洋地质学》）杂志 1982 年第 18 期上以首篇的位置发表，被地质学界评论为"把中国经验应用于加拿大区域海岸研究中，成功地为加拿大海岸研究开拓了一个新领域，是鼓丘海岸的典型文献"。

继平原海岸潮滩分带特性及贝壳堤古岸线动态标志研究项目之后，第二项就是国家培养出国研学，加拿大的合作项目支持我从事了海岸带和大西洋洋底研究。我觉得海岸带研究中我的贡献是研究了高纬地区冰川和冰流侵蚀地貌，侵蚀山地和丘陵，形成一个个的岩石低丘——鼓丘，丘顶常有冰川的堆积。在加拿大研究海岸，特别研究了鼓丘海岸，鼓丘是冰川作用侵蚀形成，后来由于海平面上升，淹没了这些冰川侵蚀的鼓丘，就形成了鼓丘海岸。而鼓丘海岸在加拿大 Cape Breton 岛发育典型。它有两种类型：基岩鼓丘与具有沉积物盖层的鼓丘。阐明两种鼓丘海岸的特点与其不同发育阶段的现况，建立了鼓丘海岸发育图示与发育趋势分析。论文发表后，获得美国海洋权威 Douglas Inman 教授的评价："鼓丘海岸研究是对科学的一个贡献"，"The study of the drumlin coast as a contribution to the science。"[1]

达尔豪斯大学后任的系主任 Piper 专门写信给中国驻加王栋[2]大使，肯定王颖的成就。关于王颖在加从事的海岸研究，他写道："王颖根据海岸动力过程来分析海岸地貌发育的不同阶段，为加拿大的海岸研究提供了一个区域的典型。这种方式在当时加拿大海岸研究中是很欠缺的，在加拿大的海岸研究中，一种是区域踏勘性工作，而另一种是小范围的海岸作用过程研究。王颖的成就则在于根据她在中国的经验，为加拿大的科学家在海岸分析上给予了一个新前景。"因此加拿大地质界评论："是把中国经验应用于加拿大区

---

① 王颖访谈，2018 年 9 月 28 日，南京，资料存于采集工程数据库。

② 王栋，1977 年 7 月–1983 年 2 月期间任中国驻加拿大大使。1938 年白求恩大夫参加抗日革命时，王栋曾任警卫员。

域海岸研究中，成功地为加拿大海岸开拓了一个新领域。"①

深海浊流砂与石英砂表面结构研究

1980 年，王颖参加贝德福德海洋研究所大西洋梭木深海平原（Sohm Abyssal Plain）调查，目的是在深海寻觅核废物埋藏地。当时，她的任务是负责分层编录钻孔沉积柱的层次、质地与结构。在记录过程中，王颖发现了砂层。但同船的一位加拿大地球化学家不能理解，笑着质疑道："这么深的洋底怎么会有砂？颖，是你从中国带来的吧！"没想到王颖十分认真地说："怎么不是砂？地质学家怎么会质疑大洋有砂层？"的确是砂，但该处水深大于 4000m，距离北美大陆 1500km，用 12khz 的回声测深仪及 40—50in^3 的空气枪剖面仪，几乎测不出洋底红黏土有粒度变化。但用活塞取样管采样，每孔均采到此砂层。结果在 10km^2、水深 5600m 的测区，自洋底向下的 11m 深处出现粉砂质薄层夹层，含有亚热带与亚极地有孔虫，其中底栖有孔虫与加拿大东部斯科舍大陆架品种相同；在 12m 深处则普遍有一层"蓆状砂体"，而且砂层中含有 0.05% 的煤屑，经鉴定是加拿大东部悉尼（Sydney）煤田的石炭系煤层破碎成的碎屑。砂层中砂粒呈锈红色，与石炭纪红砂岩层相一致，砂层中的重矿组合与新斯科舍——劳伦庭深水扇（Laurentian Fan）的重矿物一致。种种迹象表明，此砂层的砂来自加拿大东部大陆架。那么，是什么动力将砂体搬运 1500km 的距离呢？王颖对砂层中坚硬的石英砂粒进行了表层结构观测：砂粒形态不规则，仍保存原始晶体形态，加之砂粒磨圆度仍差，均表明非经过远距离长期搬运；砂粒具有贝状断口与碟坑，平行阶与擦痕，是冰川作用的标志；但其上叠加大量 V 痕与机械撞击点等波浪作用标志；砂粒已经过风化，有次生溶孔及沉淀物叠加，是经水下环境的沉积标志。综合分析表明：该砂层是源于加拿大冰川堆积，是冰期低海面的冰川海洋堆积，而在冰后期海平面上升过程，海底突发性浊流作用频繁，曾经历高浓度强力的海底浊

① 03—MQDLWY09—708.0006，王颖在纪念国际"三八"劳动妇女节 75 周年表彰大会上的发言。存于南京大学档案馆。

流而搬至远距离海底。所以，该砂层是浊流颗粒层堆积而形成的。远洋深处浊流堆积层的发现，表明该处深洋底非安全埋藏核废物而不受扰动之地。深海浊流砂一文："Surface Textures of turbidite sand grains, Laurentian Fan and Sohm Abyssal Plain"，被国际沉积学代表期刊 *Sedimentology* 的 29 卷 5 期于 1982 年刊出。大洋深处浊流沙研究的结果，激发王颖对石英砂表面结构的研究兴趣。

石英砂是常见的砂粒，其坚硬的表面似一录像带，通过电子扫描显微镜，可观察石英砂在不同阶段经历遗留于表面的痕迹，由此可以通过对石英砂表面结构的研究来分析确定地层的成因，从而为找矿、找水、找油等提供有价值的科学资料。在加拿大，王颖结合大陆架与深海平原的沉积研究，应用石英砂表面结构分析，做出重要进展的成果。深海浑浊流砂论文被在英国出版的沉积学期刊发表后，加拿大的科学家鼓励她利用研究所优良的设备，研究各种沉积环境下的石英砂结构。王颖在决定从事这项研究时，离回国只剩下十个月了，时间紧张，但是，科研的目标一经确定，就要坚持下去。

王颖通过国内外朋友搜集到黄河、长江、珠江的砂样，西藏的冰川砂，甘肃的黄土粉砂，美国、加拿大、大西洋及大陆架的砂样，在回国前的几个月里，抓紧时间，利用贝德福德海洋研究所先进的扫描电子显微镜，对一百多个样品的数千颗砂粒进行了处理、观察和拍摄，完成了 1300 张照片，取得了几千个数据资料，完成了《石英砂表面结构模式图集》（与 B. 迪纳瑞尔 [①] 合著），在王颖离开加拿大前两天（即 1982 年 2 月 12 日），四位专家审定同意出版，并于 1985 年由科学出版社以中、英文出版。

王颖在这本专著里建立的模式，有其独到的见解和特色。由美国克润斯里教授（D.H.Krinsley）首次完成的模式包含冰川、海岸、风成、大陆架四种沉积环境及化学作用的石英砂表面结构，而王颖建立的模式有七个，其中如"原岩风化出的石英""风成粉砂""河流砂""深海浑浊流砂"等

---

① B. 迪纳瑞尔是王颖在贝德福德海洋研究所时的助手。

都是开创性的，未曾有人做过。王颖的模式概括了几个最主要环境下的石英砂形态，包括热带、温带、亚热带等地区，既具有地区性，又有其广泛的代表性，因而受到国内外学者的重视和好评。加拿大环境海洋地质研究所主任 David Piper 教授认为，王颖的这部著作代表了她对石英砂表面结构研究的顶峰，对王颖的该项工作做出了高度评价，认为"她已站到与克润斯里并肩而立的地位"。

淤泥质海岸研究

中国淤泥质海岸研究的成就，由于王颖的介绍而获国际传播。1980 年 4 月，王颖在"加拿大全国海岸研究会议"上作了《中国海岸与研究工作状况》的报告，并发表了《中国海岸（*The Coast of China*）》一文，论文的主要内容为：中国海岸的发育因素特点；中国海岸的主要类型与发展趋势；中国海岸研究的发展与港口建设密切结合；深入研究解决了工程建设实际问题并经过了实践的检验；中国海岸研究工作促进海岸科学原理发展。这篇文章为王颖应邀参加加拿大第一次全国海岸会议而做，是在原来于国内发表的文章基础上用英文写成，同时也是中国学者第一次用英文提供关于当代中国海岸与海岸工作的介绍，被会议评述为"最精彩的报告之一"。该文发表于《加拿大地球科学》杂志（*Geoscience Canada*）。

> 不久，我参加了加拿大海岸学术大会，作了关于中国海岸与海岸工作特点的学术报告，被大会专家评为"最精彩的报告之一"，《加拿大地球科学》杂志于 1980 年全文发表。①

1981 年 9 月底，世界上几十个国家的 200 多位代表参加了在加拿大召开的"国际浑浊海岸环境动力会议（Dynamics of Turbid Coastal Environments Symposium）"，王颖向大会提交了一篇题为《中国淤泥质海

---

① 03—MQDLWY09—708.0006，王颖在纪念国际"三八"劳动妇女节 75 周年表彰大会上的发言。存于南京大学档案馆。

岸（*The Mudflat Coast of China*）》的论文，文章概括了中国淤泥质平原海岸发育的特点，总结了渤海湾与苏北淤泥质海岸潮间浅滩分带性之异同与贝壳堤的形成环境，阐明淤泥质海岸发育与黄河巨量泥沙的关系。该文于 1983 年《加拿大渔业与水科学》杂志（*Canadian Journal of Fisheries and Aquatic Sciences*）第 40 期刊登发表。

对于王颖的这两项研究，有学者高度评价道："'中国海岸'和'中国淤泥质海岸'是王颖第一次用英文提供了关于当代中国海岸研究的一个广泛的、可以被吸收的报告，将会大大地促进中国与英语系统地质学家间的科学合作。"

声 名 远 播

王颖在加拿大访问期间，不仅在科研方面产生创新成果，其三次考察百慕大、下潜深海等举措，也是让人深感佩服。在加拿大的三年中，王颖参加了原子能废料在深海存放的可能性这一研究选题。为了调查大陆架海洋地质环境以及探索原子能废料海洋存放的可能性，她在大西洋区北起拉布拉多大陆架、新斯科舍大陆架，东到亚速尔群岛，南达百慕大以东海域，直至大西洋最深的波多黎各海沟，先后参加了六个航次的远洋考察。

三次考察百慕大

参加加拿大关于"核废物埋藏项目"的科学考察，王颖曾三次乘哈德森号船（C.S.S.Hudson）远赴大西洋百慕大三角海域考察，分别是 1980 年 5 月、1980 年 6 月和 1981 年 3 月，反复调研把核废物埋葬洋底的可能性。百慕大三角地处北美佛罗里达半岛东南部，地理位置约在北纬 32°20′ 西经 64°45′ 处，是由百慕大群岛、美国的迈阿密与波多黎各的圣胡安三点连线形成西大西洋的一个三角地带，每边长约 2000km。由于这片海域常发生人们用现有的科学技术手段，或按照正常的思维逻辑及推理方式难以解释的超常现象，"百慕大魔鬼三角"已成为那些神秘的、不可理解的各种失踪事件的代名词。

王颖头两次航行到百慕大三角海区时，海面相对平静，在温和的海区做探测和取岩芯工作，顺利惬意。1981 年 3 月，王颖第三次到百慕大三角区时，遇到了风速达 75 节的风暴，9 级海况，巨大的海浪像一座座小山似的将哈德森号抛上抛下。船舷系着的那只可供 20 个高大的加拿大人泡浴的游泳圆盆，一个浪头过来就被打成了三块，第二个浪头过后即无影无踪。哈德森号舱门紧闭，顶风行驶以保证船只安全，人们大多晕船躺倒，室内东西满地乱滚。王颖却因出海易晕而连连服晕海宁，头脑感觉不灵反而尚可站立拍摄当时海况。风暴持续两日，风势稍减后，哈德森号改变航向，驶向风区外围，终于安全到达波多黎各。而当时另一条在风区中心地带的法国船则不幸遇难，沉没大海。[①]

百慕大海域工作后，王颖在《沉积学杂志》(*Sedimentology*) 上发表了有关深海平原浊流砂的论文，是对大洋底浊流动力作用的首次发现与论述。她论证了深海底仍有突发的强大动力，可将大陆架的砂带到大西洋中部深海底。在理论上提出了深海沉积环境这个新的概念，在应用上质疑国际上有人提出利用深海底埋藏核废料意见的可行性。王颖指出深海底仍具不稳定性，仍需对核废料做进一步的防护工程。

下潜深海考察经历

与百慕大那场风暴相比，王颖潜海考察的壮举可能更惊心动魄。在海洋考察中，作海底潜探是很有必要的。海底的地形不比大陆简单，又因不能直视，更为需要一点一点地调查、汇集资料再制作成图，然后进行分析研究和开发。为了提高资料的准确性，有时需要人潜到深海底

---

① 兰亚明：探索海洋奥秘的女科学家：记新当选的中科院院士南京大学王颖教授.《世界杂志》，2002 年第 5 期，第 25-27 页。

去亲自探测。为了掌握海底的第一手资料，王颖不想错过每一个可以猎取知识的机会，她主动要求潜海。1981 年 8 月，王颖参加"派塞斯"（PISCES）IV 号深潜器下潜圣劳伦斯湾，达到 216 米深的海底，在水下从事长达 2 小时的海底地质调查。初潜，不明所以，身体略感不适，嘴唇发麻，但她始终被海底的景象所吸引，全神贯注于工作，在下潜过程中，观察到泥沙颗粒下降，渐絮凝成片的"海雪"现象；沉溺的岩石海岸悬崖与沙滩质海底，蟹类等生物活动频繁；至深海床为泥潭状海底，有泥鳅状生物蠕动与孔穴！加拿大同行敬佩地说："女的到深海工作很少，你不简单。"他们著文称王颖是"中国第一个用深潜器从事海底地质调查的科学家"。后来，王颖在《圣劳伦斯湾潜水地质考察记》一文中详细介绍了此次潜海经历。

王颖是"派塞斯"1057 次下潜航行中接待的第一个中国海洋学家，当时是继"阿尔文"（Alvin）号下潜深海的一位女海洋学家之后，传为科坛佳话。[1]

国际大会展露风采

在加拿大期间，王颖曾七次参加海洋地质方面的国际学术会议，在会上报告或展示她的学术论文。王颖在国际大会上的表现，很好地展露了中国女学者对科学的严肃态度和胆识，令各国学者肃然起敬。

1981 年 8 月，王颖出席了在加拿大贝德福德研究所召开的"国际浑浊海岸环境动力过程会议"，该次会议有来自美洲、欧洲、亚洲等几十个国家的二百多位科学家出席，王颖是唯一的中国代表。她因出海工作，得知会议信息较迟，当她知道一位美国地质学家将在会上作中国长江口的研究报告时，深感内疚："为什么不能由中国人自己来报告呢？"她提笔疾书，凭着自己对祖国海岸的真知灼见，完成一篇中国淤泥质海岸的文稿，直奔贝德福德海洋研究所所长办公室，向将要担任大会主席的朗豪尔斯特教授

---

[1] 兰亚明：海天高风真师表——记海洋科学家、南京大学王颖院士。《学校党建与思想教育》，2002 年第 21 期，第 32 页。

（A.L.Longhurst）要求参加会议，并申请在大会上报告。具有强烈民族自尊心的人，常常是得到尊重的。会议的报名时间早已截止，大会报告的人选也已确定，当会宣读论文已属不可能，但王颖执拗的请求，深深打动了这位著名的海洋生物学家，她获准作为中国代表出席会议。同时，她向大会提交的论文《中国淤泥质海岸》列入在会议时展贴，引起同行的广泛关注，全文被收录在大会论文集出版。

在这次会议上，王颖仅仅提出了一个问题，就引起了国外专家的注意。那是在一次分会报告会上，一位美国圣路易斯州立大学的教授，介绍韩国西海岸的淤泥海岸环境，讲得头头是道，颇为得意。而王颖却越听越觉得他的理论观点有错误，她发现他根本就不知道朝鲜半岛西海岸的泥沙是从什么地方来的。出于对科学的责任心，王颖在会上两次重复向这位教授提问："该海岸的淤泥是从什么地方来的？"那位教授愕然了，他万没想到大庭广众之下，竟被这位貌不惊人的中国女学者问得目瞪口呆，他随口回答说："你问物质来源吗？是从朝鲜半岛的河流里来的，是从黄河来的。"王颖认为不对，又举起手来："朝鲜半岛多是山地河流，主要是砂而不是泥，现代黄河入渤海，泥沙到不了朝鲜半岛。淤泥究竟是从哪儿来的呢？"那位教授似乎听不懂，对王颖的质疑不再回答。和教授代表站在一起的分会主席转述了王颖的提问，他才不得不说："你认为有别的来源吗？"王颖明确地回答说："是的。"那位教授马上说了一句"我同意"，便下台了。

王颖凭借着对科学的严肃态度和胆识，令在座的各国学者肃然起敬，大家的目光一齐转向从容自若的王颖。其实，王颖并不是有意为难他，因为王颖坚信科学是不能有半点含糊的。王颖根据她20多年的研究认为，朝鲜西海岸的淤泥是从大陆架来的，而大陆架则是古黄河的泥沙。会后，许多会议代表都围在王颖的周围，称赞她的胆识，一位美国教授还专门来与王颖交谈，并当场邀请王颖去他所在的伍兹候尔（Woods Hole）海洋研究所作学术报告。

王颖凭借着自己的真才实学折服了各国的学者，在国际大会上脱颖而出。随后，1981年12月和1985年10月，王颖赴美国伍兹候尔海洋研究所讲学两次，共五个专题，每次 7 至 10 天。王颖已能用英语流利地讲解中国海岸地质地貌环境特点与发育趋势，获得了肯定与赞誉。王颖的出色表现，也代表了新中国培养的第一代海洋地质学家登上了第一流的国际讲坛。①

爱 国 之 心

在加拿大三年期间，王颖珍惜工作良机，竭尽全力从事研究，完成专项课题：参加了新斯科舍大陆边缘、拉布拉多省大陆架和纽芬兰峡湾海岸考察，进行中、加淤泥质海岸和大陆架的比较研究；同时，参加了大西洋洋中脊钻探、梭木深海平原勘测钻探及波多黎各海沟考察，了解洋中脊和深海平原，进行海洋地质与深海环境调查，研究海底埋藏高品位核废料的可能性。王颖在大海面前毫无畏惧，在科学面前大胆无畏，凭借着对科学的不懈追求，严谨认真的科学态度，扎实的学科基础，开拓了一个又一个新局面，获得了一个又一个新成果。

王颖在加拿大收获许多，除了开阔眼界与研究能力日益增进，作为远游的学子，收获最大的莫过于一颗更加坚定的爱国之心。王颖在加拿大的表现优秀，备受青睐。临近归国时期，王颖因想尽量利用加拿大研究所的电镜与助手完成石英砂表面结构图相关拍摄，未及时与使馆人员沟通，使得人们以为王颖意图留在国外发展，这真是对王颖极大的误解。后来的事实证明，王颖不仅按时归国，而且回国后，获得了世界银行贷款与加拿大国际发展研究中心②（International Developing Research Centre，简称 IDRC）资助的中加合作研究项目，为中加两国的合作与研

① 古平：王颖，大海的骄傲。《瞭望周刊》，1984 第 13 期，第 44-45 页。

② 加拿大国际发展研究中心（International Developing Research Centre）是在 1970 年由加拿大议会正式通过一项法令批准创立的，其英文简称是 IDRC。它是一个社会团体，其主要任务是研究发展中国家和地区的各种问题，鼓励和支持这些国家和地区能够掌握发达国家的科学技术和经济知识。

究作出了重大贡献。

　　大家都觉得我不会回国，当时大使馆人员召我赴渥太华谈话，我不去，更引起疑虑。而我因为当时离回国的时间已很近，我需尽量利用加拿大研究所的电镜与助手完成石英砂表面结构图像拍摄，实无时赴渥太华。当我把预定的工作做完后，自然会回去。我不反对人们选择留在国外发展，尊重每个人的选择，但我觉得大部分出国的人都会更加感觉祖国亲，我的回国意愿十分坚定。当时有些加拿大人还是歧视黄皮肤人群，但我觉得自己是祖国出钱派我来加拿大学习，没花加拿大的钱，还为加拿大干活，所以并不觉得自卑，反而我的自尊自信赢得了外国人的尊重。回国后，获世行贷款与加拿大国际发展研究中心（IDRC）资助的中加合作研究项目，取得有益于双方的重要合作成果。①

　　王颖在加拿大求学期间，条件不是不困难的，但王颖都一一克服了，报效祖国的信念也更加坚定。1970 年代末，国家为公费出国的留学生解决学费、住宿费，以及很少很少的一美元零用钱，这对于当时财力有限的中国来说，已经是能够提供的最好条件了。但是，国外不比国内，生活开销大，一美元的零用钱贴补只能算是杯水车薪，留学生的生活十分拮据。初到异国他乡的留学生大多身上一穷二白，为了节省开支，王颖靠从国内自备肥皂、毛巾等生活用品以供日常所需，衣服也少，"龙头布"的内衣裤，外衣只有国家购置的两套西装，换着穿。留学生在国外需要格外注意个人形象，尤其是穿的衣服，每天都要一洗一换，王颖带的衣服根本不够。甚至换洗衣服成了一件令人头疼的事，加拿大人是用洗衣机与烘干机，衣服多，可一周洗一次，用洗衣机要付钱，而中国研修人员无此可能。由于在国外的第一学期是和其他人合住宿舍，晾晒衣服也不甚便利，经王颖要求，第二学期换为单人居住，可以晚间晾衣服。而且，幸运的是，王颖性格外向，大方开朗，和很多人都成为了好朋友。在国外，她认识了七八个

---

　　① 王颖访谈，2017 年 10 月 13 日，南京。资料存于采集工程数据库。

印尼的华侨留学生，这些华侨都有中国情结，会讲中国话，还有一个习惯吃中式饭菜的"中国胃"。王颖年长，常常和她们聊天，排解思家之苦。印尼留学生带有电饭煲，王颖就教她们做香肠饭，她们亲切地叫王颖阿姨，感情很好。后来这些印尼学生们看出来王颖缺少衣服换穿，她们将自己的大号裙子给王颖，解决了王颖换洗衣服难的问题。出国第二年，由于学费返还到留学生手上，王颖的生活才算步入正轨，她申请到单身宿舍，可自煮饭菜，适口而节省，手边有活动的钱了，初派留学生时的困难逐步得到解决。

但是王颖并不觉得这是在吃苦，她很感激能有这次留学机会，并一如既往地抱着学成回国的坚定信念。她说道：

> 中国再怎么也是我们的家。所以我觉得我爱这个国家，我现在感觉到这个国家的变化，感觉到国家强大，谁都动摇不了。所以并不是谁逼迫我回来的。他们认为最有可能留在外国的是我，（因为我）交了那么多外国朋友，又发表了（文章）。不，我一定要回来，谁培养我的，我就应该在这里。①

在离开加拿大时，王颖共发表了 5 篇文章，完成了一本专著并通过了审校出版手续，被加拿大同事们称赞为"地质界活跃的、成果丰硕的科学家"。Piper 教授高度赞扬王颖，"为加拿大的海洋地质科学作出了四个独特的重要贡献"②。1982 年 2 月王颖圆满完成加拿大的学习任务，并收到一份贝德福德研究所同事们赠送的纪念品，一幅刻着"哈德森号"的金属版画，上面写着"赠给在中加海洋地质学合作中做了开拓性工作的王颖！"充分肯定了王颖在加拿大期间的表现。王颖后来回忆起这件事，说道：

> "我们中华儿女的工作得到了国际学术界的承认与尊重。当然，在有限的时间内，同时从事鼓丘海岸、石英砂沉积与介绍中国海岸成就

---

① 王颖访谈，2018 年 7 月 17 日，南京。资料存于采集工程数据库。
② MQDLWY04—371.0001，David Piper 对王颖的评价。存于南京大学档案馆。

图 6-1　加拿大贝德福德研究所同事赠送的"哈德森号"金属版画

的多项工作是很艰巨的，我做这些工作经历过多少次惊涛恶浪、风吹雨打与多少个昼夜之辛苦。但是，我一想到祖国就有力量、有依靠，振兴中华，将祖国的科学事业推向世界先进之林的责任感始终推动我。我们国家不富裕，可我们精神境界是高尚的，中华儿女是有志气有能力在科学上作出贡献的。"①

　　王颖成为首批到达加拿大的学者，后继赴加拿大东部的留学生或多或少地受到王颖的帮助。到达加拿大之后，大量的课程是王颖在国内已经学习过的，因此节省出一笔学费。王颖申请获得大使馆同意，使用已拨出的这笔钱购买一辆车，方便以后接送来客与进行野外调查。王颖学会了开车，既方便自身的调查工作，也方便刚刚来加拿大研修的学者。王颖陆续负责接待了几位访问学者，帮助安排住宿、照顾他们熟悉学校环境等。之后，王颖和几位访问学者自然而然地结成一个组，王颖是组长，每周进行一次活动，轮流看《人民日报》，交流心得，一起做饭聚餐或郊游：采苹果或看大瀑布，安定了情绪，聊解乡愁。但几位中国学者常聚一起，引起了加拿大政府的注意，怀疑从事不法活动。经过一段时间的调查之后了解到：就是几个学者在周末小聚，结伴驾车旅游，并无任何不妥之处。在王颖的帮助之下，使馆留学生管理组的顾虑减轻了，不必担心远在加拿大东部的学者情况。大使馆同志希望王颖能再留在加拿大一些时间，协助大使馆照顾新到的留学生安定工作。但此时，王颖一口谢绝，一心求

_____

① 03—MQDLWY09—708.0006，王颖在纪念国际"三八"劳动妇女节75周年表彰大会上的发言。存于南京大学档案馆。

学的王颖在求学结束之后，决心回国，用自己的所学为国家的科技事业添砖加瓦。

时任中国驻加拿大大使王栋对王颖在加拿大期间为开展留学生工作付出的努力给予了高度肯定，评价王颖是一个一心学习、全心报国的人。

第七章
贡献与收获

促进国际友好交流

1982 年王颖学成回国后，继续在南京大学任教，担任了海洋地貌与沉积研究室主任，并积极促进国际友好交流，她热心组织聘请著名的专家来华进行 3—4 周的短期讲学，介绍地球与海洋科学进展或专家近年的研究成果。为了使讲课真正收效，王颖亲自担任翻译，尽可能忠实地译出原意并向听者加以说明。1982—1985 年间，王颖共接待了美国、英国、加拿大、荷兰等国短期讲学教授或代表团共 10 批 66 人，口译讲座 60 次。当时，有个 26 人的美国代表团来华讲学，团内人员专业涉及到海洋学各方面，由于国内尚缺乏对这些专业的了解，所以由王颖亲自带队并任翻译。从北京到南京再到杭州，多场讲演累得王颖嗓音嘶哑、咽喉肿痛，但她一边打针一边坚持工作，使这次海洋科学交流获得圆满成功。同时，王颖多次受邀前往国外作学术交流，为日后与加拿大、英国、美国等国的海洋科学研究合作奠定基础。

境外学术交流

回国后的王颖不像在加拿大那样能全身心地投入研究，个人研究只能被迫让步于紧张的工作，她的工作重心放在了国际科学合作研究。1984 年，王颖以研究室的名义与英、美、加拿大三国相关研究组建立海洋地质学合作协议关系，打通了与海洋科学先进单位的科学合作渠道，为把南京大学海洋地貌与沉积研究室办成国际性的教学科研与海洋开发实体创造了较好的基础。

英国之行

1985 年 9 月 12 日到 12 月 12 日，王颖应英国皇家学会与英国文化协会的邀请，到英国作了为期三个月的学术交流与合作，该次交流由英国文化协会给予资助。值得一提的是，此次前往英国，是王颖所在的研究室与英国威尔士的斯旺西大学（Swansea University）海洋系展开三年协作的第一年，具有重要的意义。

在英国三个月的时间内，王颖完成了下列工作：（1）整理分析有关中国海岸的文献资料，完成了两篇英文文章，第一篇是"沙丘海岸的建造：极地气候影响下的海陆交互作用效应"，第二篇是"中英淤泥质海岸比较研究"。同时，完成三篇英文文摘：构造活跃的热带海岛沉积特征、洋浦湾沉积动力特征及潮流汉道动力过程，并分寄有关会议。（2）继续从事中国河流对大陆架的供给作用研究。其中对 1984 年文稿 "Sediment Supply by China's Major Rivers to Continental Shelf" 进行了三次校改修订，送交出版社；对黄河、苏北潮滩与陆架，长江、长江口及东海陆架砂样进行表面结构分析。（3）进行了 5 次学术讲演，均取得师生的好评。其次，协助 M.B.Collins（柯林斯博士）为"大陆架研究"杂志部审定有关中国海的文章，从海洋动力地貌与沉积方面协助指导其博士研究生撰写论文；参加 BBC 英文部邀请拍摄 "Follow me to Science"（跟我学–科技英语）[①]，即反

---

① 1988 年由中央电视台社会教育部、英国广播公司英语教学部联合推出的英文学习视听教材。

映中英海洋合作研究工作共计十九分钟的影片，费时 3 日。与斯旺西大学校部、历史、地理及海洋研究所等单位的教授们交谈合作，分别与英国皇家学会及文化协会进行座谈、介绍南京大学情况与合作概况等。1984 年，"国际大陆架沉积作用学术会议"在英国伦敦举行，王颖在会上作了报告"中国主要河流对大陆架沉积作用"，后文章被接收在 1986 年的 "Journal of The Geological Society" 国际科学杂志上出版，论文题目是 "Sediment Supply to the Continental Shelf by the Major Rivers of China"。关于英文论文的撰写与修改，王颖回忆道：

> "在英国出版书不容易，文章用句一定要严格的英文。我在国外发表的英文文章，均是我写出文稿后，再经过一位英语系统国家的教授（Gustavs Vilks 或 Terry Healy）给我 polish 英文文句。在加拿大发表的文章多是 David Piper 修改，他是英国人，是剑桥大学博士学位获得者，地质学与英语均佳。但是，他改得对的，我用，改得文意不对的我再改过来，这是我们合作发表文章的过程。"[1]

总之，王颖此次访问，执行了中英合作研究，为之后中英更深层次的交流奠定了基础。

美国之行

1985 年 10 月 19 日到 26 日间，王颖应美国伍兹候尔海洋研究所 John D.Milliman 博士[2] 的邀请赴该所海岸中心交流讲学，来往美英间旅费由对方支付，居住在 David Aubrey[3] 博士家中。在美期间，王颖的主要工作为讲学、野外调查、海岸研究合作交流计划安排等。王颖在美国访问的具体

---

[1] 王颖访谈，2018 年 1 月 3 日，南京。资料存于采集工程数据库。

[2] John D.Milliman 教授是国际著名的海洋地质学家，长期任 "Deep Sea Research" 杂志的主编。他原在美国 Woods Hole 海洋研究所从事研究工作，现为美国弗吉尼亚海洋研究所教授，从事海洋科研和教学工作。

[3] 以下正文中统称为 Aubrey，档案引用内容除外。

情况，主要有以下几个方面①：

1. 王颖在研究所期间共讲学三次。两次为研究所人员，出席约 20 名。演讲题目是"中国主要河流对大陆架的泥沙供应作用"和"沙丘海岸的形成与极地海陆交互作用之影响"。每次著名的海洋地质学家 Dr.K.O.Emery 均出席，从讨论的热烈看，听众对报告内容是感兴趣的。第三次讲演是给 Woods Hole 海洋研究所的大学暑期班 30 名大学生所作的"中国的海岸特点"，师生的反映热烈。

2. 对美国东部的 Cap Cod 海岸进行路线调查。该区主要为冰水沉积组成的沙质海岸，因冰后期海平面上升，目前遭受强烈的海蚀后退。Aubrey 博士从事该冲刷岸段疗养地的咨询服务，在工程上采用补沙以人造海滩来解决此冲蚀后退问题。

3. 指导 Aubrey 的两个研究生进行选题，讲授该课题当前研究趋势。因为与我联系的英、美两单位人员是从海洋动力研究泥沙运动，其数理概念强，但地质基础差，而我从地质、地貌、沉积与动力结合，在广泛的海洋基础给以现场教学，互相补充，故 Woods Hole 与 Swansea 皆邀请我与之合作培养博士生。

4. 美国海洋大气局（NOAA）外海与海岸管理的处长长途电话到 Woods Hole 研究所，与我及 Aubrey 交谈，希望于 1987 年能去海南岛南大的研究基地——三亚港开展现场学术讨论与讲学，内容是"海岸带开发与管理问题"，美方自付经费。由 NOAA，Woods Hole 与南大合作，在一个尚未发展的海岸进行先期规划研究，会有助于该岸段的管理开发，我原则上同意。并拟于回国后向学校、系任美锷教授（海岸开发与管理学会主席）以及海南岛自治州政府及三亚港协商讨论定之。

5.David Aubrey 博士拟于 1986 年 1 月携眷访问海南岛，经商议后同意他访问交流，并写信给南大外办，办理有关邀请事宜。该项交流在 1984 年 10 月 David Aubrey 博士首次访华时向校外办负责同志提出

---

① MQ421.005，SG-001-004 1986.02.12 王颖访问英国、美国、加拿大的汇报，存于南京大学档案馆。

的，当时是原则上表示欢迎。该项商议后，他又进行了申请访华的手续，拟在三亚进行合作研究与指导其研究生现场学习，同时，联系争取 Arco 石油公司在中国的莺歌海气田的环境海洋地质工作项目。

通过交流，王颖与美国伍兹候尔海洋研究所建立了海洋合作研究关系，为嗣后的海洋科教工作合作建立了良好的开端。

加拿大之行

1985 年 10 月 26 日，王颖到达加拿大哈利法克斯市，并于 11 月 13 日离开加拿大重返英国继续合作。在加拿大的三周里，王颖行程满满，一方面忙于参加学术会议介绍中国研究成就，另一方面与贝德福德研究所同行重见叙旧，受到欢迎。当初在贝德福德认真工作的态度，学有所成却毅然返回祖国的格局，还有她爽朗的性格，为她赢得了友谊与尊重。

1985 年 11 月 6 日，王颖参加在贝德福德海洋研究所举办的第 14 届北极学术会议，专题是"北极海陆交互作用影响"。参加会议代表 200 名，主要来自美国、加拿大、中南美、英国、法国的欧洲国家代表，而王颖是来自中国乃至整个亚洲的唯一代表。200 名代表中有 110 位提出或联合提出报告，有 20 个展示项目，在会议第二天，王颖作了题名为"沙丘海岸的形成——在极地气候影响下的海陆交互作用效应"的学术报告，由王颖和朱大奎合作完成，报告内容是以中国滦河及北非的沙丘岸为例，说明是在冰后期新的寒冷期气候下，极地风暴强烈，风沙粗化量大，在平缓岸段形成的沙丘是海陆交互作用的例证。全会只有王颖一人汇报了温带与亚热带的沙丘海岸，举例论证了其是在极地气候影响下海陆交互作用的结果。其论证有据、叙述清晰地在 15 分钟内完成了演讲，颇为热烈的提问反映报告成功。王颖在贝德福德海洋研究所的同事们高兴地讲："她的报告是紧扣大会课题，清晰有力，十分成功。"D.E.Buckley 研究员含着泪讲："我高兴极了，为你感到骄傲。"会议主席 G.Vilks 博士也称赞道："你讲得如此清楚有力，可惜主持会议的人未事先介绍你是来自遥远中国的代表。"王颖出色地完成了任务，代表中国的科学工作者去国际会议上发言，展示出了中国的科学实力。甚至，王颖这次外出期间适逢胆囊炎发作，也没有阻止她参会报告。作为少数的女代表，王颖的表现也是毫不逊色的。

> "在参加会议中间，会前会后，不少人邀请我去其家晚餐，由于
> 时间紧人数多，未能一一赴宴。并且由于我患胆石症，几乎不能吃
> 肉、乳油、茶、酒之类，所以，也不能一一成行。大西洋地质中心的
> Kan Asprey 讲：'王颖回来了，B.I.O 发生了地震。'我为加人的热情
> 友谊而深受感动。对南京大学校教育委员会能支持我重访加拿大而衷
> 心感谢，使我能不断跟上科学前进步伐，并应用其环境与设备多做工
> 作。在贝德福德海洋研究所的十三天，我是坚持上下班争取多做电镜
> 分析工作，我的确非常愉快地又一次享用了加拿大的先进设备条件，
> 希望能经常有此机会不中断科学交往。"[①]

其次，这次加拿大之行是重返曾工作过三年的贝德福德海洋研究所，
朗豪尔斯特所长会见了王颖，让王颖签名留念，并接受了王颖从西安带来
的兵马俑仿件。朗豪尔斯特是著名海洋生物学家，对我国态度友好，曾两
次应邀访华，但均因临时公务处理而未能达成。他表示一定要在 1986 年
访华。此外，王颖还和老朋友一一叙旧。Piper 教授当时是大西洋地质中
心环境分部主任，同王颖约定于 1987 年后访华。研究所也十分清楚王颖
热爱工作，特为王颖安排了十天的时间使用扫描电镜，提供助手一名及无
偿地使用一次性成像的底片与复印片。因此，王颖去该所前后工作 13 天，
完成了 14 个样品的石英砂表面结构的分析工作与电镜照片拍摄，也与海
岸、沉积、动力等方面的科学家进一步交流。此外，王颖在这次访问期间
还和贝德福德建立了合作计划，为嗣后乃至现在的中加科学合作夯实了基
础。王颖在其工作汇报中写道：

> "重访加拿大时，与我国驻加大使馆一秘刘东生同志联系，请使
> 馆协助将我申请与大西洋地质中心合作研究'不同纬度海湾开发利

---

① MQ421.005，SG-001-004 1986.02.12 王颖访问英国、美国、加拿大的汇报，存于南京大
学档案馆。

用’的课题报告，由国家科委国际交流中心的代表团正式提交给加拿大国际发展中心（IDRC，International Developing Research Centre），并落实了加方 IDRC 代表与加科学家将于 1986 年 2 月中旬至 3 月初访问海南岛研究现场与南京大学后，中加双方制定出合作的详细计划，然后报请 IDRC 给予经费资助。IDRC 拟以 500 万加元援华，尚未付诸应用，加方对一个项目的支持最多约 20 万加元。加方访华将由 IDRC 项目合作处长 Dr.R.Vicencio 带队。”[①]

日本之行

1983 年 10 月，王颖参加我国山东海洋学院“东方红”科学考察船赴日本访问两周，继而进行东海调查。“东方红”调查船友好访日代表团成员以海洋学院为主体，由南京大学、天津大学、华中工学院、华东师大、同济大学、厦门大学、国家海洋局等 11 个单位的代表参加，共 115 人。其中船员 45 人，行政领导 13 人，教师与科技人员 57 人。代表团团长是山东海洋学院副院长侯连三[②]，副团长为教育部高教一司副司长王岳，及山东海洋学院教务处处长等。代表团下设：外事、科技、保卫、后勤四个组。考察工作按学科分为：海洋工程、水文、气象、地质、生物、水产、化学、录像、领导管理与船员等十个组。王颖作为南京大学代表参加了访问团，担任地质考察组副组长并分配在科技组工作。

“东方红”科学考察船于 10 月 5 日出发，11 月 4 日返回青岛，足足历经一月。其中，在日本共 15 天，访问了 5 个城市（东京、横滨、清水、鹿儿岛、长崎）所在的 18 个单位，结交了日本海洋水产学界的科学家，进行了学术讨论，参观并交换了资料，日方的接待是隆重、热烈和友好的。通过访问，中日双方建立了友好联系，希望进一步加强学术交流与合作。

正所谓，科学无国界，国与国之间的科学交流有利于国际科学研究的

① MQ421.005，SG-001-004 1986.02.12 王颖访问英国、美国、加拿大的汇报，存于南京大学档案馆。

② 侯连三，1916 年出生，寿光市台头镇北洋头村人。1932 年 3 月加入中国共产党，1935 年任中共寿光六区区委委员。1959 年 9 月任山东海洋学院副院长、全国海洋湖沼学会理事长、山东水产学会理事长，同年任青岛市政协五届常委等职。1984 年 10 月离休。

相互促进与学习。通过这次日本之行，王颖认识了多位日本地学家，至今还保持着沟通与联系。日本学者治学严谨的科学态度、师生之间的礼仪举止等，亦让王颖记忆深刻。

　　东方红科学考察团，赴日本访问与进行东海调查。我随从东方红考察船出访，结识了一些日本大学的教授：东京大学的奈须纪幸教授，相交友好；日本大学科学与技术学院海洋建筑与工程教授Kenji Hotta，年青有为，诚恳热心地介绍他们从事的海港工程。初次交往，我送了他很多礼品，他送给了我一个小礼物，是一个大号指甲剪。没想到这个指甲剪质量极佳，我用了30年，至今仍很锋利，我才深刻体会到他的友情厚意：方便携带，质佳耐久，对从事野外工作之人非常实用。还有一位早坂参三教授，是早稻田大学毕业的地质学家，在鹿儿岛大学任教，我们交流海洋地质学研究内容，十分融洽，并开启以后的互访教研，日后他邀请南大同事调查了鹿儿岛活火山、富士山以及东京湾。与Kenji Hotta的合作组织"太平洋科学会议"（PACON）海洋学交流至今。我觉得日本科学家工作严谨、细致，师生之间彬彬有礼，城乡环境清洁，日本人也不太奢啬，而是用钱有度。相处感到日本应是个和平的民族，但是，出于其日本利益，的确对华侵略，侵占中国国土，掠夺资源，杀害无辜群众。出访日本，减少了仇日心理，认识到哪里都有好人与坏人之区别，历史教训铭记，人民交流、科学交流重要，可增进相互了解，消除敌视与误解，而促进世界和平。①

中外合作

　　王颖重视国际合作交流，与美国、英国、加拿大、澳大利亚等国的大

---

① 王颖访谈，2018年9月27日下午，南京。资料存于采集工程数据库。

学、研究所有过多项国际海洋科技合作。经过国外访学之旅，王颖进行了学术交流与合作研究，执行了中英合作研究，争取了中加合作资助，并拟定了今后的中美合作，为南京大学实验室开拓了生产科研与对外交流的项目，同时为培养人才赴国外深造方面取得稳定的经费渠道与接纳部门。其次，增进了中外友谊，促进了中外科学家之间的互相了解。更重要的是，通过短期交流，我国科学工作者不断了解国际科学水平，跟上或加快前进步伐。

前人栽树，后人乘凉。王颖通过个人努力和精湛的学识，敢为人先，为争取南京大学与国外大学的更多交流开辟了道路，中外良好关系的奠定也为我国科学事业的发展添砖加瓦。

中加合作

王颖和加拿大一直保持着良好关系。自 20 世纪 80 年代末开始，王颖与加拿大开展了三次国际合作。

1. 中加三次合作

1988 年，国家科委批准与加拿大合作的重点项目"海南岛港湾沉积作用与开发利用"，是中加合作的第一个项目。该项目由国家科委、加拿大国际发展研究中心支持，王颖作为第一负责人，负责建项、调查、研究、互相培训青年学者、成果与学术会议的研究。

> 1988 年，国家科委批准和加拿大合作开展"海南岛港湾沉积作用与开发利用"研究，以此为始，加拿大给予第一批 42 万美金，第二批是 54 万加币，在南京大学建立了"海岸与海岛开发"实验室系列，中、加海洋学家合作开展了海南岛的调研，完成了洋浦港的选建，完成了三亚港的扩建。[①]

该项目主要合作研究尚未发展的热带海域的海南岛。谈及为何选取海南岛作为中加合作共同开发的研究对象，王颖如此说道：

---

① 王颖访谈，2018 年 1 月 3 日，南京。资料存于采集工程数据库。

后来中加合作，要选一个地方，中国和加拿大合作共同开发。加拿大国际发展机构（IDRC，CIDA）先后两期支持南京大学海岸与海岛开发国家试点实验室 42 万美元和 54 万加币，合作研究尚未发展的热带海域的海南岛。两笔钱都很多！当年加币与人民币的比值是 1∶8，那可以说是国内很大的一个项目。何况加拿大援助的经费，不仅直接给我们拨款，组织研究人员到中国合作调查，而且提供了海洋调查的先进设备。所以我制定研究计划，结合"三亚港的扩建"任务，与新开展的"洋浦港深水航道稳定性的研究"，开展合作调查研究。加方很高兴，因为加拿大都是极地、亚极地，寒冷的气候，没有热带的海岛环境，没有珊瑚礁，没有看到过椰子树或芭蕉，所以他们感觉很新奇。而且，当年的海南岛仍很原始，没有现代的开发，所以他们也很高兴，在海南工作。①

　　该项目成果丰硕：通过加拿大国际发展研究中心无偿援助的 42 万美元，在南京大学组建海岸海洋勘测实验室，建立了 ^{210}Pb 放射同位素实验室，改建了沉积实验室；培训海洋环境调查技术人员；共同开展海南岛港湾沉积速率与深水港建设研究；完成为洋浦港选建 2 座 2 万吨级码头，三亚港扩建，海口新港与东水新港选建；在海南召开了首次国际学术会议，完成与出版了论文集。该项目经加拿大国际发展研究中心及国家教委组织中、美、加专家组成的鉴定会评定，认为"该研究居国际前沿水平，处于领先地位"。

　　1997—2002 年，加拿大国际发展机构（Canadian International Developing Agency，简称 CIDA）资助 115.5 万加元，支持南京大学与加拿大 University of Waterloo（滑铁卢大学）合作，并联合加拿大 University of Guelph（圭尔夫大学）和 Wilfrid Laurier University（劳里埃大学）共同进行了中加高等教育合作项目（CCHEP），即"中国海南省一体化海岸监测与管理的环境教育"，此为中加第二个合作项目。该项目的主要特点是研

---

　　① 王颖访谈，2018 年 9 月 28 日，南京。资料存于采集工程数据库。

究与教育相结合，通过百万资金资助进行国家试点实验室建设，同时也开展了海南岛资源环境研究及人才培养，为海南培养了 51 名"海岸与海岛资源环境科学与管理"人才，后成为当地的基层领导骨干（县、市长等），以及支持南大培养 5 名研究生及 19 人次青年教师赴加合作。

中加合作开展的第三个项目在 2002—2007 年，是通过加拿大国家发展机构资助 390 万加元，由加拿大滑铁卢大学与南京大学，联合大连理工大学及海南省国土资源环境厅完成"中国海岸社区的生态规划与环境管理项目"（Eco-planning of Environmental Management in Coastal Communities of China）。该项目主要内容为开展中国海岸环境生态研究，培养青年学者。

王颖在三项中加合作研究工作中均担任首席，负责组织与领导合作调研、教学、学术会议与成果总结与出版等系列工作。

2. 洋浦港与三亚湾

中加合作的主要工作是围绕王颖承担的海南岛洋浦港建港、三亚湾扩建等项目展开的。早在 1984—1986 年，王颖承担了"海南岛洋浦与三亚湾热带海岸地貌与深水港建设研究"，便与海南岛结下不解之缘。

洋浦港位于海南岛西北部儋县，由新英湾及洋浦湾组成，是海南岛亟待开发的天然优良港湾。洋浦港的建设计划始于 20 世纪 70 年代。1975 年，中共中央制定了《1976—1985 年发展国民经济十年规划纲要（草案）》，安排了"第五个五年发展"计划，国家在"五五"期间，将建万吨级码头的港口。自 1974 年始，交通部、广东省、海南行政区和许多科研单位，对拟建港口区域的水文、气象、地质、地貌等方面作了观测研究，取得许多宝贵资料。1983 年，党中央、国务院作出"加快海南的开发建设"之决定，洋浦港的选址规划再次列入日程。

1983 年 12 月，交通部水运规划设计院委托南京大学海洋地貌与沉积研究室，进行洋浦港选址动力地貌调查，具体要求：（1）洋浦港区域港口选址的海岸动力地貌补充性调查研究；（2）洋浦湾拦门沙浅滩的成因、泥沙来源、沉积速率及开挖航道的可行性研究。南京大学海洋地貌与沉积研究室按此要求，以王颖为课题主要负责人，于 1983 年 12 月 30 日至 1984 年 1 月 20 日进行了野外调查研究，工作内容是：洋浦湾和新英湾沿岸 1：

50000 海岸动力地貌调查与制图；深槽与拦门沙全潮水文测验断面两个（共四个测点）；底质取样断面 17 个，样品 150 个；钻孔岩芯样的沉积分析；^{14}C 年代测定样四个；$CaCO_3$ 含量测定三个以及海图对比，波浪、潮流输沙计算等。经过调查论证在洋浦建港的可能性，并提交了《海南岛洋浦港选址动力地貌调查研究报告》。

1984 年夏至 1985 年冬为洋浦港一期工程，交通部水运规划设计院、海南港务局再次委托南京大学作大面积海岸动力地貌调查，其主要任务是：洋浦港泥沙来源、数量、回淤条件及航道稳定性研究。为此，王颖、朱大奎等人两次赴现场做了 40 船次的全潮水文泥沙测验，大面积海岸地貌调查，采取表层及柱状钻孔样品 298 个，完成委托研究报告。[①]

基于上述工作，当加拿大提出合作后，王颖选定海南作为研究对象。1988 年中加正式开展海洋科技合作计划，以南京大学海岸与海岛研究室王颖与加拿大贝德福德海洋研究所 Charles T.Schafer 为首席科学家，主要成员包括了南京大学朱大奎、柯贤坤、潘少明、戴军、朱晓东、葛晨东、曹桂云、蒋松柳、许叶华，博士研究生邓伟栋、蔡明理、吴小根、杨宝国、张永战，贝德福德海洋研究所 John Smith、James Syvitski 研究员及 Katherine Ellis 等七位加拿大科学家。1988 年 10 月至 12 月，中加团队在海南工作期间，对洋浦港又做了海底地震剖面测量、柱状采样，海流及水温盐密等测验工作。

除了洋浦港，三亚湾也是中加合作的研究重点。1985 年，三亚港务局与南京大学再次合作，共同进行了"三亚自然条件港口资源与发展的研究"，完成"海南岛三亚湾——保平湾海岸环境与三亚港发展研究"。

1988 年南京大学与加拿大贝德福德海洋研究所合作开展"海南岛港湾沉积速率与深水港建设"专项研究，其中包括对三亚港海底断面测量、采样，海岸与珊瑚礁平台蚀、积变化对比及潮流通道现况研究等调研项目。项目结束，在海南召开海岸海岛的国际学术会议，有 11 个国家 88 位代表出席，该项目被 IDRC 评为 25 年来最佳的十个项目之一。

---

① 朱大奎，王颖：《工程海岸学》。北京：科学出版社，2014 年，第 231 页。

1991 年，海南港务局委托南京大学对三亚港在原有 5000 吨级码头基础上扩建万吨级码头、航道浚深至 9m 水深进行可行性勘测论证。1990 年以来，南京大学承担与完成了三亚港域及白排人工岛工程等多项工程的前期论证研究。1997—2002 年，南京大学与加拿大滑铁卢大学、圭尔夫大学、劳里埃大学合作，以王颖与 Geoffrey Wall[①]（杰弗里·沃尔）教授为首席科学家进行"海南岛海岸环境监测、管理与培训"的研究工作，获加拿大国家发展机构 115.5 万加元的大额科学教育经费资助，其间亦做了三亚地区有关工作。[②]

2002—2007 年，南京大学与滑铁卢大学再次科学合作，王颖教授与杰弗里·沃尔教授为首席的第二次 CIDA 项目"中国海岸生态"，亦涉及三亚港工作。CIDA 项目提供经费，为南京大学及海南省科技人员赴加拿大滑铁卢等大学培训访问学者与留学生超过 100 人次。

中美合作

1985 年 12 月 27 日到 1986 年 1 月 21 日，美国伍兹候尔海洋研究所海岸研究中心副研究员奥布瑞博士（David Aubrey），再次访问了海洋地貌与沉积研究室在海南岛的研究工作基地三亚湾。随同奥布瑞来访的有其研究生韦吉瑞亚·弗瑞（Vigiria Fry），奥布瑞的妻子和子女三人。南京大学地理学系副教授朱大奎全程陪同，王颖于 1985 年 12 月 31 日赴海南岛会同朱大奎与奥布瑞等人，共同进行了合作研究。

该次中美合作包括三项内容：

（1）合作研讨三亚港的扩建项目，阐明三亚湾海岸现状与发育演变趋势，商定美方研究生 Vigiria Fry 在三亚湾的研究课题及 David 博士与王颖教授共同指导方案。

（2）商定下一步合作计划：争取 Arco China 石油公司在莺歌海天

---

① 杰弗里·沃尔（Geoffrey Wall），曾任国际旅游研究协会会长，现为加拿大滑铁卢大学地理系教授，长期从事地理教学和研究。目前在亚洲发展银行、加拿大国际发展局、加拿大环境部、加拿大遗产部等诸多机构担任顾问咨询工作，是"环保管理""旅游学刊""旅游人类学"等专业学术刊物的编委。

② 朱大奎，王颖：《工程海岸学》。北京：科学出版社，2014 年，第 291 页。

然气的研究项目，以及海军环境地质研究任务。莺歌海气田在三亚以南 90 里处，该项工作可与我们在三亚湾沿岸的研究工作结合起来。

（3）商定由中国与美国有关学术业务单位共同召开三亚港地区海岸开发与管理问题研讨会。[①]

这项工作的开展得到了南京大学与有关单位的大力支持。南京大学外办对 Aubrey 再次访华的申请，及时办发邀请信、签证与日程安排；地理系领导与海洋地貌与沉积研究室同志及时"排难"支持，使合作工作顺利进行；海南区人民政府、海南黎族苗族自治州政府、交通部海南岛港务管理局以及所属三亚港务局领导，先后多次会见了中美专家一行，介绍了海岸开发情况，提出了希望与要求，并且给予一定的工作支持。由于地方政府与港务局部门的关怀领导与帮助，该次中美合作工作圆满地完成任务。

中英合作

1985 年访英，王颖与英方进一步商讨制定了初步的三年合作计划，该项任务在出访前尚不明确。后从与柯林斯信件中交谈时才知：英国文化协会希望通过王颖教授的这次访问能建立一个三年合作项目，每年资助 3000 镑。王颖有些犹豫，但英方要求迫切。王颖认为：

> "外出前，校系已与加拿大学者商谈合作。但这次英方主动提出合作，如果尽可能提出对我方有利的安排，并且在技术上避免被动，那么，应该是可以与英方进行合作研讨的。同时，作为南大海洋地貌与沉积研究室主任，我可以在我所负责的领域作适当安排。"[②]

因此，王颖同意就合作问题进行讨论，并拟定出该校海洋系与南京大学海洋地貌与沉积研究室进行下列合作项目，如合作开展比较研究、共同撰写"中国海岸"一书、两校互派留学生交流学习。下文为王颖附给英国

---

① MQDLWY 421-004，1986.03.20 关于接待 David Aubrey 博士访华工作汇报，存于南京大学档案馆。

② MQ 421.002，王颖访英汇报的手稿，存地同①。

文化协会的协议草案原文：

（1）合作开展比较研究。题目为："中英泥滩海岸潮间带沉积特征与沉积过程；塞汶河、杭州湾怒潮过程与河口特征"。主要根据卫星照片（由英方提供）与已有研究成果分析，以及补充性的现场勘查（英方提供仪器）进行对比研究，然后共同写出成果总结。该项目拟从 1985 年自英国现场调查开始，次年赴杭州湾调查，至 1987 年结束。

（2）合作撰写英文版"中国海岸"一书。以南京大学等人为主，英方 1 人参加提供历史时期海岸、卫星照片与英文修改等方面工作所需。此项工作，中英有关方面均重视，中国科学出版社拟在短期内出版英文版地理刊物以满足对外开放及国内外读者的需要，英国皇家学会原文提供王颖半年研究经费所需（是皇家学会与柯林斯交流的）。王颖希望改为两期，每期三个月，以便她可兼顾国内外工作。访英研究可放入暑期进行。

（3）南大派出三名研究生于 Swansea 大学学院学习提高，英方可能派出少数学生（1 或 2 名）来华实习。[1]

1985—1988 年，王颖承担的"潮滩及河口湾沉积比较研究"项目就是中英合作中的代表项目。该项目由国家教委批准、英国文化协会支持，王颖为主要负责人，与英国斯旺西大学学院海洋系合作进行中英淤泥海岸对比研究。

国际会议

多年来，王颖的国际学术交流与合作相当广泛，不仅与加拿大、英国、美国、澳大利亚有 8 项海岸海洋合作研究项目，还积极参与学术会议，由她负责组织与主持的海岸海洋国际学术会议共有 7 次，积极将我国的海

---

① MQ 421.002，王颖访英汇报的手稿，存于南京大学档案馆。

岸海洋科学推向国际学术领域。

1986 年 8 月，王颖赴澳大利亚参加第十二届沉积学大会（12ᵗʰ International Sedimentological Congress），并作了报告。澳大利亚地处南半球，在地学研究上具有重要意义，国际沉积学会 ① 的国际影响力极大，每四年开展一次沉积学大会。王颖在 1982 年曾报名并被接受在加举行的第十一届大会时作报告，但遗憾由于提早返国，报告由其他人代作。因此王颖提前一年于 1985 年报名提交了第十二届大会的论文摘要，以申请能够在会上进行报告。最终王颖成功入选并在会上作了报告："海南岛沉积特征：热带气候下的构造活动海岛的作用效应"。

1994—1999 年，王颖担任国际海洋研究委员会（Scientific Committee on Ocean Research，简称 SCOR）"相对海平面与世界淤泥质海岸"工作组（SCOR WG 106）主席。国际海洋研究委员会是海洋学界最高学术组织，王颖所组建的 SCOR 第 106 个工作组是由世界上 10 个主要的淤泥质海岸国家的著名科学家组成的研究组，其成员包括前任 SCOR 主席、英国剑桥大学（University of Cambridge）地球科学系系主任 I.N.McCave 教授，SCOR 前副主席、新西兰怀卡托大学（The University of Waikato）地球科学系 T. Healy 教授等。王颖是当时为止 SCOR 所有的工作组中唯一的一位来自中国的主席。在担任主席期间，王颖组织、主持召开了 2 次中小型国际学术会议，相关研究成果均已成文发表，并出版专著。

1994 年，联合国教科文组织在比利时列日大学召开的海岸海洋工作会议上，明确海岸海洋的范围包括海岸带、大陆架、大陆坡与大陆隆，即整个海陆过渡带。王颖应邀在会上作"陆源通量与海洋沉积"的报告，受到与会学者的高度评价，后被哈佛大学收入当代海洋的权威著作 *The Sea* 第

---

① 国际沉积学会（International Association Sedimentologists，IAS）是一个国际性沉积学专业学术组织，于 1952 年在阿尔及尔正式成立。该学会以开展学术交流、通过国际合作促进沉积学的发展为宗旨，编辑出版沉积学领域最新研究成果，推进国际合作交流，倡导多学科交叉融合，为促进全球沉积学研究和交流服务。该学会每四年召开一次国际沉积学大会（规模从数百人至千人不等）和定期的专题性和地区性的沉积学学术会议。其会员主要来自全球 100 个国家，拥有约 2000 名成员。由著名的 Blackwell Science Ltd 出版发行的双月刊 Sedimentology 是沉积学研究领域最具影响力的期刊之一。

图 7-1　2000 年 8 月，国际地貌学家联合会 IAG 在南京召开会议，王颖担任主持人

10 卷 *Global Costal Ocean* 海洋专集，成为具有国际影响的科技文献。

学 术 引 路

特批教授

1984 年 8 月 27 日，王颖被教育部特批为教授，研究方向为海岸动力地貌与海洋沉积。王颖在国外的研究成果颇丰，于 1982 年回国后短期内发表了多篇 SCI 级论文。南京大学根据王颖所发表的论文与成果水平，将评定王颖为教授的事情上报教育部。1984 年 7 月，南京大学地理学系将王颖三篇论文作为评定教授的材料提交给教育部，分别是：*The Coast of China*（1980，刊于 *Geoscience Canada*）；*Surface Textures of Turbidite Sand Grains, Laurentian Fan and Sohm Abyssal Plain*（1982，刊于 *Sedimentology*），*Dynamic*

Geomorphology of the Drumlin Coast of Southeast Cape Breton Island（1982，刊于 *Maritime Sediments and Atlantic Geology*）。教育部接收到材料后，立即给予了回复：

> 1984.7.26 来函收到，附寄的王颖同志的三篇论文都已仔细读过，这三项研究工作涉及了海岸带的两种基本类型——淤泥质海岸与砂砾质海岸——与陆架、陆地和深海的沉积特征及其形成的动态过程。就前两项研究而言，作者都详尽地考察了海岸带各个部位的沉积特征及其构成的地貌，作者在揭秘这两方面海岸带的客观事实与应用的野外与室内研究方法很全面、细致、先进。有了有关客观事实的详尽、准确资料，作者并没有停止在这一步上，而是又深入到对这两个海岸带的宏观自然背景、地质发展历史、沉积物来源以及现代海岸动力过程的分析中去，然后又回过头来解释了海岸带沉积与地貌特征的"所以然"。这样就使得所揭秘的海岸带的基本现象更活生生地涌现在读者面前。这两篇著作无论在理论和方法上都是好的榜样。第三项研究也使用了对那种地区来说最先进的研究方法。作者使用了石英砂颗粒表面特征电子显微镜观察方法确定了该陆架、陆地与深底沉积的成因，认为是由大陆冰川沉积经浊流再搬运堆积而成，这是令人信服的。从上述三项研究成果看，王颖同志在海岸带、陆架、陆地与深海底沉积与地貌研究方面都掌握了较先进的理论和方法，观察是敏锐的，治学态度是严谨的，成果的表现也是好的。[①]

对于王颖特批为教授一事，中科院曲钦岳院士、任美锷院士及地理系许廷官主任，皆为公而主动推选。最终，教育部欣然同意，并鼓励王颖继续潜心科研，为我国海岸动力地貌与海洋沉积研究拓宽深度和广度。以下为教育部对王颖升任教授一事所作评价的部分原文：

---

① MQDLWY 371.0005，王乃樑对王颖的评价，存于南京大学档案馆。

　　王颖同志一向勤奋好学、孜孜不倦并且在工作中有一股拼搏的精神，这是对创业最可贵的。欣闻贵系有意提升她为教授，我完全赞同。她在出国进修前已有很丰富、很成熟的教学与科研经验。这次赴加拿大进修更接触到许多先进理论和方法，完全有条件率领一批队伍向我国海岸与海底地貌与地质研究的深度和广度进军，殷切地希望她提升教授尽快成为事实。①

　　正所谓好事成双，升任教授的王颖再度获得了一个荣誉。1984 年，中华人民共和国人事部授予王颖"中青年有突出贡献专家"，当时王颖 49 岁。

挂帅院长

　　1987 年，王颖担任了南京大学地理学系主任，并任职八年之久。一上任，她便将"地理系"易名为"大地海洋科学系"，在系名上首次结合了地理与海洋。当时的大地海洋科学系下设有经济地理与城乡区域规划（城市规划）、地图学（地理信息系统）、自然资源（陆地水文）、地貌与第四纪地质学专业，所设学科涵括地质、地理、气象、环境等，学科之间互相交叉融合。1995 年，大地海洋科学系易名为城市与资源学系。2006 年，城市与资源学系撤系建院，更名为地理与海洋科学学院，下设国土资源与旅游学系、城市与区域规划系、地理信息科学系、海岸海洋科学系。

　　1995—2006 年，王颖担任南京大学地学院院长。地学院包括地球科学系、大地海洋科学系、大气科学系、环境科学与工程系。当时的地学院相当于一个虚体的学院制，有利于促进学科交叉渗透，王颖一直积极地推进学科的融合建设。经过多年发展及调整，原地学院目前分为如下院系：地球科学系、水科学系和地质工程与信息技术系。

　　在南京大学地理学系的教学改革中，王颖不仅是站在一线教师的立场上，更是以一名领导者的前瞻目光去看待地理学科的建设与发展。

---

① MQDLWY 371.0005，王乃樑对王颖的评价，存于南京大学档案馆。

1990 年起，王颖担任教育部（国家教育委员会）高等学校地理学教学指导委员会主任并连任两届。在任十年间，王颖积极参与、指导地理学高等教育教学改革，主持多种地理学教材的编审和审稿工作，推动地理学教学改革等。

1994 年 11 月 8 日，国家教委在南京大学召开了由国内著名大学等 21 个单位参加的"面向 21 世纪地学人才培养研讨会"，主要就地球学科面临的任务与发展趋势、怎样培养跨世纪地学人才等问题展开研讨。

之后，在教育部、高等教育研究中心的支持下，南京大学的地学教育开始了长达数十年的改革。其主要举措有：

一方面，以地学院为依托，学科交叉发展。首先，南京大学教务处在地学院教学中实施了三门公共基础课作为必修课：①地球科学概论（地科系开设）；②环境科学概论（环科系开设）；③地理信息系统概论（城资系开设）。同时，开设了一批适应当前社会发展需要的选修课，如可持续发展概论，环境地质学等。出版了教材如：地球科学（多媒体光盘，1999 年，高教出版社），地球科学现代测试技术（1999 年，南京大学出版社），地下水动力学（1997 年，地质出版社），天气学（1999 年，高教出版社），地球物理流体力学（1996 年，气象出版社），环境科学原理（1998 年，南京大学出版社），地理信息科学导论（1999 年，中国科学技术出版社）及 21 世纪教程教材：区域分析与规划（1999 年），环境地质学（2000 年，高等教育出版社）等 31 本，反映了当时地学新进展。这些措施推动了地学教育进步。其次，南京大学研究生院支持在地学院成立"水资源与水循环研究中心"，促进学科交叉渗透。①

另一方面，对地学人才培养方式的探讨。2000 年，南京大学教务处联合地学院三系，共同申请了 21 世纪初高等教育教学改革项目"地学类创新人才的培养方式与实践"，实际上是探索地球系统科学（大地学）人才培养途径与办法，并获得了教育部的批准和经费资助。2001 年 7 月，南京大学按地球系统科学招收本科生试点班（20—30 名），打破原系科界限，对

---

① 王颖：对大学地球科学教育的几点思索.《中国地质教育》，2001 年第 2 期，第 12-15 页。

现行课程进行改革和重组，建立三层次教学模式。第一层次：扎实的数、理、化、生、外语、计算机基础，由南京大学基础学科教育学院实施；第二层次：大地学学科群专业基础课和专业选修课，建成地质、地理、气象三个体系，学生可交叉选课，拓宽口径，加强大地学基础；第三层次：专业课，与研究生教育相衔接。这种模式打破学科界限，强化基础，注重实践，鼓励创新。

此外，王颖也多次撰写相关论文。自 1995 年起，王颖发表了数篇关于地学教育的文章：1995 年，王颖发表了《对大学本科地球科学教育的几点思索》；2000 年，王颖在纪念中国地理学会成立九十周年学术会议上作报告，报告题名为《试论大学本科地球学科教育》，后在《地理学的理论与实践——纪念中国地理学会成立九十周年学术会议文集》出版发表。在论文中，王颖认为，从全球与国家的宏观需求着眼，地学教育任务应当包括：增强人类依存地球的意识，培养促进人与自然环境和谐发展，有效地利用自然资源，使人类生存环境持续发展的科学技术和管理人才。王颖提出，当代地学科学人才不一定或不宜于长期地"成批"生产，地学人才培养宜遵循以下原则：基础教育（包括基础知识、基本理论与基本技能）以大气、水、土的支柱体系为纲，作为主体课程；而选修大量的临界课程或原有的基础课程，使得大多数学生在大学阶段即形成一些区别，以适应不同部门的需求；少部分人可进入研究院深造，在导师特长的基础上，结合不同的相邻学科形成新的结合点专长。

2001 年，王颖在《中国地质教育》第二期发表了《对大学地球科学教育的几点思索》一文，提到了南京大学地学教育的进步之处，并进一步提出招收本科生试点班，建立三层次教学模式。这集中体现了王颖的教育思想，鼓励因材施教和个性化发展。

2004 年，王颖、赵连泽、吴小根、蒋全荣、邵进、陈云棠等人出席了首届大学地球科学课程报告论坛，论文《地球系统科学创新人才培养模式探索与实践》收录在大会论文集中，并于 2007 年出版发表。

2009 年，王颖、鹿化煜、胡文瑄、王元、邵进、王腊春等人的论文《加强地球系统科学教育，培养一流地学人才》在《大学地球科学课程报告论坛论文集（2009）》公开发表。该文集中介绍了南京大学地学教学改革实践所取得的成果：南京大学从 20 世纪 90 年代末开始了地学教学改革实践，于 2001 年建立地球系统科学基地班，打破学科界限，通过 9 年的教学实践，构建了"三位一体"地学实践教学体系，这也是南京大学地学教学改革实践的核心内容。

所谓"三位"，包含两层内涵，一是地质、地理和大气科学三个学科相互贯通，二是课堂实验教学、野外实践教学和科研能力训练三者并重，层层递进。所谓"一体"，就是三学科融于地球系统科学一体之中，实验、野外实践和科研训练融于创新能力培养之中。具体目标是创建三层次课程体系：建设成多学科、多类型、多层次野外实践教学基地；建设成注重基础和学科前沿全方位开放的地球系统科学教学实验中心；构建高水平、多层次、多方向大学生科研训练平台。三层次课程体系包括：第一层次的数、理、化、生、外语、计算机基础（由南大基础教育学院负责，1.5—2年）；第二层次的地球系统科学学科群基础课（由地学院负责）"地球科学概论""大气科学概论""环境科学导论"和"遥感与地理信息系统"；第三层次的专业主干课和专业选修课（由三院系分别负责），由三个学科推荐并选出 10 门课程作为交叉互选课程，包括"现代气候学原理""大气探测基础""天气学""天气学实验""海洋科学导论""自然地理学""人文地理学""第四纪地质学""普通地质学""现代测试技术与应用"。在教学理念上，坚持自然科学、人文科学和现代技术教育并行，重视地学学科交叉，注重地球圈层相互作用过程。在教学方法上，坚持把理论教学、认知实习和创新实践结合，多方位提高大学生的地学知识和科研素养。在课程设置上，打通地理、地质、海洋和大气科学的界限，开设互通式的基础课程。通过这些地学教学改革实践，使得大学地学教育突出了学科交叉、理论与实践并重的优势，提高了大学生实践创新能力。①

2010 年，王颖在《中国大学教学》第十二期发表了《关于地球科学教育发展的建议》。王颖认为，地球科学教育要适应科学进步与建立和谐社

---

① 王颖，鹿化煜，胡文瑄，王元，邵进，王腊春：加强地球系统科学教育，培养一流地学人才．《中国大学教学》，2009 年第 8 期，第 11-12+85 页。

会之需求，一是应将大气、海洋、地质、地理与生物相关的基础理论开设为必修课，继承、认知与拓宽思路，既使学生了解地球发展史，更要重视地球现代过程的研究与教学，探索未来变化趋势，重视实践教学，建立教学实习与研究基地；二是要讲授海陆过渡带——海岸海洋科学课程系列，填补陆地与海洋科学之间的断缺；三是要组织优秀地学教师轮换、巡回讲学，共享高水平教学成果。

王颖在学科建设过程中，积极推进学科的融合建设，反对将学科单一化。在她看来，学科之间要相互交叉融合。她积极推动本科生的人才培养模式，并组织本科生参与国际化科学考察，曾前往贝加尔湖、澳大利亚与新西兰，南大洋岸、阿尔卑斯山地以及我国台湾濒临的太平洋海岸等地进行考察，在当时的大学教育中，是并不多见的。王颖重视教育，一方面关注学科的发展，另外一方面则是关注从本科阶段开始的教学人才的培养。

基于王颖丰富的教学经验和敏锐的学科嗅觉，其学科建设的探索取得了不错的成绩。1996 年，王颖所负责的"地学教育基础学科与教材体系研究"项目获国家教委高等教育"全国领先水平"；2004 年，"地球系统科学创新人才的培养方式与实践"获江苏省高等教育教学成果一等奖；2007年，"构建'三位一体'实践教学体系，培养创新型地学人才"项目获南京大学教学成果特等奖、江苏省教学成果二等奖。

教书育人

在几十年任教生涯中，王颖始终坚持寓科研成果于教学，一方面是她积极编写教材，为我国海岸海洋学科研究奠定基础，另一方面则是培养理论与实践结合的地学人才及外国学者。

教材编写

王颖在高等院校统编教材方面做了大量工作。1994 年，王颖、朱大奎所著《海岸地貌学》，由高等教育出版社正式出版。该书初稿完成于 1961年夏，定名为《海岸地貌学（讲义）》，是在学习苏联 B.Π. 曾柯维奇教授先进的海岸科学理论基础上，结合在中国海岸研究的实践总结写成。其特点在于，将海岸地貌的形成与发育归集于海岸动力与岩石圈相互作用的基础上，沉积层记录了海岸演变之过程，而当代人类活动更加以影响；后扩展为《海岸与海底地貌学（讲义）》；后来又不断充实国内研究成果和实例，并定名为《海岸动力地貌学》。前后应用于教学达 20 年。自 20 世纪 80 年代以来，王颖、朱大奎通过与英美海岸学家 C.A.M.King，D.Stoddart，M.Collins，K.O.Emery，G.Evans 等人的交流和研究，又增加了有关海平面变化、沙质海岸演变、珊瑚礁海岸发育及数学模拟等方面的理论知识和方法，遂成一本内容、体系、结构都比较完整的海岸地貌学教程。可以说，《海岸地貌学》的成书过程，反映了王颖、朱大奎通过教学工作、科学研究与生产实践不断提高海岸科学水平的过程。该书的内容包括海岸动力、海岸带的地质地貌基础、泥沙运动与海岸剖面、海岸地貌类型、海面变化与海岸升降、基岩港湾海岸、淤泥质平原海岸、河口与三角洲、珊瑚礁海岸、红树林海岸、海岸地貌的研究方法与理论问题等，共计十二章。该书于 1995 年获得了南京大学优秀教材一等奖，1995 年 12 月获得了国家教委第三届高等学校优秀教材奖一等奖（证书编号：951094），1997 年获得国家教委科技进步二等奖（证书号：97-213）。

2000 年，由朱大奎、王颖、陈方所著《环境地质学》一书，在高等教育出版社出版。该书为教育部"高等教育面向 21 世纪教学内容和课程体系改革计划"的研究成果，是面向 21 世纪课程教材和教育部理科地理学"九五"规划教材。与以往教材所不同的是，该书强调地质与自然环境的密切关系，重视结合中国的地质环境问题。该书应用地质学与地理学原理，从地质演变过程、合理利用地质资源、防治地质灾害、使人类有一适应的能持续发展的生存环境这一角度，阐述了环境地质学的基本知识、基本理论和基本技能。该书内容包括地壳的构成——矿物与岩石、板块构造、地震、火山、河流与洪水、海岸环境、块体运动、水环境与水资源、土壤资源、矿物资源、能源、大气污染、水污染、废物处理、土地利用、城市规划与环境地质等，共计 16 章节。该书作为高等学校地理、地质类专业的教科书，至今都具有很强的参考价值。

桃李天下

王颖在地理科学、海洋科学的教学方面做了大量工作，为祖国培养了一大批优秀人才。1956 年，王颖毕业于南京大学地理学系地貌学专业，而后进入北京大学地质地理系攻读海岸地貌与沉积学副博士研究生。1958 年王颖在北大期间曾指导本科学生在山西大同盆地实习，以及指导大三学生袁家义、任明达与徐海鹏从事山东半岛砂矿地质普查与海岸地貌实习，这是王颖指导学生教学与生产实习之始。1961 年起担任南京大学助教、讲师（1963 年）、副教授（1983 年）、教授（1984 年）、博士生导师（1991 年）。从教六十载，王颖先后讲授过"地貌学与第四纪地质学""海洋动力地貌学""海洋地质学""矿砂地质学""全球变化与海洋专题讲座""海岸海洋环境、资源与一体化管理""海岸海洋科学概论"等多门本科生和研究生课程，在教学与科研工作中成绩显著。1994 年，王颖获南京大学第四届研究生导师教书育人奖。

1995—2018 年，王颖培养的研究生，获博士学位 45 人，硕士 25 人；在读博士生 11 人，硕士生 2 人。中加合作海南研究生班 51 人，来自我国部队、政府机关、学校及生产部门的进修生约 50 位，海外研究生 4 名。其中不乏有一批领军人才活跃在科研、管理、建设和经济等单位，甚至有许多学生现在也走上了地理教学岗位，如在南京任教的张永战与徐军副教授，葛晨东与毛龙江教授等，均为教学骨干力量。王颖所带的硕士和博士生中，既包括国内优秀学子，也包括远渡重洋的海外学子，包括东德、丹麦、英国、巴布亚新几内亚等，其中个别海外学子回国

图 7-2　2010 年 9 月 10 日，王颖（第一排左 3）、朱大奎与学生合影

后担任要职，如：巴布亚新几内亚的 Thomas Neu 担任总理顾问。

为人师表，王颖教育学生十分用心。她用笔记本为每个学生都单独建立了一个"学术档案"，一人一档，每次与学生开展谈话，她都悉心记录。如今，这些笔记本堆满在她的办公室柜子里，而这满满当当、足足有好几摞的本子也成为了王颖教学生涯的一个见证。

王颖始终坚持在教育科研岗位上，为培养品学兼优的人才贡献力量。如

图 7-3　八十大寿礼物

今，学生们也不忘恩师教诲。在王颖八十大寿时，在宁的学生为他们的老师挑选了一个特殊礼物：一个绿色的孔雀石。绿色是王颖最喜欢的颜色，孔雀石的外形酷似累累硕果，也象征着王颖从教多年，桃李满天下。

谈到国内外的教育，王颖认为国内和国外地学教育方式有所不同，国外的基础课程仍具传统，而学生实践工作、独立性强，国内地学理论系统教育有减弱趋势，学生偏重信息化与建立模式。

我觉得最大的不同啊，我们国内现在上课的名称、课程内容任意性太大，这个课、那个课跟随老师的专长而不同。国外不行的，它必须按规定的系统讲授基础知识、基础理论、基本技术、变化发展过程与趋势，而不是讲演，不仅是专题讲座。比方我做一个系列讲演，叫它 lecture series，我可以讲不同的题目。在国外讲课的话，那就是必须从系统开始一直讲到底。我觉得国外它是有一定的科目，有一定的教学内容，那是规定得很清楚。另外还有一个不同，可以说，现在我们也有了，每周每个单位都可以举行小型科学报告会（Seminar），学术交流活动多。现在我们与国外很多学习活动的差别不是太大了，我们也常有小型报告会，从事学习心得交流。但是国外的课程它比较稳

定，具有传统性或继承发展的特点，它规定的基础课、规定的某个学科课程，不能任意变动，所以它出来的学生规格化很厉害。我不知道为什么我们没有严格的教科书，我们缺乏严格指导的一个标准的系统，这是一个不同。

还有一点，是国内外学生都注意教学和科研的实践。国内安排学生外出实践的机会比较多，但是国外讲学，必须系统认真地讲授，他在讲课内容里可以融入自己研究的新成果，但是课程体系必须清楚。

还有，国内培养研究生和国外培养研究生有什么不同？一般地说，国外的导师对研究生的指导比较严格，不仅是学习规定的基础课，而且必须大量地阅读参考书，对指定的参考书，每一个研究生必须要交出阅读的心得与体会，有哪些可应用的方面等，一定要有必读的参考书目，院系应备有一系列的参考书刊，研究生必须要交出阅读心得报告，也是写作锻炼。这方面我们没有，或者说还没有形成习惯。[①]

王颖曾说："人活着要有理想，为追求理想，还要有刻苦、实干与敢于面对挑战、不断追求的坚持精神。"她就是这样，以非常高标准地要求自己从事教书育人与科学研究工作，一步一步地前进，一层一层地攀登科学高峰，在教书育人中学习，在研究工作中学习，在生产实践中学习。

好 事 连 台

英国有句谚语："人生六十才开始。"爱尔兰作家萧伯纳说："六十岁才是真正的人生。"孔子说："六十耳顺，七十而从心所欲，不逾矩。"步入耳顺之年的王颖，好事一件接一件：被加拿大著名学府滑铁卢大学授予荣誉博士学位，当选为中国科学院地学部院士，实验室稳步发展，研究成果再

---

① 王颖访谈，2018年9月27日，南京。资料存于采集工程数据库。

创佳绩，深水港选建大获成功。

获封荣誉博士

由于王颖在海洋科学研究方面的突出贡献，2001 年 6 月 13 日，加拿大滑铁卢大学第 82 届毕业生学位授予典礼上，王颖获该校董事会全票通过授予环境科学荣誉博士学位。滑铁卢大学是加拿大最具有影响力的大学之一，这是该校首次将这一最高荣誉授予中国学者。

图 7-4　2001 年 6 月，王颖获加拿大滑铁卢大学环境科学荣誉博士学位与该校校长 David Johnston[①] 教授（左 2）、校董主席（右 1）及爱人朱大奎教授（左 1）合影

2001 年 6 月 13 日，加拿大著名高等学府滑铁卢大学授予王颖环境科学荣誉博士称号，并邀请她在该年度春季学位颁发大会上作即席演讲。滑铁卢大学环境学院院长还特意赠送一版 25 枚印有王颖在东黄海工

① David Johnston 后任加拿大第 28 任总督，任期为 2010 年 10 月 1 日至 2017 年 10 月 2 日。

图 7-5　印有王颖照片的加拿大邮票

作照的精致纪念邮票，并欣喜地告诉王颖："你可能是第一个获此荣誉的中国科学家！"王颖头像确实印在仍可实际使用的加拿大邮票上，王颖将它放镜框中留念。在授职仪式上，王颖以"我爱中国"结束她的演讲，使在场的华人与留学生倍感欢欣与自豪。

关于滑铁卢大学，王颖赞誉不断：

滑铁卢大学创办于 1957 年，是加拿大的一所新型大学，文、理、工、医多学科密切结合。既有传统的地理地质科学，又有水文气象学，新颖之处在把工业和环境科学和医学相结合。毕业生就业情况名列前位。加拿大地广人稀，民风淳朴，国情界于英美之间，既不像美国那么开放，也不像英国那么保守，社会稳定安全，适合女孩子留学，是可以去读书的地方，其中地学、计算机、化学都挺强。[①]

而对于荣誉博士这一称号，王颖可谓是怀着感激之情欣然接受了。由于王颖当年在北京大学攻读副博士研究生时，副博士研究生制度被迫中断，王颖最后只取得了研究生学历，未能获得副博士学位。因此，滑铁卢大学授予的荣誉博士称号，确实在一定程度上弥补了这一缺憾。

当选院士

2001 年 11 月，中国科学院公布了 2001 年新增院士名单。在新增的 56

[①]　唐碧阳：【地海风云录】王颖院士访谈录。南大地理人微信公众号，2015-05-26。

名院士名单中，地学部共 9 人入选，王颖的名字赫然在列。

王颖获院士荣誉是实至名归的，然而事物发展过程总是曲折的。1992年 4 月，第六次学部委员大会制定并通过《中国科学院学部委员章程（试行）》，经国务院同意后由中国科学院发布，明确学部委员和外籍学部委员的标准和选举程序，院士增选工作步入规范化轨道。院士增选工作每两年开展一次。王颖申请中科院院士与她被特批为教授绝然不同，历经六年，连续三次申请而未入选，其中第三次仅为一票之差。屡屡落选总有某些原因，王颖难免失意，曾想过"事不过三，既然选不上就不再申请了"。但是，有业治铮①、文圣常②、赵其国③三位院士推荐，海洋学与地质学院士鼓励，王颖再接再励，于 2001 年被选举通过、批准为中国科学院院士。

王颖的主要研究方向为海岸海洋地貌与沉积学，长期从事具有地域特点的淤泥潮滩海岸、鼓丘海岸以及河海体系与大陆架沉积等方面研究并作出贡献。总结潮滩动力环境的沉积与生态模式，分析中、新生代淤泥粉砂岩沉积环境；从中国主要河流对大陆架的沉积作用，深入到河海体系相互作用、沉积物搬运与陆源通量、黄海辐射沙脊群形成演变等研究，推动发展了具有学科交叉特点的海岸海洋科学；将海陆相互作用研究与全球变化相结合，并应用于海岸建设。

王颖当时被评为院士的成绩主要体现在三个科学贡献——海岸动力地貌、海洋沉积研究、应用研究。

1. 海岸动力地貌方面

中国淤泥海岸很长，是中国海岸的主要特点。王颖对中国淤泥质海岸

---

① 业治铮（1918-2003），江苏南京人，沉积学海洋地质学家。1941 年毕业于中央大学。1948 年获美国密苏里大学硕士学位。1980 年当选为中国科学院学部委员（院士）。中国古海洋学研究和理论沉积学的倡导者，海洋地质科学事业的奠基人，同时是中国地质学教育事业的开拓者。

② 文圣常（1921- ），出生于河南光山，物理海洋学家，中国海浪学科的开拓者。1956 年加入九三学社，1993 年当选为中国科学院院士。

③ 赵其国（1930- ），湖北武汉人，著名土壤学家，中科院院士，博士生导师。1953 年毕业于华中农学院农学系。1953-1963 年参加云南、贵州华南橡胶及热带作物宜林地考察队任队长，1964-1968 年在古巴科学院从事古巴土壤研究，驻古巴专家组组长，1973-1978 年任黑龙江荒地资源考察队队长，1983-1995 年任中科院南京土壤研究所所长。1986 年聘为博士生导师，1991 年选为中科院学部委员（院士）。

研究的贡献主要有：

系统阐明河流对淤泥海岸形成的作用及对大陆架沉积的影响。她在伦敦地质杂志上发表的"中国主要河流对大陆架沉积作用"一文，被第 12 届国际沉积学会主席、英国牛津大学（University of Oxford）地球科学系 Harold Reading 教授评为"河流对中国海岸线影响方面的最佳总结"，并被他主编的沉积学名著《沉积环境与沉积相》（*Sedimentary Environment & Facies*）一书修正第三版列为主要参考文献之一。

在国内最早（1963—1964 年）提出中国淤泥质潮滩（Tidal flat，中国地质学人称为潮坪）的分带性，并与英国 Wash 和加拿大芬地湾潮滩进行对比，深入阐明其形成机制及微地貌和沉积的异同，把潮滩研究提高到一个新的水平。

在国内最早（1964 年）阐明渤海湾西岸贝壳堤成因及其与黄河改道的关系，建立了贝壳堤——潮滩体系，系统阐明河流改道、泥沙供给与贝壳堤及淤泥海岸演变的关系，受到国际海岸学界的重视。

由于她在淤泥质海岸研究的领先地位，海洋学界最高学术组织——国际海洋研究委员会（SCOR）推选她为"相对海平面与世界淤泥质海岸"研究组（SCOR WG 106）主席。王颖也是当时 SCOR 所有的工作组中唯一的一位来自中国的主席。

王颖在淤泥质海岸的学术成就亦反映在《海洋》（*The Sea*）一书的撰稿中。该书是国际海洋学界反映当前进展、最具权威性的论著系统，其主编是国际著名海洋学家、哈佛大学 Allan R. Robison 教授。1994 年，他专门邀请王颖教授担任此书第 10 卷第 10 章 Sediment Transport & Terrigenous Fluxes（沉积物输送和陆源通量）的撰写工作，已于 John Wiley & Sons Inc. 出版。中国海洋学者进入此权威性论著，亦是很难得的。

2. 海洋沉积研究方面

在用电子显微镜研究石英砂表面结构方面，提出用组合标志来恢复沉积环境。石英砂的沉积环境标志，国内外学者已有许多人做过，但大部用单一标志。王颖在这方面的发展是提出用组合标志，如颗粒形态、磨圆度、特征标志、成岩标志等，代替过去的单一标志，获得七种沉积环境下石英砂的基本特征，并用各种标志的叠加顺序，分析石英砂的沉积过程及沉积历史。她应用此种方法建立了加拿大大西洋深海扇和深海平原浊流砂的沉积历史和搬运模式（Sedimentology，1982），受到加拿大 D.Piper 教授的赞许，认为她是当前研究石英砂表面结构的世界两大专家之一。她又应用此种方法对比研究中国东海大陆架与加拿大大陆架的沉积环境，取得显著成果。

3. 应用研究方面

王颖应用海岸动力地貌学原理为我国海港港址选择及解决港区航道泥沙回淤服务，对我国 20 多个重要海港的建设和扩建作出了重要贡献。例如，她早期对天津新港的回淤研究成果（认为泥沙来源于当地浅滩，而非直接来源于黄河口），为嗣后新港扩建提供了基本科学依据。秦皇岛油码头、煤码头（均为国家重点工程）的选址，建成 30 年以来，证明她的结论基本正确。其中秦皇岛煤码头工程获得国家级金奖，论证码头位置是王颖等的应用研究工作的实例。

王颖主要从事海南岛海港建设研究工作。在三亚、洋浦等重要海港的港址选择和扩建研究中，创造性地应用并发展了潮汐汊道理论。例如计算三亚潟湖水面可能围垦的最佳面积，计算预测洋浦港将来回淤数量及泥沙来源。Bruun 潮汐汊道理论强调潮流作用，王颖则将波浪作用、海岸环境及沿岸泥沙运动与潮流作用统一进行研究计算，故能得到比较精确的定量预测，成功地解决三亚、洋浦等海港建设问题，取得了很大的经济效益。洋浦是海南最大开发区，也是我国完全靠外国投资开发的最大开发区，开发区是主要依靠海港而发展起来的。按王颖等研究提出的方案，已建成 2 个 2 万吨泊位，成功开挖了通过拦门沙的深水航道，历经 3 年，无回淤，港口通畅，这对洋浦开发区的发展起了很大作用，有重大经济和社会效益。这些应用研究成果受到海南岛港务部门的很高评价。其中三亚港的工作成果被交通部定为"动力地貌与港口工作相结合的典范"。

王颖在 1993—1996 年主持了国家自然科学基金重点项目"黄海海底辐射沙洲形成演变研究"。辐射沙洲位于苏北海岸外，是全世界最特殊的海底沙脊群，在海岸科学和海洋地质学上均有重大科学意义。在实际应用上，通过大量海上工作，用充分的材料论证了辐射沙洲中主要潮流通道黄沙洋—烂沙洋是沿古长江河谷发育的、晚更新世以来位置基本未发生变化的深水道，巨大的纳潮量使之近百年来沉积速率小，适于建深水航道。基于该阶段性研究成果，此水道现被国家计委推荐为中、美合作燃气轮电厂的深水港址，即南通如东县的洋口港，一期投资 24 亿美元，在此水道建设 10 万吨级液化天然气深水航道，二期建成 20 万吨级。这是我国海港建设工作中的一个重大突破，对发展长江流域和江苏省经济均有巨大意义。在潮流通道建大港的关键是通道的稳定性，这是海洋地质学上一个理论性和应用性的重要新课题，过去未有人研究。王颖主持的此项研究用 GIS、RS、地震剖面探测、沉积、微体古生物等方面大量数据，全面论证潮流通道的稳定性，取得重要成果，在研究报告评审会（国内主要港工专家、江苏省交通部领导参加）上得到一致好评，被认为是一项"开拓性的研究成果"。

王颖是一位外向型的科学家，曾多次出国讲学，均获得好评。如 1989 年赴美国，在国际上著名的海洋研究所——斯克里普斯海洋研究所[①]（Scripps Institution of Oceanography，简称 SIO）短期讲学，讲学内容为中国海岸研究，十分成功，得到该所所长 Edward A. Friedman 教授的好评。

总之，王颖在海岸海洋动力地貌领域作出了系统的、创造性的成就，并且在应用海岸海洋动力地貌学理论于我国海港建设上有重大贡献，无愧于院士身份。

成 果 涌 现

当选中国科学院院士已经是我国科研工作者所能取得的最高荣誉了，不少科研工作者将其作为自己的职业追求。在获得这项最高荣誉之后，王

[①] 斯克里普斯海洋研究所（Scripps Institution of Oceanography，简称 SIO）是美国历史最悠久、规模最大的负责海洋和地球科学研究、公共服务的研究中心之一。

颖并没有停下自己的步伐，而是继续在科学的道路上攀登，她认为"荣誉只能代表对我过去所做工作的肯定，今后还有很多事要去做"[①]。她继续致力于推动南京大学海岸与海岛开发国家试点实验室的建设，以及开展多项深水港选建工作，进一步拓展了海岸海洋的研究深度与宽度。

实验室发展

南京大学海岸与海岛开发教育部重点实验室可追溯至国家计委、科委、教委于 1990 年批准成立的海岸与海岛开发国家试点实验室，2000 年被审批为教育部重点实验室。实验室以地球系统科学理论为指导，以海岸海洋（Coastal Ocean），即整个海陆过渡带—海岸带、大陆架、大陆坡及大陆隆为研究对象，立足陆海相互作用，研究自然过程和人类活动影响下海岸海洋的地貌与沉积过程，海岸、海岛与大陆架的资源环境效应与开发利用以及海疆权益维护，向陆沿大河盆地延伸，向海涉及深海效应。

1982 年王颖从加拿大学成回国继续任教，担任南京大学地理学系海洋地貌与沉积研究室主任，1990—2000 年，王颖担任海岸与海岛开发国家试点实验室主任，2000 年实验室由国家试点转为教育部重点实验室，2001—2009 年，王颖担任海岸与海岛开发教育部重点实验室学术委员会主任，2010 年至今，王颖在南京大学海岸与海岛开发教育部重点实验室担任荣誉主任。一直以来，王颖都在致力于推动实验室的发展，并在实验室建设初期积极牵头与国外开展合作，为实验室的发展打下了坚实的基础。

与国内其他国家实验室不同，该实验室的建设过程较为特别，是依托中外合作的基础上逐步建成的，其中尤其离不开王颖和加拿大的合作基础。由于王颖 1979—1982 年在加拿大进修研究时期，她在海洋地质学上取得的出色研究成果和工作能力获得加拿大科学界的赞许和信任，回国后，王颖和加拿大一直保持着友好的科学合作关系。如 1988—1992 年，由 IDRC 无偿援助 42 万美元，南京大学通过与加拿大贝德福德海洋研究

---

① 扬子晚报：南京添了三位新院士。搜狐新闻网站，2001-12-10。

所合作，建立了 ^{210}Pb 同位素实验室；购置了测深、采泥、地震探测剖面、分层采水及悬浮体，越野车及橡皮艇等出海装备，初建现代化的实验室基础。基于此，1990 年被国家计委、科委和教委遴选为南京大学海岸与海岛开发国家试点实验室，是获得世界银行贷款给我国的 8 个试点实验室之一，获 40 万美元贷款，完成三个系列的实验室建设；1997—2002 年，由 CIDA 资助 115.5 万加元，支持南京大学与加拿大滑铁卢大学、圭尔夫大学、劳里埃大学等合作，共同进行了中加高等教育合作项目（CCHEP），即"中国海南省一体化海岸监测与管理的环境教育"，研究与教育相结合，通过百万资金资助进行国家试点实验室建设，同时也开展了海南岛资源环境研究及人才培养。2002—2007 年，CIDA 又资助 390 万加元，由加拿大滑铁卢大学与南京大学，联合大连理工大学及海南省国土资源环境厅完成"中国海岸社区的生态规划与环境管理项目"，开展中国海岸环境生态研究，共同建设实验室，使得实验、研究条件更上一个新台阶。

南京大学海岸与海岛开发教育部重点实验室为提升南京大学海洋学科的影响力作了重要贡献。在某种意义上来说，实验室的发展过程是南京大学海岸海洋科学发展的一个缩影。南京大学从事海岸海洋研究已有 50 多年历史。1963 年南京大学地理学系建立海岸研究组，开始涉海研究。1983 年南京大学地理学系设立海洋地貌与沉积研究室。1986 年，以南京大学大地海洋系为主体，联合校内其他涉海力量，组建了南京大学海洋科学研究中心。20 世纪 80 年代后期，获得加拿大国际发展研究中心（CIDA 及 IDRC）资助，建成初具规模的海岸研究实验室。1990 年被国家计委、科委和教委遴选为南京大学海岸与海岛开发国家试点实验室，2000 年转为南京大学海岸与海岛开发教育部重点实验室。2006 年南大地理与海洋科学学院成立海岸海洋科学系，开始招收海洋科学专业本科生。2008 年批准建设海岸与海岛开发江苏省重点实验室，与教育部重点实验室共同建设。2012 年 5 月，南京大学获批牵头建设国家首批 2011 计划中心——中国南海研究协同创新中心，实验室隶属该中心的"南海资源环境与海疆权益平台"和"南海遥感动态监测与情势推演平台"。同年，在原南京大学海洋科学研究中心的基础上，扩建成立南京大学海洋科学研究院。2014 年获批"海洋科学"博士后流动站，2016 年"海洋科学"成为江苏省"十三五"一级重点学科。南京大学"海洋科学"学科名列 2018 年软科（ARWU）国际排名第 151—200 名之中、国内排名第 7；"地球与海洋科学"（Earth and Marine Sciences）学科 2018 年 QS 国际排名第 101—150 名、国内排名第 4。

实验室一路发展至今，可以说是取得了极其傲人的成绩。但美中不足的是，由于 1990 年代受到机构变更的影响，实验室意外未被列入国家重点实验室的名单，甚是遗憾。但是，王颖和实验室同事并未灰心，坚持认真教育和研究工作，始终如一。因此，王颖目前仍在积极地创造条件，督促实验室朝着国家重点实验室的目标迈进。

海岸海洋科学

王颖从加拿大回国后主要从事中国主要河流对大陆架的沉积作用、深入到河海体系相互作用、沉积物搬运与陆源通量、黄海辐射沙脊群形成演变、古扬子大三角洲沉积体系演化等研究，主持或参与撰写了多部科研著作，推动发展了具有学科交叉特点的海岸海洋科学与海洋地理学的发展。

从 20 世纪 90 年代起，王颖科研工作的主攻方向是对海岸海洋的研究。王颖对海岸海洋科学及海洋地理学研究的不断深入，可以从相关著作的更新脉络中窥探一二。

《中国海洋地理》

从 20 世纪 50 年代起，为了了解我国各地自然环境和自然资源的基本情况，中国科学院相继组织了一系列大规模的区域综合科学考察研究，中央和地方各有关部门也开展了许多相关的调查工作，为国家和地区有计划地建设，提供了可靠的科学依据，同时也为全面系统阐明我国自然地理环境的形成、分异和演化规律积累了丰富的资料。为了从理论上进一步总结，1972 年中国科学院决定成立以竺可桢副院长为主任的《中国自然地理》编辑委员会，并组织有关单位和专家协作，组成各分册的编写组。自1979 年至 1988 年先后编撰出版了《总论》《地貌》《气候》《地表水》《地下水》《土壤地理》《植物地理》（上、下册）《动物地理》《古地理》（上、下册)《历史自然地理》和《海洋地理》共 13 个分册，其中,《海洋地理》分册由王颖、朱大奎、金翔龙 [①] 等人负责编写。1979 年 10 月，王颖、朱大奎、金翔龙等人编写的专著《中国自然地理：海洋地理》由科学出版社正式出版。作为我国第一本有关于海洋地理的专著，是由中国科学院地理研究所副所长郭敬辉教授负责与中国地理学会副秘书长瞿宁淑 [②] 研究员组织，由南京大学、国家海洋局、中国科学院海洋研究所等单位的相关中青年专家撰写完成。该书内容包括海洋地质、地貌、海洋气候、海洋水文、海洋生物及我国海洋事业发展，共六章，是对中国海全海域的系统研究著述。1986 年，此专著获得了中国科学院科技进步一等奖。

1984 年，中国地理学会第四届理事会提出要发展"海洋地理学"。1987 年由吴传钧院士倡议，黄秉维 [③] 院士大力支持，中国地理学会五届二次理事会决定成立"海洋地理专业委员会"，挂靠在南京大学大地海洋科学系，同时，成立"沿海开放城市研究会"，挂靠在广州地理研究所。该决议推动了海洋地理学的发展。1988 年正式成立中国地理学会海洋地理专业委员会，成员包括沿海 12 所大学、10 个研究单位及海洋产业部门。

1990 年，由中国地理学会海洋地理专业委员会组织 44 位年富力强、富有实践经验的海洋学家与地理学家，再次撰写了《中国海洋地理》，王颖担任主编。该论著的内容包括总论、海洋环境与资源、海洋经济与区域海洋地理三篇 24 章，以及附录，共 79.3 万字，于 1994 年完稿，1996 年由科学出版社出版，1998 年获教育部科技进步奖一等奖，近年仍被广泛应用。

2013 年，由王颖担任主编，刘瑞玉 [④]、苏纪兰 [⑤] 担任副主编的《中国海

---

① 金翔龙（1934- ），出生于江苏省南京市，海洋地质与地球物理学家，中国海底科学奠基人之一，中国工程院院士，国家海洋局第二海洋研究所研究员，国家海洋局海底科学重点实验室主任。

② 瞿宁淑，江苏常州人，革命前辈瞿秋白之堂妹，曾任中国地理学会副秘书长。

③ 黄秉维（1913-2000），广东惠阳人。著名地理学家，中国科学院院士，第五届全国人大常委会委员、第六届全国人大代表，中国当代地理学研究的主要组织者和带头人。

④ 刘瑞玉（1922-2012），河北乐亭县人，海洋生物学和甲壳动物学家，中国海洋底栖生物生态学奠基人和甲壳动物学开拓者，中国科学院院士。

⑤ 苏纪兰（1935- ），物理海洋学家，俄罗斯科学院外籍院士，第三世界科学院院士，中国科学院院士，国家海洋局第二海洋研究所研究员。

洋地理》由科学出版社正式出版。该书是《中国自然地理系列专著》中的一部，在 1996 年出版的《中国海洋地理》基础上，总结了 20 世纪 90 年代以来联合国海洋法实施、我国多次海洋调查及沿海经济发展的新成果，由中国科学院海洋研究所、中国科学院地理科学与资源研究所、国家海洋局第二研究所、中国海洋大学、厦门大学、南京大学及总参的有关专家和研究生共同撰写。该书的主要内容包括：海洋环境与资源，区域海洋地理，海洋经济与管理，海平面变化与环境效应、海洋灾害与海洋安全，计四篇 19 章 140 万字。该书较 1996 年版《中国海洋地理》内容更系统、全面。书中普遍充实了新资料，增加了海洋生物、中国海洋一体化管理、海洋与国防安全三章，精炼了海洋经济部分，增强了海平面变化、环境效应与灾害章节。《中国海洋地理》出版获得了国家科学技术学术著作出版基金资助，同时得到江苏高校优势学科建设工程和江苏省"海洋地质"重点学科项目资助。2017 年 7 月，该书获中国地理学会颁发的"第二届全国优秀地理图书奖学术著作奖"［地理会发字（2017）13 号］。

《中国区域海洋学——海洋地貌学》

2012 年，由王颖主编的《中国区域海洋学——海洋地貌学》在海洋出版社出版。《中国区域海洋学》是一部全面、系统反映我国海洋综合调查与评价成果，并以海洋基本自然环境要素描述为主的科学巨著。内容包括海洋地貌、海洋地质、物理海洋、化学海洋、生物海洋、渔业海洋、海洋环境生态和海洋经济等。《中国区域海洋学》按专业分八个分册，"海洋地貌学"分册则是系统阐述了我国四海一洋海疆及毗连区的海岸海洋地貌、沉积与动力环境特点，其范围涵盖海岸带、河口、岛屿、陆架至大陆坡麓，即整个海陆过渡带的表层动力地貌过程与人类活动效应，以及晚第四纪以来海岸、海底地貌发育演变历史与发展趋势。

《中国区域海洋学》是"我国近海海洋综合调查与评价专项"的成果之一。"我国近海海洋综合调查与评价专项"（简称"908 专项"）于 2003 年 9 月获国务院批准立项，由国家海洋局组织实施，是新中国成立以来国家投入最大、参与人数最多、调查范围最大、调查研究学科最广、采用技术手段最先进的一项重大海洋基础性工程，在我国海洋调查和研究史上具有里程碑的意义。《中国区域海洋学》专著是 2007 年 8 月由"908 专项"办公室下达的研究任务，属专项中近海环境与资源综合评价内容。目的是在以往调查和研究工作基础上，结合"908 专项"获取的最新资料和研究成果，较为系统地总结中国海洋地貌学、海洋地质学、物理海洋学、化学海洋学、生物海洋学、渔业海洋学、海洋环境生态学及海洋经济学的基本特征和变化规律，逐步提升对中国海区域海洋特征的科学认识。

《中国区域海洋学》专著编写工作由国家海洋局第二海洋研究所苏纪兰院士和国家海洋局第一海洋研究所乔方利研究员负责组织实施，并成立了以苏纪兰院士为主任委员的编写委员会对学术进行把关。《中国区域海洋学》包含八个分册，各分册任务分工如下：《海洋地貌学》分册由南京大学王颖院士和国家海洋局第二海洋研究所谢钦春研究员负责；《海洋地质学》分册由国家海洋局第二海洋研究所李家彪[①]研究员和国家海洋局第一海洋研究所刘保华研究员（后调入国家深海保障基地）、郑彦鹏研究员负责；《物理海洋学》分册由国家海洋局第一海洋研究所乔方利研究员和中国科学院南海海洋研究所甘子钧研究员、王东晓研究员负责；《化学海洋学》分册由厦门大学洪华生教授和国家海洋局第一海洋研究所王保栋研究员负责；《生物海洋学》分册由中国科学院海洋研究所孙松研究员和国家海洋局第二海洋研究所宁修仁研究员负责；《渔业海洋学》分册由中国水产科学研究院黄海水产研究所唐启升院士和中国水产科学研究院南海水产研究所贾晓平研究员负责；《海洋环境生态学》分册由中国海洋大学李永祺教授和中国科学院海洋研究所邹景忠研究员负责；《海洋经济学》分册由国家海洋局海洋发展战略研究所刘容子研究员和山东海洋经济研究所孙吉亭研究员负责。

由王颖主编的《中国区域海洋学——海洋地貌学》分册，旨在承上启下总结至 21 世纪初期已有的海洋地貌科研成果，作为今后开发应用与研究的基础。全书约 120 万字，总结汇集了中国海洋地貌与沉积结构已有的

---

① 李家彪（1961-　），出生于浙江杭州，海洋地质专家，中国工程院院士，国家海洋局第二海洋研究所研究员、博士生导师、所长。

基础研究成果，又增加了全国近海海洋综合调查与评价专项调查研究的新内容，进行了对比以分析其现状与可能发展的趋势。该书不仅在学术研究方面有一定的参考价值，在我国海洋经济发展、海洋管理和海洋权益维护等方面也具有重要应用价值。

2013 年，《中国区域海洋学》获优秀海洋科技图书奖，该奖项是由中国海洋学会、中国太平洋学会、中国海洋湖沼学会 3 家全国性涉海学会联合申请设立的海洋科学技术奖。2014 年，《中国区域海洋学》获第三届中国出版政府奖，该奖项是我国新闻出版领域的最高奖，每三年评选一次，旨在表彰和奖励国内新闻出版业优秀出版物、出版单位和个人。

选建深水港

四十多年来，王颖的心血不仅倾注在创建现代化的海岸与海岛开发实验室、发展海岸海洋科学和培养多学科交叉的复合型人才上，同时也十分注意将科学研究工作与国家的经济建设相结合。

王颖将海陆相互作用研究与全球变化相结合并应用于海岸与大陆架浅海工程建设之中，开创在河—海交互作用的现代潮控海岸选建深水大港的理论与实践先例，完成了近 30 项中国港口的选址与海岸规划工作。其中，河北曹妃甸深水港址及江苏洋口深水港的选建，打破了平原海岸不能建设深水海港的禁锢，填补了以往泥沙质海岸地带的"建港盲区"，是中国海洋研究的重大突破。

近年来，王颖还将海岸研究应用于滨水城市规划、海洋旅游规划，建设人工海滩、人工岛等，为我国海洋经济的发展作出了巨大贡献。

曹妃甸

曹妃甸隶属河北唐山市，是古滦河三角洲岸外一个名不见经传的荒凉的带状沙岛（亦名沙垒田岛），涨潮时面积不足 4 平方千米。但是，紧临曹妃甸沙岛外侧是自渤海湾流向辽东湾的潮流主通道。依沙岛建码头，利用潮流通道深水槽，是渤海湾唯一不需要开挖航道和港池即可建设 30 万吨级大型泊位的"钻石级"港址，拥有建设华北国际性深水港口的天然条件。距沙岛 500 米处水深即达 25 米,深槽达 36 米。曹妃甸毗邻京津冀城市群,处于中国四大经济区交接地带,是南北东西物资交换量最大的地区,港口腹地是中国煤炭、钢铁、建材、电力、化工等最大的消费地和生产地,是"三北"地区的重要出海通道。

南京大学从事滦河三角洲、曹妃甸等港口选址、海岸动力地貌研究已有多年历史。最早是 1958—1959 年为天津新港扩建,由中国科学院海洋研究所组织全国海岸研究人员,承担国家的大项目"天津新港泥沙来源与回淤研究",时为北京大学研究生的王颖任北队队长,带领北京大学、南京大学、北京师范大学、华南师范大学的青年教师及学生,从事海岸演变、泥沙来源运移规律的调查研究,从滦河口向南到曹妃甸南堡、涧河口至天津新港,查明海岸泥沙运移,证实滦河泥沙是砂质的,最远影响到曹妃甸,没有越过南堡,对天津新港没有影响。野外工作中,王颖带头登上曹妃甸沙岛,查明沙岛为古滦河泥沙形成的岸外沙坝,前缘有深槽,这类特殊的海岸地貌组合,给王颖留下很深印象。

20 世纪 70 年代后期,国家提出要建"十个鞍钢,十个大庆",其中首选在河北建冀东钢厂(用河北铁矿石及进口高品位铁矿石),由交通部组织选建深水港。王颖、朱大奎等南大师生,配合交通部第一航务工程设计院,在滦河三角洲沿岸野外工作及大面积海洋调查。当时沿海十分荒芜,海上定位测量仪器均差,调查组成员不畏工作条件艰苦,完成勘测研究,提交了《冀东钢铁厂深水港选址海岸动力地貌勘测研究报告》,提出在王滩建深水港的方案(孙中山先生"建国大纲"的北方大港所在地)。后因国家计划变动,冀东钢厂未建,而排在其后的上海宝山钢铁厂建成,且发展壮大。

20 世纪 80 年代河北省建京唐港,王颖、朱大奎等配合交通部一航院在冀东钢厂选港调查的基础上,再作海洋调查测量、港址选择的各项外业勘测研究,最终选定京唐港今日之位置,并按其海岸动力地貌演变、沉积结构,与交通部一航院一起商讨选择挖入式港池方案(冀东王滩港海岸动力地貌勘测研究报告,1985),建成我国首座挖入式深水港,建港 20 多年来港口航道回淤状况良好,一直正常使用。已建成 20 多个泊位,尚在不断扩建中，泥沙问题处理合理。

在上述多次工作基础上，王颖对曹妃甸沙岛及深槽已有较深刻的认识，提出这岸外沙坝与潮流深槽体系是长期动力平衡，可利用开发建设深水港，在国内外学术刊物发表一系列论文，在学术会议多次提出报告，也多次向港口工程部门口头、书面介绍。

20 世纪 90 年代，冶金部、中国石油化工总公司先后提出利用曹妃甸建港进口矿石或石油的设想，委托交通部水规院、一航院、南京大学作前期调查研究。南大师生在严冬作了艰苦的野外调查、海洋勘测及室内研究，提供报告，用多种数据论证京唐港曹妃甸港区沙岛、岸滩及岸外深槽的稳定性，适于建港。20 世纪 90 年代以来，在河北省政府、唐山市政府、唐山市计委领导主持下，对曹妃甸深槽沙岛是否稳定，是否适于建港，经过多次各级论证、评审、鉴定，冶金部领导（副部长）、中国石油化工总公司领导（总经理）多次主持论证，听取各方专家意见，也当面向王颖等教授提问请教。长期艰苦的评审、论证，逐步被各方工程技术界、政府领导、主管部委理解认可，逐步开始曹妃甸深水港的建设，时值北京要举办奥运会，要有清洁的天空，促使首钢整体搬迁曹妃甸，使曹妃甸步入大建设的新时代。①

根据规划，曹妃甸将建设包括矿石、原油、煤炭、液化天然气码头在内的 76 个码头，成为中国多种泊位并存、单体工程量最大的港口；由首钢、唐钢联合建成国内最先进的年产能 1500 万吨的精品钢材基地；建设 1500 万吨的华北原油储备基地和 1000 万吨级炼油、100 万吨级乙烯炼化一体化工程，使之成为世界级的重化工基地；建设年发电 460 万千瓦的全国最大的火力发电厂。

王颖介绍，曹妃甸港口建设，预示着中国钢铁生产力布局的重大调整，是一个国际性铁矿砂、煤炭、原油、天然气等集疏枢纽港，是中国世界级重化工业基地，是国家商业性能源储备和调配中心，还是一个国家重化工业循环经济示范区。按照国家规划，曹妃甸沙岛向陆侧的潮滩浅水

---

① 朱大奎，王颖：《工程海岸学》。北京：科学出版社，2014 年，第 348 页。

域，可填海建设的总面积达 310 平方千米（相当于半个新加坡），不需占用陆地土地资源，可开辟为临港工业、水、土、煤资源循环利用新型产业及依附的城镇用地。

王颖对曹妃甸港作出重大贡献，更是被后来人称为"曹妃甸之母"。

洋口港

洋口港是王颖在平原海岸选建深水港址的另一成功例证，是王颖积平生研究心得的应用实践之一。

洋口港区位于江苏省南通市如东县海岸，距南通市 60km，是利用江苏岸外辐射沙脊群区域内，沙洲之间的潮流通道作为天然航道，港区航道有沙洲作为天然屏障，水深浪小，是江苏省及长江三角洲北翼条件优越的深水港域。南京大学为洋口港的开发作了大量的海岸海洋勘测研究，前后经历 20 多年，计有：

20 世纪 70 年代南京大学教师作为主要成员参加交通部水运规划设计院的全国港址普查（江苏海岸），在交通部出版的报告中指出"洋口港地处辐射沙洲中最大深水道上，是江苏省最大的深水大港港址"（当时列为全国七个最大的深水港址之一）。

1980—1995 年，国家科委、国家海洋局组织全国海岸带与海涂资源综合调查，南京大学作为主要单位，是江苏省海岸带调查的技术负责方，在江苏沿海大规模的海上调查历时 4 年。其中，1981 年夏，南京大学师生 20 余人进驻小洋口，作地形测量、潮流、泥沙、地质、海岸演变等调查勘测。前后历时 100 余天，对如东海岸、洋口水道（黄沙洋、烂沙洋）作多次重复测验，首次测到小洋口外最大潮差超过 9m（任美锷等，江苏省海岸带与海涂资源综合调查报告，海洋出版社，第 27 页），准确测知潮差 9.28m，为全国最大潮差（钱塘江潮差 8.6m），现已列入国家纪录。南大朱大奎讲师代表江苏海岸带综考队向省委书记、省长专门汇报江苏海岸带调查成果，强调指出："洋口黄沙洋水道是一天然稳定的潮流通道，可建设深水大港，是江苏省宝贵的深水资源，应予以重视。"王颖在多次学术会议及论文中讲到利用潮流脊深水道的建港问题，提出中国平原海岸可利用潮流通道建港的最佳处是渤海湾的曹妃甸深槽及南通的黄沙洋通道。

1988 年秋，南京大学朱大奎向如东县计委同志口头讲述如东有建深水港的条件。1989 年应南通市计委、如东县政府委托，南京大学、河海大学一起开展洋口建港的预可行性研究，南京大学王颖带领教师与研究生十余人，在黄沙洋水道作潮位、潮流、泥沙、底质、海岸演变、地质、遥感勘测研究，特别是用多频道地震剖面仪测得黄沙洋水道海底下 60m 的地层结构，发现潮流通道是承袭古长江河谷发育，为黄沙洋水道稳定性获得了基础性的论证。

1992 年 5 月，如东县政府接受王颖的一再推荐，委托交通部第一航务工程设计院为总设计，由南京大学承担"江苏岸外辐射沙洲形成演变及洋口港区水道稳定性研究"。南京大学王颖等 20 余人，再次进行潮流、泥沙、底质、地层结构、钻探、地貌演变及辐射沙脊海域的遥感、地理信息系统的研究。

1994—1999 年，南京大学王颖为首结合获批的国家自然科学基金、八五重点科研项目"黄海辐射沙洲形成演变研究"，在江苏岸外 20000km² 沙脊区进行海洋详查，用地震剖面、双频道测深、旁扫声呐、底质取样、全潮水文泥沙测验等，进行了近 2000km 测线观测及大范围区域研究。

1995 年，为江苏燃气轮机电厂工程配套的天然液化气（LNG）接收专用码头、航道工程，洋口港建设方专门委托南京大学研究勘测编制"南通洋口港烂沙洋水道及港区稳定性分析研究报告"。2000 年以来，几次承担洋口港建设中有关航道沉积速率、岸滩演变、海岸动力地貌等专题研究，完成相应的专题研究报告。2009—2010 年，王颖等为洋口港长期发展进行"洋口港 30 万吨级深水港战略规划研究"。前后历经 20 多年的多次调查研究，探清了洋口港海域环境特点与发展变化趋势，肯定支持直至港口开建。十年来，洋口港对江苏经济发展作出了重要贡献。①

多年来，王颖认为：淤泥质平原海岸带水深不够不易建港，但可利用潮差大、稳定的潮流通道深槽，作为天然深水航道，建设深水港；而我国

---

① 朱大奎，王颖：《工程海岸学》。北京：科学出版社，2014 年，第 342 页。

最优良的岸外潮流通道，是渤海曹妃甸深槽及南黄海黄沙洋、烂沙洋潮流通道。如今，这二处经多年工作，均已被工程界及政府部门重视接受，开发建成曹妃甸深水港及江苏南通洋口深水港，为当地海洋经济的发展作出了巨大贡献。

第八章
不退不休

21世纪以后，王颖专注于有关南海疆界的研究，响应国家政策，推动"海洋强国"建设。王颖因长期海岸滩涂跋涉，膝盖软骨伤碎而行走不便，但身体与精力仍佳，可继续从事相关海洋研究与教学——讲座与指导研究生，为中国海洋的建设发光发热。

南 海 问 题

2012年11月8日，中国共产党第十八次全国代表大会在北京召开。大会报告明确指出，"提高海洋资源开发能力，发展海洋经济，保护海洋生态环境，坚决维护国家权益，建设海洋强国"。这是中国历史上第一次将"建设海洋强国"明确作为国家发展战略，全球为之震动。仅仅8个月后，中国再次向世界发出了"海洋强音"。2013年7月31日，中共中央总书记习近平在主持中共中央政治局第八次集体学习时强调，建设海洋强国是中国特色社会主义事业的重要组成部分。海洋强国，这是时代的强音，也是历史的呼唤。

南海中心主任

2012 年秋，77 岁的王颖出任国家首批 2011 计划"中国南海研究协同创新中心"主任，组织力量协同创新，致力于南海海域资源环境与海疆权益研究，为我国的"海洋强国"战略贡献力量。

中国南海研究协同创新中心实由著名的经济学家、时任中共南京大学党委书记的洪银兴[①] 教授倡议、支持组建，为文、理、法、政、军多学科结合研究的集体。经教育部与相关领导单位批准，于 2012 年 7 月成立，是国家认定的首批 14 家"2011 协同创新中心"之一，由南京大学牵头，外交部、海南省、国家海洋局三个政府部门支持，联合中国南海研究院、海军指挥学院、中国人民大学、四川大学、中国科学院、中国社会科学院等单位共同组建。2012 年 10 月 10 日，"南海中心"在百年学府南京大学正式挂牌。由于协同单位多达 10 家，有学者幽默地称"中心"是"南海研究的'联合舰队'"。

经过协商研讨，王颖与相关单位代表共同明确"南海中心"的任务与未来发展的总体目标：以国家重大战略需求为导向，以南海权益的最大化为重点，以多学科协同创新体为主体，以机制体制改革创新为保障，全面推动南海问题综合研究，服务于国家南海战略决策的制定与实施，创建国际一流的南海研究学术创新体、南海战略决策的高端智库、南海国际交流对话平台、涉海事务高端人才培养基地。

王颖认识到，中国南海研究事关中国领土安全、国家核心利益、海洋权益维护、海洋战略实施，对我国国防建设、经济建设和全球化进程极具重要性，亦是中国"和平崛起"所面临的最复杂的问题之一。南海研究已不仅是科学问题，而且涉及自然、法律、外交、军事斗争甚至考验国家意志的复杂问题。就涉及的学科而言，南海研究包括了海洋学和地理学、史

[①] 洪银兴（1950- ），江苏常州人，中国共产党党员，1968 年 12 月参加工作。著名经济学家，教授、博士生导师。2003 年 11 月至 2014 年 5 月任南京大学党委书记。中共江苏省委委员、十七大代表，江苏省人大第八、九、十届常务委员会委员。

学、国际关系、国际法和海洋法、政治学、社会及民族问题、图书档案和信息资源建设等，是需要关注的一个典型的跨学科性质的学科整合例子，这恰好契合南京大学文理工多学科的优势。王颖与合作者邹欣庆、葛晨东教授，查阅历史文献与图片，梳理了南海断续线的历史沿革，明确了南海断续线是陆地国界线在海中的延续，南海断续线就是海疆国界线，从而为南海划界提供了科学依据。该项成果于 2014 年在《海洋学报》（*Acta Oceanologica Sinica*）上发表文章 "*Evidence of China's sea boundary in the South China Sea*"，引起国内外广泛影响和关注，受到《时代周刊》《中国国家地理》和 CCTV4 等重要媒介的采访。

关于南海中心的未来工作重点与发展规划，王颖介绍可概括为"三个方向，五项工程，八个平台"：围绕南海问题基础研究、南海形势动态监测、南海事务应用对策等三大方向；构建"南海法律与国际关系""南海史地与文化"等八大平台；启动南海数据库建设、南海主权证据链搜集整理研究、南海问题话语权建设、南海法律与国际关系综合情势推演、涉海事务高端人才培养等五大工程；致力于集学术创新体、高端智库、人才培养基地、国际交流对话平台等四大功能与目标于一身的中国南海研究协同创新中心。

正是对科研事业、对国家民族利益的责任感，王颖对南海中心有着深厚的期盼："南海中心呼应着前贤们的强国梦，以南海研究的中国声音、中国立场，努力实现和平崛起的中国梦、中华民族复兴的中国梦。"[①]

实际上，王颖与南海结缘已久，最早在南海工作，是始自 1960 年代海南铁炉港建港研究。当年，中国国家海洋局是海军全力支持建设的。海军重视建港的问题。南海舰队计划在海南岛南部建设铁炉港舰艇基地，但邻近的新村港有前车之鉴：才开挖成的口门航道，经历一次暴风浪就淤塞了。而军港更需保证舰艇的顺畅通行。海港是舰艇的"家"，要求具备"水深与浪静"的环境，水深才使船只不会搁浅，而水深的海域风浪大，浪静的地方水不深，我们的工作就是要选择，要维持建设水深浪静的

---

① 朱晓华：访中国科学院院士王颖："海的女儿"的南海梦。《中国教育报》，2013 年 2 月 25 日。

海港，所以王颖团队应邀参加铁炉港建设的回淤分析与工程措施研究。铁炉港自然条件很好，有一个天然的潟湖水域可停泊舰艇。但是自潟湖出口的水道末端，堵积了潮流从潟湖冲刷出的砂砾，这个堆积在航道口门海底的扇形堆积体，术语叫"冲出扇"。河流入海后，多在河口海底堆积三角洲，冲出扇或三角洲只是规模不同。但是，该处水浅碍航，开挖浚深会否回淤？这是提供给王颖的问题。经过测流与海底采样分析，了解到主要是砂砾堆积，活动性较淤泥小，而且，口门处水流很强，可以开挖。铁炉港处浪、流的动力条件、底质特性与新村港不同，落潮流冲出力强，不致形成泥沙落淤，但需注意沿岸泥沙运移状况。

2004 年，南京大学海岸与海岛开发教育部重点实验室继续工作在辽阔的南海时，王颖领衔承接了外交部大型数字海洋和地理信息系统项目"数字南海"。该项目是我国首次海洋区域的综合信息系统集成研究，填补了中国在南海研究领域的一项空白。

"数字南海"项目，是由中国南海研究院与南京大学海洋研究中心合作的项目，由王颖与吴士存 ① 研究员负责，朱大奎教授组织中青年副教授与高工为主体，马劲松、贾培宏、李海宇、殷勇、王栋、邹欣庆、葛晨东、张永战及教授张振克、沈庆（少将）等通力合作完成。"数字南海"是将南海的水深、地形、海底地质、地貌结构与地层组成等三维空间信息、资源矿产分布信息、海洋波浪潮汐海流时空变化信息，以及历史、政治、经济等信息，以虚拟现实的方式通过计算机综合地表现出来，并进行相应的空间分析，以获得针对复杂南海问题的技术解决方案。将南海环境、资源、历史沿革与疆域纷争等数字化，应用于政府决策部门及专门科研机构的实验室，不仅可以提供静态、动态立体地理景观、正射影像、视觉仿真、数字地图、幅面地图图像及多种智能化产品，同时还可以提供联机信息服务。"数字南海"可以为南海资源开发、利用和养护、海上航行、

---

① 吴士存（1956-　），江苏大丰人，1983 年 7 月加入中国共产党，1978 年 6 月参加工作，历史学博士，博士生导师、研究员。现任中国南海研究院院长，兼任南京大学中国南海研究协同创新中心副主任、博鳌亚洲论坛研究院副院长、外交部外交政策咨询委员会委员等职。曾作为访问学者先后赴美国霍普金斯大学高级国际问题研究院、美国亚太安全研究中心、哈佛大学肯尼迪政府学院学习，曾参加美国政府"美国外交政策溯源"等研修项目。

海上搜救等提供决策和管理所需要的各种空间数据支持，不但填补了中国在南海研究领域的一项空白，而且它的多学科、多功能、全方位特点将使其成为一个极具特色的品牌。目前已经完成一期工程，主要内容为：初步建立数字南海计算机基础软件、硬件系统、局域网络系统、数据库系统及合成表达图像。

当前，王颖将中国南海研究协同创新中心工作与中国科学院咨询项目结合。例如，与"南海资源环境与海疆权益"（2012—2014）、"南海海域岛礁开发与海疆权益"（2016—2018）结合，全力组织南海岛礁与海域调查，以史据与国际例证结合，有力论证了南海断续线段为我国海疆国界线。2015年形成报告《南海的几个关键问题及对策建议》经中国科学院正式上报国务院，2017年专文"论南海海域岛礁与海疆权益"获外交部正式复文肯定，为我国外交斗争服务。

此外，王颖对南海问题的持续性研究，也体现了她对科学研究的一个重要态度，即系统组合、持续性关注。这个特质值得所有科研学子学习。

服 务 社 会

除了做好本职的科研和教育工作之外，王颖的社会活动也十分活跃，以政协委员提案建议，参与地方院士工作站建设，参加咨询考察为地方发展建言献策等，亦形成女科学家工作楷模。丰富的社会活动，也让我们对王颖的认识更加全面、立体。

传播科学知识

除了参加有关国家需求的科研工作之外，王颖也经常以其他方式服务社会，传播科学知识，尤其是助力地方经济发展。这些方式主要包括建立院士工作站，参加院士巡讲团，参与地方高校考察，为地方发展献言献策。

　　院士工作站是由政府推动，以企事业单位创新需求为导向，以中国科学院院士、中国工程院院士及其团队为核心，以省内研发机构为依托，联合进行科学技术研究的高层次科技创新平台。院士工作站旨在促进科技成果产业化，培养创新人才队伍，为增强企事业单位的自主创新能力提供强有力的支撑。工作站一般采取"政府推动，院士参与，企业管理，市场运作"的建站模式。

　　王颖主动参与到院士工作站的建设中，为地方经济和企业的发展贡献自己的力量。如：2008年9月由唐山市授牌，在曹妃甸工业区建立特邀院士工作站，由王颖与工程院院士侯保荣①出任。2014年6月，王颖参加了南通沿海开发集团王颖院士工作站在南通产业技术研究院的揭牌仪式。该院士工作站的正式挂牌成立，标志着南通市与南京大学的合作进入了一个新阶段。新成立的工作站由一个主站和两个前沿基地组成，主站设在南通产业技术研究院，两个前沿基地分别设在通州湾和洋口港。工作站将主要围绕南通江海联动的港口群建设、陆海统筹发展方面的人才培养、中长期发展战略规划等开展课题研究，以高质量的科研成果促进南通市江海联动开发。

　　此外，王颖也受邀参与传播海洋知识等活动。如：2010年11月12日，应安徽省芜湖市政府的邀请，作为第四届中国（芜湖）科普产品博览会系列活动之一的"科学与中国"（芜湖）院士报告会在芜湖市政务文化中心举行，王颖出席并作了"海洋文化与长三角北翼深水海港

图8-1　2010年11月，王颖在"科学与中国"（芜湖）院士报告会上作报告

------

　　① 侯保荣（1942- ），出生于山东省曹县，海洋腐蚀与防护学家，中国工程院院士，中国科学院海洋研究所研究员、博士生导师，国家海洋腐蚀与防护工程技术研究中心主任。

建设"专题报告。在报告中，王颖首先从不同的角度深入系统地阐述了海洋文化的定义、内涵和特点，并呼吁重视海洋文化，增强海洋意识，加强海洋科学的研究。之后，王颖院士对长三角北翼深水海港的建设进行了简单的介绍。该报告严谨前瞻，内容丰富，会场内不时爆发出雷鸣般的掌声。

除了出席院士报告会、院士巡讲团等活动，王颖还积极参加地方考察，特别是港口考察，为推进当地海洋经济建设建言献策。2011 年 5 月 20 日，王颖一行前往江苏滨海港考察，该港位于滨海县境内废黄河三角洲海岸，地处苏北沿海最凸出岸段（北纬 34°18′，东经 120°16′37″），与日本、韩国隔海相望。王颖一行先后考察了滨海港规划展览馆和港口建设现场，详细了解了其沿海地质现况。她对滨海港优越的建港条件和创新性的港口规划表示充分肯定，希望同行的专家学者能够积极地发挥自身学识优势，做好相关研究工作，为滨海港的建设作出贡献。

王颖对南海边缘地学教育关注也是一项重点。尤其是对集聚在广西教育战线工作 20 多年的南大系友，如：宋书巧、毛蒋兴、周游游等，皆给予了坚定的支持，交流讲学与合作研究。由此，2010 年 10 月 27 日，王颖被聘为广西师范学院客座教授，北部湾环境演变与资源利用省部共建教育部重点实验室学术委员会委员、荣誉主任。2012 年王颖被聘为广西壮族自治区主席院士顾问，是由自治区主席聘请，旨在围绕自治区特色优势与主导产业，依据各产业科技发展特点，依托院士顾问的带动辐射，在产业的规划布局、结构调整、重大项目论证与建设、关键技术攻关等方面，通过举办报告会、组织学术研讨、考察调研等活动，开展战略研究，为广西经济社会跨越发展"把脉问诊"，助推广西发展。2012 年 7 月，王颖前往广西师范学院开展了系列学术交流活动，并同广西师范学院环境与资源学院师生就如何合作开展有关北部湾海洋科学研究、合作培养海洋领域的研究生及本科生等问题进行了座谈。在会上，王颖表示，组织南京大学地海院教师来广西师范学院集中开设海岸海洋学与海洋地质学课程，与广西师范学院的教师联合培养博士和硕士研究生，以推动广西师范学院地理科学博士点和海洋地质学硕士点的建设。座谈会取得了预期的效果，为今后的合作奠定了良好的基础。

建言献策助发展

江苏是数一数二的经济大省，但海洋经济却一直是它的短板。2005 年江苏沿海三市人均 GDP 只有全省平均水平的 1/2。如果横向比较的话，这种差距更明显，江苏的海洋产业总产值在全国沿海省份中排名倒数第三；沿海地区每平方千米生产总值只有广东的 1/6，山东的 1/5，浙江的 1/4。江苏省拥有 953km 的海岸线和长江两岸近 400km 的江岸，发展海上运输的条件非常优越，长江建港已有长久历史，也较发达，但海港建设与海运却十分落后，发展很不平衡。尤其是苏北地区，在长江沿岸发展海运对苏北经济发展也有一定作用，但远不能代替在苏北建设海港，发展海运。

王颖一直关注江苏省的海洋经济发展。1984 年 12 月、1989 年 12 月，王颖于 1984 年和 1989 年分别当选中共江苏省第七、第八届党代表，并在 1988 年至 1996 年其间，参与中国人民政治协商会议，任江苏省第六届和第七届委员。据王颖回忆，她当时提的建议都是围绕江苏省海岸带的开发。

因为当初回国后，我做过江苏省政协委员，省政协委员是一批批提出来的，通过开会，了解了国家大政与江苏省任务，从事地方考察，了解地方上的发展，既受教育也提建议。我所提的建议都是关注江苏省海岸带的开发。江苏省经济很发达，当时是全国第一或第二。江苏省的经济好像仅次于广东，广东是陆海结合，江苏省是陆地上经济发达，但不重视海洋，所以过去苏北沿海是一片空白，很落后，没有什么发展。1980 年以后，全国海岸带调查，苏北有些发展还是很缓慢，所以我都是关注江苏省沿海发展：一个是建设海港的问题；另一个是对苏北海岸贝壳堤的历史遗迹的保存问题，贝壳堤与牡蛎礁这一系列自然历史遗迹保存问题。还有一个就是关注怎么把江苏省从农牧渔一直到海洋的一体化的发展，我做了较多工作。

2006 年 2 月，王颖提的"关于大力发展海洋经济的建议"获得了江苏省科学技术协会 2005 年度优秀建议奖。

2009 年 7 月，国务院正式批准了江苏省沿海开发规划，标志着江苏沿海开发由此上升为国家战略。加快江苏沿海地区开发进程，对长三角地区率先发展，乃至我国中部崛起和西部开发具有重大战略意义，也是江苏发展的一大机遇。为全面贯彻国务院"江苏沿海地区发展纲要"和江苏省沿海开发工作会议的精神，江苏省委研究室、省政府研究室和省科协等单位联合举办了江苏沿海开发高层论坛，主题为"江苏沿海开发与科技支撑"。江苏省有关委办厅局，沿海三市连云港、盐城、南通有关领导，南京大学、河海大学和东南大学等高校和科研院所的专家学者与研究生 200 余人参加。王颖应邀出席本次论坛，并作了题为《江苏省海岸海洋环境资源特点与开发建议》的报告。她以所领导的团队长期科研工作的成果为依据，精辟地阐述了三方面内容：当代国内外对海岸海洋的认识与关注、江苏海岸海洋环境资源的特点和对当前江苏沿海开发的建议。分别是：

一、在省委、省政府大力领导与关怀支持下，应用 908 新一轮海洋调查资料，由领导、专家与地方相结合制定具有前瞻性、与生态环境相和谐的江苏省海洋经济发展规划；

二、以海港建设为龙头，扩展建设连云港深水大港，大力支持建设洋口深水港、吕四港与大丰港组成长三角北翼港口群；

三、大力发展外向型海洋经济，重点发展海洋交通运输、海洋渔业、油气、能源、制造业与外贸为特色的临港产业带；

四、建设现代化的大农业与大力开发利用可再生能源（太阳能、潮汐能与风能），发展为绿色有机现代化大农业基地；

五、巩固丹顶鹤与麋鹿自然保护区，建设生态型的城镇体系，组建自然灾害预警减防灾体系，发展人与自然和谐持续健康发展的滨海江苏经济带；

六、培养海洋科技人才，加强海岸海洋开发与管理力量。[1]

---

① 朱小卫：王颖院士建议：江苏应大力发展海洋经济。《科学时报》，2009 年 11 月 8 日。

　　王颖所作的报告在地方基层领导中产生了强烈反响。大家一致认为，她的报告具有很高的理论价值和现实指导意义。一些沿海市县的领导表示，听完王颖院士的报告，了解到在江苏沿海宽广的辐射沙脊群中深藏着可以建设深水大港优良的天然港航条件，认识到要推动沿海开发在高起点上加快进程，必须充分发挥科技的作用，需要科研院所和大学为沿海经济社会发展提供全方位的科技和人才支持。一些代表表示，江苏沿海地区是长三角的重要组成部分，自然资源丰富、经济腹地广阔、区位优势突出，未来发展海洋经济的潜力巨大，是我国东部地区重要的经济增长极，战略地位非常重要。他们说，王颖院士的报告和研究成果为推进江苏沿海大开发提供了重要的科学依据和支撑。

　　除了沿海经济开发，王颖也十分注重城市建设中的水资源保护与利用。

　　南京素有"山水城林"的美称，尤其是南京的水，南京的秦淮河，享誉国际，不少外国人来南京，都要点名参观。秦淮河大部分在南京市境内，是南京市最大的地区性河流，历史上，其航运、灌溉孕育了南京古老文明，被称为南京的母亲河，极富历史盛名，被称为"中国第一历史文化名河"。但是由于城市建设污染和过度开发，秦淮河一度陷入了"藏污纳垢不出流、满河污水祸四周"的窘境。

　　2002 年春节期间，当时的南京市市委书记李源潮① 同志召集在宁院士座谈，王颖提出了整治外秦淮河的建议，"市领导很认真地记录下了我的发言。事后，市委办公厅的工作人员还专门来请我写一份外秦淮河整治的书面建议"。之后，由王颖牵头，11 位专家学者联名建议整治外秦淮河，促使了这场浩大的民心工程的上马。经过安置沿河穴居城墙洞的下放返宁家庭，与沿河停泊的采、挖江砂船只，以及近三年的工程整治，用资 30 亿元，秦淮河终于摇身一变成为一条"美丽的河，流动的河"。王颖回忆这段过程时常讲："如果今时整治，30 亿做不了啦。"

　　王颖在南京居住了近 60 年，对南京这座城市有着特殊的情感。除了提

---

　　① 李源潮（1950- ），江苏涟水人，1968 年 11 月参加工作，1978 年 3 月加入中国共产党，中央党校研究生学历，法学博士学位。

议整治外秦淮河，对于南京的城市建设，她也有自己的思考。王颖认为，应加强对南京水系的保护性开发，使南京"显山露水"。她建议："首先，应摸清南京城的淡水家底，拟定一个水资源保护和利用的规划，其中包括建立地下管网的体系。这个规划一定要有前瞻性，比如一些管网可以在水系底下做。其次，发展长江沿线风景，下关可以重点打造滨江的历史文化遗迹，而江心洲、八卦洲这些沙岛可以谋划旅游休闲功能，幕府山沿线可打造旅游风光带。"对南京现有的水系，王颖也提出了恢复水系的建议。"对于水系通畅的河段，可以从长江或者湖泊引水，定期冲淤。而因开发建设造成的断头河，可以拆除硬质的河岸，还原其原本的土壤地面，俗话说'水流百步自然清'，可以通过土壤内细菌的自然分解，达到水体的自净。"①

2017年6月19日，江苏海岸海洋与开发保护联盟成立大会在南京召开。王颖作为召集人，联合南京大学地理与海洋科学学院、河海大学港口海岸与近海工程学院、国家海洋局江苏省海涂研究中心、江苏省土地勘测规划院、有色金属华东地质勘查局地球化学勘查与海洋地质调查研究院等五家涉海科学研究和服务机构，共同成立了江苏海岸海洋保护与开发联盟。联盟立足江苏海岸海洋保护与合理开发建设，开展各项科研、规划和相关生产活动，是自愿发起并形成的产学研相结合的非营利性民间社会团体，宗旨是"平台共建、信息共享、资料共有、成果共创、合作共赢"，为党和国家"建设海洋强国"的大政方针和"一带一路"的发展战略服务。

不论是江苏的海洋经济发展，还是南京的水资源建设，都显示出王颖对水、对海洋的特殊情感，以及对江苏的殷切期望。

巾帼不让须眉

王颖作为院士中的少数女性之一，取得了令人瞩目的殊荣。她曾担任中国海洋学会副理事长兼国际学术交流委员会主任委员（1994—2004）、海洋学会名誉理事长（2005—2010）、海洋湖沼学会常务理事、国际海洋

---

① 毛庆：王颖，期盼南京闪现更多"星星点点"。南京大学新闻网，2010-08-27。

研究委员会（SCOR）海平面与世界淤泥海岸组主席等职务，并获太平洋海洋科技协会（PACON）终身会员、法国地理学会荣誉会员、国际第四纪研究联合会（INQUA）终身荣誉会员、国际地貌学家联合会（IAG）荣誉会员等殊荣。

作为一名女性，她曾三次获得"三八红旗手"奖章，当之无愧的女性楷模。1983年3月，江苏省妇女联合会授予王颖"三八红旗手标兵"（证书：000001号）；1983年3月7日，中华全国妇女联合会授予王颖"全国三八红旗手"（证书：第8723号）；2002年3月6日，中华全国妇女联合会授予"全国三八红旗手"荣誉称号；2002年，获第四届中国十大女杰提名奖；2008年获得由江苏省人事厅、江苏省妇女联合会共同颁发的江苏省劳动模范称号与待遇；2012年11月，获海洋女科学家奉献奖。

谈到对于女性地位的看法，王颖认为要做到"三自运动，一个自强，一个自重，还有自尊。你要取得和男人一样平等的地位，你自己要自尊自重，还要自强不息的努力"。①

回 报 南 大

尽管王颖已经以教授身份于2018年10月退休，但她退而不休，仍全身心投入到工作中，每天都坚持上班，甚至节假日还在家潜心写作书稿。在南京大学任教几十年，王颖对南京大学有着特殊的感情，在她看来，南京大学的发展和历任校长的治校政策息息相关。

南京大学是一个很好的大学，它的前身是中央大学，它合并了吉林大学相关的理科，有关地学的理科都在这，所以它是以文理为特色的一所大学。南京大学在郭影秋领导下，党委书记郭影秋也是校长，

---

① 王颖访谈，2018年9月28日，南京。资料存于采集工程数据库。

培养了一批政治干部，他们兢兢业业、勤勤恳恳，为教育为学科发展努力工作。郭影秋之后，匡亚明担任校长与党委书记。匡亚明校长很有魄力，他大力推动了文理科的发展，而且他不拘一格地选人才。南京大学，从中央大学变成了南京大学，在汉口路建设。经过了郭影秋主校时内部组织的加强，学科的稳定，对学生培养的德智体的全面健全，沥尽心血，所以这是南大的传统。巩固学科建设，对学生培养很重视，教育工作也很重视。等到匡亚明当校长，更推动了一步，学科建设扩大了，成了文理各个方面在全国都有特色的学校，而且建立了一批实验室，那时候实验室在发展，学科也在发展。我认为郭影秋、匡亚明时代，建设发展得很好。曲钦岳院士任校长时，重视学科建设，教育与研究并重，起用、团结组成年轻的校系领导班子，教、学目的明确，加强对外合作办学，学校发展显著，一片欣欣向荣。蒋树声校长是一位物理学家，文质彬彬，人很谦虚，相当我们这一代又比我们这一代年轻。他继续巩固了曲钦岳发展的路子，是守成稳定地推动，学科没有变动，但是那时候南大的地位还是蒸蒸日上地进步。蒋树声以后就是陈骏。陈骏是个好人，工农兵出身，是一位从事地质科学的教授，他为人非常的好，是属中国的儒家治学。①

2009 年 10 月，南京大学仙林校区启用，坐落于南京市栖霞区，和原来的鼓楼校区协作分工，但规模宏大，适应了南京大学发展的迫切需要，是为南京大学主校区。仙林校区的发展建设，是当时校党委书记洪银兴教授领导与大力促成，以他多年对江苏省政府工作建言献策的鼎力支持，获得省市政府对南大仙林校区批地、投资等大力支持，建成了今日宏伟先进的南大校园。关于是否将南京大学校区搬到栖霞区，广泛征求意见时，王颖曾提出反对意见："新校区选址紧靠长江，长江边上的栖霞地区是一个化工区，只要一刮北风，学校就会受到化工排气污染。"因此，王颖反对这个选址，并向时任南京大学党委书记的洪银兴直接提出意见。洪书记后来

---

① 王颖访谈，2018 年 9 月 28 日，南京。资料存于采集工程数据库。

对王颖讲，"当时曾吓得一身冷汗，决定向政府提出将栖霞的化工厂逐渐搬迁的建议，以保证学校环境清洁安全。"经由此事，南京大学仙林校区得以免受污染，校园环境也越来越好了。时至今日，王颖反思这段往事，向洪书记表达歉意。

关于南京大学的学科发展，王颖也有自己的看法，尤其是海洋的研究。南大具有地球科学学科在高校中最全的特色，但以陆地为主，始终未对海洋科学给以足够的关注与鼎力支持，而海洋科学更具有理、工、文、法融合的特色。2009 年，南京大学推出"三三制"本科培养方案，学生进校后实施"三三制"培养方案，即"三阶段培养"和"三种选择发展途径"。"三阶段培养"是指大类培养阶段、专业培养阶段和多元培养阶段。在大类培养阶段，学生用 1 至 1 年半时间修完以通识通修模块为主的课程以及新生研讨课。经过专业选择以后，学生进入专业培养阶段，用 1 年半至 2 年时间修完以学科平台课、专业核心课为主的学科专业模块课程，进一步强化专业素养和专业训练。之后，学生通过类别选择，进入学校专门针对不同类型人才需求设计的不同发展路径，这一阶段一般为 1 至 1 年半时间。这种培养模式有益于学生的个性化发展。南京大学将在多元培养阶段为学生提供三种选择：对于有志在本专业继续学习和深造的学生，学校将提供更深层次的本专业课程，并在课程设置上与研究生课程贯通；对于希望能跨专业进一步深造的学生，学校将提供相关专业的课程；对于就业创业类人才，学校将开设专门的课程，帮助他们为今后的就业创业做好各方面准备。"三三制"改革关注每一位学子的成长，而不再仅仅局限于部分院系或特定类型学生的培养优化。学校创新人才培养模式，建立了以个性化培养、自主性选择、多元化发展为特征的全新培养体系，促进人人成才。而早在 21 世纪初，王颖便提出了要在地球系统科学本科生中试行三层次教学模式，鼓励个性化培养，体现了其教育思想的前瞻性。

如今，南京大学迈入了一个新时代，在校院士们纷纷退休，这仿佛宣告着一个时代已经过去。对待退休，王颖一句"My time is over"，欣然接受：

我觉得就是一辈子都要顺从与适应国家对你的安排。你不可能永远占位，那年轻人怎么成长？你的年龄、体力与所从事的工作有限，必须有一代又一代的新人继续，正是："长江后浪推前浪，一代新人换旧人"。①

正如王颖所言，My Time is Over，一个时代终将过去，但新的时代又将开启，一代又一代，犹如潮涨潮落。海岸海洋科学不是单靠一代人的奋斗，需要一代又一代科研人员接力，才能到达科学的彼岸，拥抱海洋。

---

① 王颖访谈，2018 年 9 月 27 日，南京。资料存于采集工程数据库。

结 语

中国科学院院士、海岸海洋地貌与沉积学家王颖，在海岸海洋动力地貌领域作出了系统的、创造性的成就，并在应用海岸海洋动力地貌学理论于我国海港建设上，作出重大贡献。回望王颖六十余载的学术之路，散发着许多优秀的品质与精神。优秀的品质产生于伟大的时代，伟大的科学事业需要我们学习弘扬优秀的科学品质。

成长于战火中的王颖，始终对党和国家心存感恩，时刻将国家的需要作为自己发展的重要依托。"国家哪里需要我，我就去哪里。"短短几个字，足以反映王颖科研前进的道路与方向。1956 年，党中央发出"向科学进军"的号召。王颖积极响应，投身于国家大项目"天津新港回淤研究"。21 世纪国家推动"海洋强国"政策，这时的王颖年过六十，腿脚因为早年考察落下了不少伤病，但她仍然精力充沛地从事着科学研究，确定了南海国界线，继续为中国海洋的建设发光发热。

面对科研，王颖始终坚持科学，勇于创新。在加拿大留学的时间里，她借助于国外先进的科研设备和自己在国内多年研读与教学的实践经验，将中国海岸研究推向世界。当王颖选择在开普不列颠岛进行鼓丘海岸调研工作时，国外同行大为惊愕，因为那段鼓丘海岸荒无人烟，条件十分艰苦，但是王颖"偏向虎山行"。因为这种海岸类型中国没有，文献上也没有系统的记述，她决定由自己来填补这个空白。在无人的海岛岸边，王颖考察组从南向北沿海考察，"只能听到自己走路的声音"。遇上风暴天气，天是铅灰色的，海是黑沉沉的，大西洋的海浪一个接一个地扑过来，实在令人心惊！但无论风浪多大，都不能停止王颖的学术热情。科研路上的挑战与磨难，更加凸显王颖高贵而又朴实的科学家品质。作为女科学家，她始终保持着自己的自尊自信。她坚持科学家的求真本色，不崇洋媚外。她指导过的工作不计其数，但从不挂名发表任何学术论文，她的名字出现在许多论文篇末的致谢中。

王颖曾说："人活着要有理想，为追求理想，还要有刻苦、实干与敢于面对挑战、不断追求的精神。"她用这样的精神为祖国培养了一大批优秀人才。她用笔记本为每个学生单独建立了"学术档案"，一人一档，每次与学生开展谈话，都悉心记录。如今，这些笔记本在她的办公室柜子里，塞得满满当当，足足有好几摞。2018年10月，王颖以教授身份退休。但她退而不休，仍全身心投入到工作中，每天都坚持上班，甚至节假日还潜心写作书稿。她谦逊地表示，自己只是做了国家需要她做的事，希望年轻人能牢记使命，将薪火传递下去。

心中有国家、胸中有理想、肩上有担当、身上有本领，这正是王颖教授的真实写照，也是王颖对"后浪们"的真诚嘱托，愿"（海洋地质研究）'长江后浪推前浪，一代新人换旧人'"。

附录一 王颖年表

1935 年

2 月 24 日（农历正月二十一日），出生在河南省潢川县，原籍辽宁省康平县哈拉户硕村。原名王肃波。

父亲王奇峰，保定军官学校毕业，是东北军张学良部下少壮派有知识一代的军人，抗战时期先后担任国民革命军骑兵第三师、第四师中将师长。

母亲张桂兰，字蕴如，辽宁省法库县人，出身较为富有的商人家庭，在家排行第三，是王奇峰的第二任妻子。

1936 年

弟弟王德霖出生。

1938 年

12 月 28 日，父亲王奇峰在战争中受伤寒不治去世，终年 41 岁。

迁居西安，定居于西安市南门内书院门街 44 号。

1940 年

9 月，入西安师范附属小学，初秋三五级甲班学习。

1946 年

7 月，小学毕业。

9 月，因老家处于沦陷区，故不经考试，即可进入由北平迁至西安市的私立汇文中学学习，三八年级乙组，学号 1581。

1948 年

母亲被枪杀，移居租住于西安市四皓庄 8 号（傅姓房东）。

1949 年

9 月，进入西安省立女子中学，读完高中一年级。

1950 年

2 月，转读北京崇文门内孝顺胡同后沟 1 号的慕贞女子中学（1951 年改为育新女中，后改为女 13 中，最后改为男女合校的北京市 125 中学）。

1951 年

在北京加入中苏友好协会。

1952 年

6 月 1 日，在北京加入新民主主义青年团。

10 月 16 日，以高分第一志愿考入南京大学地理学系地貌专业。

1953 年

暑期，班级组织为期六周的宁镇山脉地质实习、四周的南京郊区地形测量实习。

1954 年

加入中国共产党。

在杨怀仁教授指导下，在安徽九华山地貌实习，伴以耿伯介老师带领的植物与植物地理实习。

1955 年

在杨怀仁和刘振中先生带领下，前往山西黄土高原等地开展地貌实习。

12 月，被选派参加由团中央组织的新中国第一个地理学代表团，赴印度阿里迦参加国际地理学研讨会（International Geographic Seminar）。会后访问：孟加拉湾、加尔各答及孟买。

1956 年

1 月，出发前往印度 Aligarh 大学参加国际地理学研讨会，会后，在横贯印度大陆途中考察了喜马拉雅山麓的西瓦里克底积层。

4 月，由杨怀仁教授亲自带队指导，进行地貌与第四纪地质综合考察，地点选在浙江天目山，调查基岩山地与丘陵，探查有否第四纪冰川作用遗迹。

9 月，毕业于南京大学地理学系地貌学专业，后分配到北京大学地质地理系任见习助教，备考当年实行的第一届副博士研究生。

1957 年

2 月，考取攻读北京大学地质地理系四年制副博士研究生，师从王乃樑教授，并受教于苏联专家 В.Г. 列别杰夫副教授，其后，听课"地貌学基本原理"及"砂矿地质学"，参加辽东半岛与山东半岛海岸地貌与砂矿地质实习。

5 月，大同野外实习，嗣后，指导地理系大学生在桑干河平原及大同火山群地貌与第四纪地质实习。指导的第一个学生是袁家义。

负责冶金部交予的第五勘探队"山东半岛滨海砂矿研究"，研究锆英石与金红石砂矿分布规律。

1958 年

5—9 月，在山东半岛滨海带生产实习。

9 月，《中共中央、国务院关于教育工作的指示》指出："党的教育工作方针，是教育为无产阶级政治服务，教育与生产劳动相结合。"

9—10 月，考察了辽东、山东、天津等地的海岸，并听专家在青岛、天津、北京等地的讲学。

参与中苏合作项目，交通部"新港泥沙来源与回淤研究"，与有关大学合作，任新港至滦河口调查的北队队长，完成滦河泥沙的影响范围研究。此项目于 1959 年完成。

参加天津新港回淤研究。

1959 年

元旦，与朱大奎结为夫妇。

10 月，在青岛听专家 O.K. 列昂杰夫的讲学，并随专家参与滦河三角洲的野外调研。

12 月 25 日，大女儿朱蒙出生。

在北京大学九斋外修水池，带领学生做实验。

1960 年

讲授砂矿地质、海岸地貌两课，共 12 学时。

参与"苏北海岸与射阳河口选港研究"。

3 月 20 日，参与毕业答辩，毕业论文题为《中国粉砂淤泥质平原海岸的发育与海港建设问题》，成绩为优。毕业时，国家取消了副博士的学制计划，因此只获得北京大学的毕业证书，未获得北京大学的学位证书。

1961 年

2 月，完成北京大学地质地理系教研室四年学习，被授予研究生毕业证书。

4 月，分配到南京大学地理学系工作，任助教，从事海岸研究，组建海洋研究室、海洋研究中心，带领培养新人，逐步形成海洋研究队伍。

二女儿朱耕出生。

1962 年

发表期刊论文：王颖，1962. 谈谈海岸动力地貌学. 地理,（3）：99–101。

12 月,《中国粉砂淤泥质平原海岸的发育因素及贝壳堤形成条件》刊登于《中国地理学会 1961 年地貌学术讨论会论文摘要》，北京：科学出版社，112–114。

1963 年

3 月，南京大学地理学系讲师。（1963 年 3 月—1979 年 1 月）

10 月 28 日，发表期刊论文：王颖，朱大奎，1963. 海岸地貌学现状的初步分析. 南京大学学报（地理学）,（1）：74–82。

研究海南与两广地区南海海洋与建设规划。

在青岛东海饭店参加中国"国家海洋局"成立的研讨会。

负责交通部下达任务"渤海湾海岸特征与天津新港泥沙来源研究"。

参加中国海洋湖沼学会召开的第二届全国代表大会。

发表期刊论文：王颖，1963. 红树林海岸. 地理,（3）：110–112，138。

1964 年

3 月 1 日，发表期刊论文：王颖，1964. 渤海湾西部贝壳堤与古海岸线问题. 南京大学学报（自然科学版），8（3）：424–440，462–464。

9 月，会议摘要《渤海湾西南部岸滩特征》《渤海湾西部贝壳堤与古海岸线问题》刊登于《中国海洋湖沼学会 1963 年学术年会论文摘要汇编》，北京：科学出版社，55–57。

负责交通部一航局设计院任务"秦皇岛鈚锚湾研究"。

1965 年

负责交通部一航局设计院任务"长山寺海岸特征"研究。

负责广州海运局任务"三亚港泥沙来源与海岸发展趋势研究""北海半岛海岸特征与北海湾"。

发表期刊论文：王颖，1965. 渤海湾北部海岸动力地貌. 海洋文集

（秘密），（3）：25–35。

10 月，王颖，朱大奎，顾锡和，崔承琦，1965. 渤海湾西南部岸滩特征. 新港回淤研究，（2）：49–64。

1966 年

5 月 16 日，"文化大革命"爆发，南京大学受到波及停课。下放到溧阳上城农家，后转入南大溧阳分校农场劳动。

完成"湛江 652 港泥沙来源与回淤趋势分析""新开河船厂口门航道防淤研究"，项目为交通部一航局设计院任务。

1967 年

南京大学停课。

被"美国传记学会"评选为"世界 5000 名杰出人物"。

1968 年

南京大学与中山大学合作，选址建立广东汕头港 3000 吨级煤码头与件杂货码头。

1969 年

下放溧阳果园。

1970 年

女儿到溧阳果园，母女团聚。

1973 年

完成山海关船厂港区泥沙来源与回淤趋势研究，交通部一航局设计院任务。

石油港址选择研究，交通部一航局设计院任务。

1974 年

和汕头港指挥部合作，完成汕头港地区海岸特征与港口建设问题。

1 月，发表期刊论文：王颖（笔名：肃波），曾昭璇，1974. 珊瑚与珊瑚礁. 地理知识,（1）：27-30。

1975 年

负责农林部"南湾渔港泥沙来源与回淤趋势研究"。

发表期刊论文：王颖，1975. 南海的海底. 海洋战线,（3）：25-28。

1976 年

4 月，王颖著《祖国的海岸》由科学出版社出版（统一书号：13031. 460）。

10 月，"文化大革命"结束，全国各行各业回归发展的正路，高校的教学活动也开始恢复，王颖也回归学校，继续自己的教学生涯。

1977 年

继续任教南京大学。

发表期刊论文：王颖，1977. 渤海海底地貌. 海洋战线,（6）：5-8.

1978 年

8 月，通过全国留学生选拔，后到北京语言学院外语培训班学习，并顺利通过。

出国前夕，首次访加三位学者：荣烨之、苏德明与王颖，受到加拿大驻华大使的接见与宴请。

加拿大达尔豪谢大学海洋系访问教授，参加 Bedford 海洋研究所海洋地质调查，开始从事加拿大大西洋海岸与深海大洋研究。

"海洋动力地貌"的理论研究获得全国科学大会重大科研成果奖。

因"海岸动力地貌的研究（海港选址）"项目，被全国科学大会授予"在我国科学技术工作中作出重大贡献者"奖状（证书号：0009217）。

1979 年

2 月，加拿大达尔豪谢大学进修，贝德福德海洋研究所大西洋地质中心访问学者。

8 月，加拿大达尔豪谢大学地质系，任海洋地质研究员。

10 月，经加拿大达尔豪谢大学学术评定，授予王颖研究员职称。

10 月，《中国自然地理——海洋地理》（王颖，朱大奎，金翔龙撰写第二章：海底地质地貌，5-52 页）由科学出版社出版（统一书号：13031.1038）。

参与"海岸动力地貌与海岸发育研究"项目、"海岛、陆架与深海研究"项目。

1980 年

1 月，"海岸发育与岸线变迁研究"项目启动，项目来源是国家科委自然科学规划重点项目、教育部国外交流项目，完成单位是南京大学海洋地理与沉积研究室。

4 月，在"加拿大全国海岸研究会议"上，作了《中国海岸与研究工作状况》的报告，并发表期刊论文：Wang Ying, 1980. The coast of China. Geoscience Canada，7（3）：109-113。

发表期刊论文：王颖，1980. 拉布拉多海考察散记——在国外的海上生活与见闻. 海洋，（4）：1-2。

1981 年

3 月，在百慕大乘"哈德森"号遇风暴。

8 月 19 日，在圣劳伦斯海底峡谷使用"派塞斯"深潜器从事 2 小时海底地质调查，航次是 1057，深度是 216 米，观察了絮凝现象。

8 月，出席在加拿大贝德福德研究所召开的"浑浊海岸环境动力学专题讨论会"（Dynamics of Turbid Coastal Environments Symposium），提交了论文《中国淤泥质海岸》（The Mudflat Coast of China）。

12 月，到美国伍兹候尔（Woods Hole）海洋研究所讲学。

参与"石英砂表面结构与沉积环境研究"项目。

发表期刊论文：Gustavs Vilks，Wang Ying，1981. Surface Texture of Quartz Grains and Sedimentary Processes on the Southeastern Labrador Shelf（拉布拉多陆架东南部石英颗粒表面结构与沉积过程）. Geological Survey of Canada, Current Research, Part B, Paper81-1B：55-61.

1982 年

2 月，完成加拿大的学习任务，并收到一份贝德福德研究所赠送的纪念品：定制的在大西洋考察时照片的合金铝质奖牌。回南京大学任职。

3 月，南京大学地理学系海洋地貌与沉积研究室主任。

4 月 1 日，发表期刊论文：王颖，陈万里，1982. 三亚湾海岸地貌的几个问题. 海洋通报，1（3）：37-45.

4 月，发表期刊论文：Wang Ying，D.J.W. Piper，1982. Dynamic geomorphology of the drumlin coast of Southeast Cape Breton Island（开普不列颠岛东南部鼓丘海岸的动力地貌学）. Maritime Sediments and Atlantic Geology（滨海沉积与大西洋地质），18（1）：1-27.

发表期刊论文：Wang Ying，David.J.W. Piper，Gustavs Vilks，1982. Surface textures of turbidite sand grains，Laurentian Fan and Sohm Abyssal Plain. Sedimentology，29（5）：727-736.

中国海岸带的发展研究一组文章获江苏海洋湖沼学会 1982—1984 优秀论文。

带领青年教师罗哲文和研究生丁贤荣到苏北海岸带工作。

1983 年

3 月，被江苏省妇女联合会授予"三八红旗手标兵"称号（证书编号：第 000001 号）。

3 月 22 日，发表期刊论文：王颖，1983. 关于海岸升降标志问题. 南京大学学报（自然科学版），（4）：745-752.

5 月，被南京大学提升为副教授。

10 月，参加我国"东方红"科学考察船赴日本访问及东海调查工作。

12 月 22 日，发表期刊论文：Wang Ying, 1983. The mudflat system of China（中国泥滩海岸）. Canadian Journal of Fisheries and Aquatic Sciences（加拿大渔业与水科学杂志），40（Supplement No.1）：160-171。

12 月 31 日，发表期刊论文：王颖，1983. 圣劳伦斯湾潜水地质考察记. 东海海洋，1（4）：63-68。

发表期刊论文：Wang Ying, G. Vilks, D.J.W. Piper，1983. The Surface Texture of Quartz Sand Grains from the Continental Shelf Environment：Examples from Canada and China（大陆架环境石英砂颗粒表面结构：以中加两国为例）. Proceedings of International Symposium on Sedimentation on the Continental Shelf with Special Reference to the East China Sea（中国东海大陆架沉积国际研讨会论文集）. Beijing: China Ocean Press, 1017（920）－1029（931）.

1984 年

5 月 20 日—6 月 24 日，在英国就海洋地质学研究方面进行专题报告讲座与学术交流，主要活动包括访问 Swansea 大学学院海洋系、剑桥大学地理系、北威尔士大学海洋研究中心以及伦敦帝国学院地质系，进行了五次专题讲演与交流活动；进行了海岸踏勘工作，范围包括威尔士西部、南部以及北部海岸与潮汐河口；在英格兰泥滩、草滩海岸与北海沙丘海岸等采集了少量泥沙样品，拍摄了海岸照片，并且进行了穿越威尔士与英格兰内陆的旅行；商讨制定了英国斯旺西大学学院海洋系和南京大学海洋地貌与沉积研究室未来三年合作的初步计划。

参加英国伦敦的国家大陆架沉积作用学术会议，长篇论文 Sediment supply to the continental shelf by the major rivers of China 被收入会议论文集。

4 月 10 日，发表期刊论文：王颖，1984. 关于开发海南岛港口的几点建议. 中国港口，(3)：44-47。

6 月 29 日，发表期刊论文：王颖，1984. 核废物安置与海床研究. 海洋通报，3（6）：84-88。

8 月 27 日，被教育部特批为南京大学教授，研究方向是海岸动力地貌与海洋沉积。

9 月，发表期刊论文：王颖，1984. 访日结交的学者和友人. 国际学术动态，（3）：116-117。

11 月，"海岸发育与岸线变迁研究"获江苏省科技进步三等奖；经教育部推荐，为国家科委予以正式登记的国家级重大科技成果。

被中华人民共和国人事部授予"中青年有突出贡献专家"（证书编号：360057）。

被推选为中国共产党江苏省第七次代表大会代表（证书编号：0221）。

当选为江苏省科学技术协会副主席、南京市鼓楼区第十届人民代表。

到英国斯旺西大学及剑桥大学讲学 3 周。

1985 年

3 月 7 日，被中华全国妇女联合会授予"全国三八红旗手"荣誉称号（证书编号：第 8723 号）。

9 月 12 日至 12 月 16 日，先后到英国、加拿大和美国三地进行学术访问。其中，9 月 12 日—10 月 21 日，访问英国威尔士斯旺西大学；10 月 21 日—11 月 15 日，访问加拿大多伦多大学；11 月 15 日—12 月 15 日，访问美国萨卡门托的加利福尼亚州大学。

9 月 15 日，发表期刊论文：王颖，1985. 海洋地质学的发展现状与趋势. 江苏省地质学会会讯（江苏省地质学会第四次会员代表大会专辑），（1）：28-31。

10 月 21 日，周一下午三点，在美国伍兹候尔进行题为 *Sediment Supply to the Continental Shelf by the Major Rivers of China* 的报告。

12 月 27 日，美国 Woods Hole 海洋研究所海岸研究中心副研究员 David Aubrey 博士访问南京大学。随同 Aubrey 来访的有其研究生 Vergiria Fry，Aubrey 的妻子和子女。南京大学地理学系副教授朱大奎全程陪同。

12 月，王颖，B.迪纳瑞尔著《石英砂表面结构模式图集（中、英文版）》由科学出版社出版（统一书号：13031 3029）。

任江苏省科学技术协会副主席（1985—1993）。

当选中共江苏省七大代表。

参与国家教委批准、英国文化协会支持、中英合作的"潮滩及河口湾沉积比较研究"项目（1985—1988）。

负责中英项目"潮滩及河口湾沉积比较研究"（1985—1988）。

1986 年

8 月，发表期刊论文：Wang Ying, Mei-e Ren, Dakui Zhu, 1986. Sediment supply to the continental shelf by the major rivers of China（中国主要河流对大陆架沉积作用）. Journal of The Geological Society，London（伦敦地质杂志），143（6）：935-944。

赴澳大利亚参加第十二届沉积学大会。

9 月 1 日—5 日，在英国普利茅斯参加第十六届 EBSA 浑浊海岸环境研讨会（16th EBSA Symposium Dynamics of Turbid Coastal Environments）。

11 月，参与编著《中国自然地理》项目，其中的《海洋地理》获得"中国科学院科学技术进步奖一等奖"。

组建跨系的南京大学海洋科学研究中心。

承担国家基金项目"石英砂表面结构与沉积环境研究"。

1987 年

2 月，任南京大学地理学系主任，后地理学系改建为大地海洋科学系（1987—1995）。

10 月 1 日，发表期刊论文：王颖，朱大奎，1987. 海岸沙丘成因的讨论. 中国沙漠，7（3）：29-40。

发表期刊论文：王颖，1987. 深海浊流沉积特征与浊流砂表面结构. 南京大学学报（地理学专辑），（8）：1-7。

发表期刊论文：王颖，1987. 关于加强地理科学国际交流的几点认识. 南京大学学报（地理学专辑），（8）：238-241。

发表期刊论文：Wang Ying, David Aubrey, 1987. The characteristics of the China coastline（中国海岸的特点）. Continental Shelf Research（大陆架

研究），7（4）：329–349.

凭国家自然科学基金项目"海岸动力地貌的研究"获得"全国科学技术工作中做出重大贡献者"。

承担国家基金项目"潮滩沉积相研究"（1987—1990）。

由国家科委批准为"国家级有突出贡献的专家"。

开展"海南岛港湾沉积与开发利用研究"，该项目由中国教育委员会和加拿大国际发展中心支持（1987—1990）。

参与"海洋开发工程技术"项目。

1988 年

6月，获得由剑桥大学颁发的"世界杰出女性奖"（The World Who's Who of Women）。

8月2日至9日，主办"人类行为对潮滩海岸生态系统和环境的影响"会议。

国家科委批准与加拿大合作的重点项目"海南岛港湾沉积作用与开发利用"（1988—1990）。

9月，王颖等（南京大学海洋科学研究中心）著《秦皇岛海岸研究》由南京大学出版社出版。（ISBN：978-7-305-00045-0）

12月7日，王颖被美国传记学会（The American Biographical Institute）授予哈纳尔国际文化文凭（The International Cultural Diploma of Hanar），文凭号：219号（Limited Diploma #219.）。

任中国地理学会海洋地理专业委员会主任委员（1988—1995）。

1989 年

5月，编著《秦皇岛海岸研究》获得"南京大学出版社一九八九年优秀图书二等奖"。

12月30日，发表期刊论文：Wang Ying, Xiankun Ke, 1989. Cheniers on the east coastal plain of China. Marine Geology，（90）：321–335。

任南京大学海洋研究中心主任（1989—2009）。

6 月 30 日，发表期刊论文：王颖，周旅复，1990. 海南岛西北部火山海岸的研究. 地理学报，45（3）：321–330。

10 月，王颖主编的 *Proceedings of the Fifth MICE Symposium for Asia and Pacific*：*Ecosystem and Environment of Tidal Flat Coast Effected by Human Being's Activities*（亚太地区第五届 MICE 研讨会论文集：人类活动对滩涂生态环境的影响）由南京大学出版社出版。（ISBN：978–7–305–00864–8/P.49）

11 月 1 日至 10 日，在海南岛组织与主持召开"国际海岛海岸与港湾资源开发管理国际学术讨论会（ICER）"。

12 月 31 日，发表期刊论文：王颖，朱大奎，1990. 中国的潮滩. 第四纪研究,（4）：291–300。

发表期刊论文：王颖，朱大奎，1990. 洋浦港海岸地貌与海岸工程问题. 南京大学学报（地理学专辑），（11）：1–13。

任海岸与海岛开发国家试点实验室主任（1990 — 2000）。

任国家教育委员会第一、二届高等学校理科地理学教学指导委员会主任委员（1990 — 2000）[①]。

1991 年

6 月 15 日，发表期刊论文：王颖，1991. 开发江苏岸外海洋石油. 江苏政协,（7）：22。

7 月，中华人民共和国国务院表彰王颖在高等教育方面的贡献，发放政府特殊津贴。

发表期刊论文：王颖，吴小根，1991. 浙闽港湾潮滩与沉积的组合特征. 南京大学学报（地理学专辑），（12）：1–9。

1992 年

"中国海岸发育研究"获国家教委重要科技成果三等奖。

---

① 1998 年后改为教育部地理学教育指导委员会主任委员。

发表期刊论文：王颖，1992. 开发南黄海海洋石油的建议. 南京大学学报（自然科学版地理学专辑），（13）：188-190。

发表期刊论文：王颖，1992. 国际海洋科技动态. 南京大学学报（自然科学版地理学专辑），（13）：191-198。

3月15日，发表期刊论文：Wang Ying, Zhu Dakui, 1992. Sand dune coast—an effect of land-sea interaction under the new glacial Arctic climate. The Journal of Chinese Geography, 3（1）：37-54。

6月，发表期刊论文：Wang Ying, 1992. Coastal Development and Environmental Protection in China. Industry and Environment，15(1-2)：7-10。

11月，Wang Ying, Schafer, Charles T. 主编的《Island Environment and Coast Development（海岛环境与海岸开发）》由南京大学出版社出版（ISBN：978-7-305-01815-5/P.79）。收录王颖论文3篇：

Wang Ying, Zhu Dakui, Schafer, Charles T., Smith, John N., 1992. Marine Geology and Environments of Sanya Bay, Hainan Island, China. Island Environment and Coast Development. Nanjing：Nanjing University Press，125-156.

Zhu Dakui, Wang Ying, Smith, John N., Schafer, Charles T., 1992. Sediment Transport Processes in Yangpu Bay, Hainan Island, China. Island Environment and Coast Development. Nanjing：Nanjing University Press，157-182.

Wang Ying, 1992. A Comparative Study on Harbour Siltation and Harbour Development, Hainan Island, China. Island Environment and Coast Development. Nanjing：Nanjing University Press，373-391.

12月，发表期刊论文：王颖，1992. 论发展中的深水大港——连云港. 南京大学学报，"连云港及后云台山环境评价与海港发展"专集：31-38。

1993 年

6月14至18日，在北京组织与主持召开"93太平洋海洋科学技术（区域）会议（PACON93）"。

6 月 17 日，获国际太平洋海洋科技协会（PACON International）颁发的"科学服务贡献奖"。

获聘为国际太平洋海洋科技协会（PACON International）中国分部副主席（1993—2004）。

6 月，"中国海岸发育研究"项目被国家教育委员会授予"科学技术进步奖三等奖"（证书号：92-34201）。

7 月 2 日，发表期刊论文：陈定茂（译），王颖（著），1993. 中国的沿海开发与环境保护. 产业与环境（中文版），15（1-2）：7-10。

9 月，博士生陈方、张小曳，入学南京大学大地海洋科学系，师从王颖。

10 月 1 日，获得中华人民共和国国务院从 1991 年起发放的政府特殊津贴和证书，证书号是"政府特殊津贴（91）360457 号"。

11 月，朱大奎、王颖主编的《海洋技术》由江苏科技出版社出版（ISBN：978-7-5345-1701-X）。

主持国家自然科学基金"八五"重点项目"黄海海底辐射沙洲形成演变研究"，此项目由河海大学、同济大学、中科院海洋所和南京大学共同承担。

1994 年

David Hopely, Wang YING 主编的 *Proceedings of the 1993 PACON China Symposium：Estuarine and Coastal Processes* 由澳大利亚北昆士兰詹姆斯库克大学出版社（James Cook University of North Queensland, Townsville, Australia）出版（ISBN：978-0-86443-500-2）。

收录王颖论文：Wang Ying, Ge Chendong, 1994. Several Aspects of Human Impact on the Coastal Environment in China——Examples：Through the River—Sea System. Proceedings of 1993 PACON CHINA SYMPOSIUM：Estuarine and Coastal Processes（Beijing, China, June 14-18, 1993）. North Queensland, Townsville, Australia：James Cook University Publisher, 596-603.

6 月，王颖、朱大奎著《海岸地貌学》由高等教育出版社出版（ISBN：

978-7-04-004651-2/K.221）。

6月，王颖博士生蔡明理顺利毕业，成为厦门翔业集体有限公司副总经理。博士生朱晓东顺利毕业，成为南京大学环境学院教授。博士生邓伟栋顺利毕业，成为招商局国际有限公司企划与商务部总经理。

7月，《高科技知识丛书》（王颖任《海洋技术》分册副主编）获中共中央宣传部"一九九三年度精神文明建设'五个一工程作品入选作品'"。

12月30日，发表期刊论文：王颖，1994. 海洋地理学的当代发展. 地理学报，49（增刊）：669-676。

任中国海洋学会副理事长，兼国际学术交流委员会主任委员（1994—2006），名誉理事长（2005—2010）。

任中国海洋地质学会常务理事（1994—2003）。

任国际地貌学家联合会（IAG）中国国家代表（1994—1999）。

任国际地理学会（IGU）海洋地理学专业委员会常务理事、委员。

在比利时列日大学召开的海岸海洋工作会议上作"陆源径流与海洋沉积"报告，此报告收录于当代海洋学的权威著作"The Sea"第十卷"Global Coastal Ocean"海洋专集。

发表期刊论文：Wang Ying, 1994. Effect of military activities on environment in eastern and southeastern China. Annual Science Report——Supplement of Journal of Nanjing University, 30（English Series 2）：43-46.

承担南京大学211工程建设项目"长江三角洲及沿海地区环境资源与可持续发展"，此项目将海岸带研究、大陆架研究与河海交互作用研究相结合。

1995 年

3月23日，发表期刊论文：王颖，吴小根，1995. 海平面上升与海滩侵蚀. 地理学报，50（2）：118-127。

5月，以第一完成人身份参与的"亚龙湾海洋旅游勘测研究与规划"项目被国家教育委员会授予"科学技术进步奖三等奖"（证书号：95-704）。

6月，王颖博士生张小曳顺利毕业，现为中国气象科学研究院研究员、博士生导师。2019 年喜获中国工程院院士。

8 月，荣获"南京大学健力宝奖教金三等奖"。

9 月 15 日，被联合国第四次世界妇女大会中国组织委员会授予嘉奖证书。

10 月 3 日至 9 日，在南京组织与主持召开"国际相对海平面变化与世界淤泥质海岸学术讨论会暨 SCOR WG 106 组第一次工作会议"。

12 月 30 日，著作《海岸地貌学》获"南京大学优秀教材一等奖"和国家教育委员会授予"第三届普通高等学校优秀教材奖一等奖"（证书编号：951094）。

12 月，"江苏省海岛资源综合调查与开发试点研究"获得江苏省科技委员会颁发的"江苏省科技进步奖二等奖"。

任南京大学地学院（含地理、地质、气象三系）院长（1995—2007）。

任国际海洋研究委员会（（The Scientific Committee on Oceanic Research，简称：SCOR）106 工作组海平面研究主席（1995—2001），专题研究：相对海平面变化与世界淤泥质海岸。

1996 年

5 月 25 日，发表期刊论文：王颖，朱大奎，1996. 海南岛洋浦湾沉积作用研究. 第四纪研究，（2）：159-167。

6 月，王颖博士生陈方顺利毕业，后成为厦门象屿集团有限公司总裁。

6 月 25 日，发表期刊论文：邵全琴，王颖，赵振家，1996. 海南岛潮汐汊道的现代沉积特征研究. 地理研究，（15）：84-91。

9 月，王颖主编的《中国海洋地理》由科学出版社出版（ISBN：978-7-03-005305-2）。

11 月，发表期刊论文 4 篇：

（1）Wang Ying，1996. The sedimentation processes of tidal embayments and their relationship to deepwater harbour development along the coast of Hainan Island，China——a summary on the Canadian-Chinese cooperative research project. Annual Science Report——Supplement of Journal of Nanjing

University，32（English Series 4）：18−19.

（2）Wang Ying，Charlie T. Schafer，Zhang Yongzhan，1996. State Pilot Laboratory of Coast & Island Exploitation（SCIEL）. Annual Science Report——Supplement of Journal of Nanjing University，32（English Series 4）：20−22.

（3）Wang Ying，1996. The international conference on relative sea level and muddy coasts of the world by working group 106 of SCOR，ICSU held in Nanjing University. Annual Science Report——Supplement of Journal of Nanjing University，32（English Series 4）：28−30.

（4）Wang Ying，Zhu Dakui，1996. Coastal Geomorphology. Annual Science Report——Supplement of Journal of Nanjing University，32（English Series 4）：35.

9 月，张永战入学南京大学城市与资源学系，成为王颖的博士生。

12 月，《高科技知识丛书》（王颖任《海洋技术》分册副主编）被国家科学技术委员会授予"科学技术进步奖三等奖"（证书号：33-3-006-01）。

任中国地理学会常务理事（1996−1999）。

获"南京大学第四届研究生导师教书育人奖"。

王颖负责的"地学教育基地学科与教材体系研究"项目获国家教委高等教育"全国领先水平"。

1997 年

4 月 15 日，发表期刊论文：朱晓东，任美锷，王颖，1997. 江苏海岸带沉积环境中的有孔虫埋葬群特征. 海洋科学，（2）：52−56。

9 月 3 日至 6 日，在德国 Wilhelmshaven 的 Senckenberg 研究所组织与主持召开"SCOR 工作组第二次工作会议暨淤泥海岸国际学术交流会"。

发表期刊论文 4 篇：

3 月，王颖，1997. 海洋研究倍受重视. 国际学术动态，（3）：74。

10 月 20 日，杨宝国，王颖，朱大奎，1997. 中国的海洋海涂资源.

自然资源学报，12（4）：307–316。

11月13日，邵全琴，王颖，王益峋，1997. 海南岛洋浦深槽与拦门沙沉积特征和沉积环境分析. 海洋学报（中文版），19（6）：134–145。

11月15日，王颖，张永战，1997. 火山海岸与环境反馈——以海岛火山海岸为例. 第四纪研究，（4）：333–343。

任中国海洋湖沼学会常务理事（1997—2007）。

任国际地貌学家联合会（IAG）执行委员会委员（1997—2001）。

1998 年

1月1日，发表期刊论文：Wang Ying, 1998. Sea—level changes, human impacts and coastal responses in China（中国海平面变化、人类影响与海岸响应）. Journal of Coastal Research, 14（1）：31–36.

1月20日，王颖以第一完成人身份参与的"海岸地貌学"项目被国家教育委员会授予科学技术进步奖二等奖（证书号：97–213）。

5月，王颖，张永战，邹欣庆《面向21世纪的海岸海洋科学》刊登于《97海岸海洋资源与环境学术研讨会论文集（SCOR'97）》，香港：香港科技大学理学院及海岸与大气研究中心出版，68–73。

5月30日，发表期刊论文：王颖，张永战，1998. 人类活动与黄河断流及海岸环境影响. 南京大学学报（自然科学版），34（3）：257–271。

5月30日，发表期刊论文：徐钢，王颖，朱大奎，1998. 长江口海面上升量分析. 南京大学学报（自然科学版），34（3）：272–276。

9月，葛晨东入学南京大学城市与资源学系，成为王颖的博士生。

10月，王颖等著《海南潮汐汊道港湾海岸》由中国环境科学出版社出版（ISBN：978-7-80135-509-1）。

10月15日，发表期刊论文：王颖，朱大奎，周旅复，王雪瑜，蒋松柳，李海宇，施丙文，张永战，1998. 南黄海辐射沙脊群沉积特点及其演变. 中国科学（D辑），28（5）：385–393。

11月，发表期刊论文：王颖，1998. 大西洋：过去、现在和未来. 国际学术动态，（11）：74–77。

11 月 30 日，发表期刊论文：尤坤元，王颖，王雪瑜，施丙文，1998. 江苏北部岸外辐射沙洲有孔虫分布及其沉积环境分析. 南京大学学报（自然科学版），34（6）：650-654。

12 月，严宏谟，王颖主编的"海洋在召唤丛书:《变幻的世界》《海底——神奇的世界》《海岸——通向海洋的虹桥》（王颖著）"三本书由广西教育出版社出版。

12 月 1 日，王颖，朱晓东，邹欣庆，朱大奎，《南黄海辐射沙洲成因的浅层地震与有孔虫证据》刊登于陈颙，王水，秦蕴珊，陈邦彦主编的《寸丹集——庆祝刘光鼎院士工作 50 周年学术论文集》. 北京：科学出版社，113-120。

出席北京大学百年校庆。

1999 年

1 月 30 日，王颖以第一完成人身份参与的"中国海洋地理研究"项目被国家教育委员会授予科学技术进步奖一等奖（证书号：98-017）。

2 月 15 日，发表期刊论文：Wang Ying, Zhu Dakui, You Kunyuan, Pan Shaoming, Zhu Xiaodong, Zou Xinqing, Zhang Yongzhan，1999. Evolution of radiative sand ridge field of the South Yellow Sea and its sedimentary characteristics. Science in China（Series D）（中国科学（D辑：地球科学）（英文版）），42（1）：97-112.

5 月 15 日，发表期刊论文：李志忠，罗若愚，周勇，朱大奎，王颖，1999. 中国干旱区沙漠沉积与大陆架残留沉积特征比较研究. 干旱区地理，22（2）：8-13。

5 月 23 日，王颖（译），任美锷，吴传钧（校），1999. 海洋地理国际宪章（国际地理联合会副主席 Adalberto Vallega 执笔）. 地理学报，54（3）：284-286。

6 月，王颖学生张永战顺利毕业，成为南京大学地理与海洋科学学院副教授。

7 月，蔡明理，王颖著《黄河三角洲发育演变及对渤、黄海的影响》

由河海大学出版社出版（ISBN：978-7-5630-1214-1）。

9月25日，发表期刊文章：王颖，张永战，1999. 黄河断流与海岸反馈. 科学，51（5）：40-44。

10月18日，王颖，张永战，《面向21世纪的海岸海洋科学》刊登于《面向21世纪的科技进步与社会经济发展（上册）》：183-184。

11月1日，《试论大学本科地球学科教育》刊登于《中国地理学会. 地理学的理论与实践——纪念中国地理学会成立九十周年学术会议文集》，北京：科学出版社，32-36。

发表期刊论文：李志忠，朱大奎，王颖，1999. 关于中国陆架沙漠化理论几个问题的探讨. 地理学报，54（3）：269-276。

任中国地理学会理事（1999—2003）。

任中国第四纪科学研究会海岸海洋专业委员会主任委员（1999—2012）。

任国际太平洋科学技术协会（PACON）常务理事、中国副主席（1999—2009）。

任国际地貌学家联合会（IGA）常务理事（1999—2008）。

2000 年

2月23日，张永战，王颖，《面向二十一世纪的海岸海洋科学》刊登于《科学新闻》第7期：13。

7月，朱大奎，王颖，陈方编著《环境地质学》由高等教育出版社出版（ISBN：978-7-04-008624-9）。

8月26日至29日，在南京组织与主持召开"国际地貌学家联合会（IAG）专题会议："季风气候与地貌过程"。

11月30日，发表期刊论文：张永战，王颖，2000. 面向21世纪的海岸海洋科学. 南京大学学报（自然科学版），36（6）：702-711。

发表期刊论文：王颖，2000. 人类与世界海洋. 国际学术动态，（4）：23-26，38。

1 月 15 日，发表期刊论文：Wang Ying, Martini I. Peter, Zhu Dakui, Zhang Yongzhan, Tang Wenwu, 2001. Coastal plain evolution in southern Hainan Island, China. Chinese Science Bulletin, 46（supp.1）：90-96, plate 1.

4 月，Yang Wencai, Paul Robinson, Fu Rongshan, Wang Ying 著《Geodynamic Processes and Our Living Environment》（地球动力学作用与人类生存环境）由地质出版社出版（ISBN：978-7-1160-03404-8）。

5 月 15 日，发表期刊论文：王颖，2001. 对大学地球科学教育的几点思索. 中国地质教育,（2）：12-15。

6 月 13 日，获得加拿大滑铁卢 Waterloo 大学环境科学荣誉博士学位。

8 月 1 日，王颖，张永战，牛战胜，《海岸海洋科学研究新进展》刊登于《中国地理学会. 海峡两岸地理学术研讨会暨 2001 年学术年会论文摘要集》，上海，30。

8 月 1 日，发表期刊论文：Wang Ying, Gustaf Arrhenius, Zhang Yongzhan, 2001. Drought in the Yellow River —— an Environmental Threat to the Coastal Zone. Journal of Coastal Research International Coastal Symposium（ICS2000）：CHALLENGES FOR THE 21ST CENTURY IN COASTAL SCIENCES, ENGINEERING ANDENVIRONMENT（August 2001），（Special issue 34）：503-515.

10 月 1 日，殷勇，朱大奎，王颖，葛晨东，I.Peter Martini，《海南岛东部博鳌地区沙坝 - 潟湖沉积体系演化及探地雷达（GPR）的应用》刊登于《2001 年全国沉积学大会摘要论文集》，306-316。

11 月，当选为中国科学院院士。

12 月 16 日，获聘为海南省环境教育协会顾问（2001—2006）。

任《海洋与湖沼学报》副主编（2001—2004）。

任海岸与海岛开发教育部重点实验室学术委员会主任（2001—2009）。

2002 年

3 月 6 日，中华全国妇女联合会授予王颖"全国三八红旗手"荣誉称号。

3月30日，发表期刊论文：王颖，2002. 海南岛海岸环境特征. 海洋地质动态，18（3）：1-9。

4月28日，发表期刊论文：王颖，盛静芬，2002. 滨水环境与城市发展的初步研究. 地理科学，22（1）：12-17。

5月，在北京市一二五中学百年校庆之际，捐资并获荣誉证书。

7月1日，中共南京大学委员会授予王颖"优秀共产党员"称号。

8月5日，发表期刊论文：陈鹏，高建华，朱大奎，王颖，2002. 海岸生态交错带景观空间格局及其受开发建设的影响分析——以海南万泉河口博鳌地区为例. 自然资源学报，17（4）：509-514。

8月8日至14日，在杭州组织与主持召开"国际潮流动力环境学术会议"。

9月29日，发表期刊论文：李海宇，王颖，2002. GIS与遥感支持下的南黄海辐射沙脊群现代演变趋势分析. 海洋科学，26（9）：61-65。

12月，中华全国妇女联合会授予王颖"第四届中国十大杰出女杰提名奖"荣誉称号。

12月，王颖主编的《黄海陆架辐射沙脊群》由中国环境科学出版社出版（ISBN：978-7-80163-443-8）。

Terry Healy，Wang Ying and Juddy-Ann Healy 主编 *Muddy Coasts of the World: Processes, Deposits and Function* 由 ELSEVIER 出版（ISBN：978-0-444-51019-2）。

发表期刊论文：王颖，2002. 做无愧于时代的知识女性. 女性风采，（4）：23-24。

发表期刊论文：王颖，2002. 第10届太平洋科学技术协会科学大会述评. 国际学术动态，（6）：22-24。

2003 年

2月25日，发表期刊论文：刘青松，盛静芬，王颖. 2003. 苏北地区农业环境问题及管理方案的探讨. 环境污染与防治，25（1）：6-9。

3月20日，发表期刊论文：王颖，马劲松，李海宇，2003. 地理信息系统技术在海洋测绘中的应用. 中国海事（测绘专刊）：28-31。

4月17日，获聘为南京市鼓楼区人大常委会专家咨询委员会顾问。

5月15日，发表期刊论文：王颖，2003. 海洋在召唤. 地理教育，（3）：序。

6月10日，发表期刊论文：陈国强，王颖，2003. 海岸带综合管理的若干问题. 海洋通报，22（3）：39-44。

6月，王颖博士生陈鹏毕业，成为自然资源部第三海洋研究所研究员。

11月30日，发表期刊论文：

王颖，2003. 充分利用天然潮流通道建设江苏洋口深水港临海工业基地. 水资源保护，19（6）：1-4，63。

王颖，王腊春，王栋，陈文瑞，2003. 长江三角洲水资源水环境承载力、发展变化规律及永续利用之对策研究. 水资源保护，19（6）：34-40，49，64.

12月30日，发表期刊论文：

王颖，马劲松，2003. 南海海底特征、资源区位与疆界断续线. 南京大学学报（自然科学版），39（6）：797-805。

王颖，朱大奎，曹桂云，2003. 潮滩沉积环境与岩相对比研究. 沉积学报，21（4）：539-546。

2004 年

1月1日，发表期刊论文：王颖，2004. 全球变化与海岸海洋科学进展. 知识就是力量，（1）：48-50。

2月29日，发表期刊论文：王颖，牛战胜，2004. 全球变化与海岸海洋科学发展. 海洋地质与第四纪地质，24（1）：1-6。

3月，发表期刊论文：王颖，2004. 大学生活回忆. 南大校友通讯，（24）：49-51。

6月，王颖博士生陈国强顺利毕业，成为集美大学港口与环境工程学院地理科学系副教授。

7月1日，发表期刊论文4篇：

（1）Wang Ying, Terry Healy, Wenrui Chen, Dong Wang and Aimee Bishop, 2004. Water resource capacity, regulation, and sustainable utilization of the Changjiang River Delta. Journal of Coastal Research, (SI 43 Tidal Dynamics and Environment): 75-88.

（2）Terry Healy, Wang Ying, 2004. Integrated coastal zone management for sustainable development -with comment on ICZM applicability to muddy coasts. Journal of Coastal Research, (SI 43 Tidal Dynamics and Environment): 229-242.

（3）Jing-Hong Yang, Shao-Yong Jiang, Xiao-Rong Wang, Wang Ying, 2004. Heavy Metals in Coastal Waters from Sanya Bay, Hainan Island: Implication for Human Impact on the Estuarine Coastal Environments. Journal of Coastal Research, (SI 43 Tidal Dynamics and Environment): 171-178。

（4）Xinqing Zou, Wang Ying, Xiaorong Wang, Chendong Ge, Zhansheng Niu, 2004. Environmental Stress and Policy Guidelines for Environmental Management of the Sanya coastal Zone, Hainan Island, China. Journal of Coastal Research, (SI 43 Tidal Dynamics and Environment): 243-253.

9月28日，发表期刊论文：朱大奎，王颖，王栋，王腊春，2004. 长江三角洲水环境水资源研究. 第四纪研究，24（5）：486-494。

11月23日，发表期刊论文：何华春，王颖，李书恒，2004. 长江南京段历史洪水位追溯. 地理学报，59（6）：938-947。

任中国第四纪研究委员会副理事长（2004—2007）。

成为国际太平洋科学技术协会（PACON International）终身会员。

发表期刊论文：I.P. Martini, Wang Ying, D. Zhu, Y. Zhang, W. Tang, 2004. Coastal sandy ridges and reefs of southern Hainan Island（China）developed during Quaternary sea-level variations. Quaternaria Nova, (Ⅷ): 277-296.

2005 年

1月10日，获聘为中德"长江流域湿地生态功能区划分"研讨会学委会委员。

1月，"地球系统科学创新人才的培养方式与实践成果"获得"2004年江苏省高等教育教学成果奖一等奖"。

10月25日，发表期刊论文：王颖，2005. 论江河湖海与城市发展——兼议南京市滨江段建设. 江苏科技信息，（10）：4-10。

任中国海洋学会副理事长（2005—2010）。

任国际地貌学家联合会（IAG）执行委员会委员（2005—2009）。

赴新疆玛纳斯河谷考察。

5月，《时代的召唤，导师的教育》刊登于路甬祥主编的《科学的道路》，上海：上海教育出版社，973-977。

2006 年

2月23日，通过《江苏省科技工作者建议》报送的"关于大力发展海洋经济的建议"被江苏省科学技术协会授予"2005年度优秀建议奖"。

3月，发表期刊论文：王颖，2006. 发挥"江海"优势，力争5年内江苏海洋经济跃居全国前列——大力发展江苏省海洋经济的建议. 江苏科技信息，（3）：1-2。

4月30日，发表期刊论文：张永战，王颖，2006. 海岸海洋科学研究新进展. 地理学报，61（4）：446。

5月30日，在《第四纪研究》发表期刊论文4篇：

（1）王颖，张振克，朱大奎，杨竞红，毛龙江，李书恒，2006. 河海交互作用与苏北平原成因. 第四纪研究，26（3）：301-320。

（2）郭伟，王颖，2006. 马六甲海峡——南海航线与当代中国经济发展. 第四纪研究，26（3）：485-490。

（3）杨竞红，王颖，张振克，J.-P. Guilbault，毛龙江，魏灵，郭伟，李书恒，徐军，季小梅，2006. 苏北平原2.58Ma以来的海陆环境演变历史——宝应钻孔沉积物的常量元素记录. 第四纪研究，26（3）：340-352。

（4）王颖，2006.《第四纪研究》后记. 第四纪研究，26（3）：后记。

6月，王颖博士生葛晨东毕业，留校任教成为南京大学地理与海洋科学学院教授。

9 月 30 日，发表期刊论文：Wang Ying, Zhu Dakui, 2006. Characteristics and Exploitation of Coastal Wetland of China（中国沿海湿地的特点及开发利用）. Resources and Environment in the Yangtze Basin（长江流域资源与环境），15（5）：553–559.

《时代的召唤，导师的教育》刊登于《科学时报（后改为中国科学报）》2006 年 10 月 27 日第 02 版。

2007 年

6 月 15 日，发表期刊论文：王颖，赵连泽，吴小根，蒋全荣，邵进，陈云棠，2007. 地球系统科学创新人才培养模式探索与实践. 中国大学教学，（6）：13–16。

9 月 15 日，在《第四纪研究》发表期刊论文 4 篇：

（1）王颖，傅光翿，张永战，2007. 河海交互作用沉积与平原地貌发育. 第四纪研究，27（5）：674–689。

（2）杨竞红，王颖，张振克，J.–P.Guilbault，毛龙江，魏灵，郭伟，李书恒，徐军，季小梅，2007. 宝应钻孔沉积物的微量元素地球化学特征及沉积环境探讨. 第四纪研究，27（5）：735–749。

（3）葛晨东，王颖，T.F Pedersen，O. Slaymaker，2007. 海南岛万泉河口沉积物有机碳、氮同位素的特征及其环境意义. 第四纪研究，27（5）：845–852。

（4）王颖，2007.《第四纪研究》后记. 第四纪研究，27（5）：900。

任中国海洋学会名誉理事长。

"构建'三位一体'实践教学体系，培养创新型地学人才"获"南京大学教学成果奖特等奖"和"江苏省教学成果奖二等奖"。

2008 年

1 月 30 日，江苏省人事厅、江苏省妇女联合会授予王颖"江苏省劳动模范"称号与待遇［苏人通（2008）19 号］。

5 月 19 日，获聘为国家级海域使用论证评审专家（2008.5.19—

2011.5.18）。

7月21日，"曹妃甸深水港选址与建设"获"河北省院士特殊贡献奖二等奖"（证书号：2008-0030）。

9月25日至28日，在青岛组织与主持召开"国际潮流动力与沉积学术会议（International Tidalites Conference）"。

9月28日，获聘为"唐山市人民政府特邀院士"。

12月，作为第二完成人参与的"曹妃甸工业区建设对海岸海洋生态影响与预测研究"项目由河北省科技厅颁发"河北省科学技术成果证书"，省级登记号：20082892，成果水平：国内领先。

发表期刊论文：王颖，2008. 曹妃甸深水港——从理想到现实.《纵横》两会专刊：18-21。

2009 年

4月13日，陪同国外专家赴洋口港调研。

6月，中共南京大学委员会授予王颖"优秀共产党员"称号。

7月6日至11日，任团长，组织中国地貌学家代表团出席了由国际地貌学家协会（International Association of Geomorphologists，IAG）在澳大利亚墨尔本举行的"第七届国际地貌学大会"，并与中国国家代表陈中原教授参加了IAG第六次会员代表大会。

8月15日，发表期刊论文：王颖，鹿化煜，胡文瑄，王元，邵进，王腊春，2009. 加强地球系统科学教育咨询培养一流地学人才. 中国大学教学，（8）：11-12，85。

10月，获中国地理学会授予第一届"全国优秀地理科技工作者"称号。

12月，发表期刊论文：王颖，2009. 海岸海洋科学与江苏海岸环境资源——与有色金属华东地质勘查局的学术交流. 资源经济与管理研究，（2）：6-14。

12月23日，"中国1：100万数字地貌图研究及其应用"项目获"国家科技进步奖二等奖"（王颖排名第七），作为项目负责人及主要执笔人，完成了海港选址、海洋工程等勘测研究报告44项（证书号：2009-J-252-2-

09−R07）。

获得中国地理学会百年庆典颁发的"全国优秀地理科技工作者"称号。

2010 年

1 月 31 日，发表期刊论文：杨得志，张振克，毛龙江，周生路，王颖，2010，苏北 By1 孔粒度特征、含水层分布与苏北平原地下水资源保护，第四纪研究，30（1）：159−166。

2 月 2 日，受国家海洋局东海分局聘请担任"苏北浅滩'怪潮'灾害监测预警关键技术研究及示范应用"项目高级顾问。

5 月 18 日，受中国海洋工程咨询协会聘请担任中国海洋工程咨询协会顾问。

5 月 26 日，发表期刊论文：王颖，王腊春，朱大奎，2010. 长江三角洲水资源现状与环境问题. 科技通报，26（2）：171−179，188。

5 月，获聘为 2010 年度国家科学技术奖评审委员。

9 月，发表期刊论文：谭明，王颖，何华春，程海，2010. 南京三台溶洞地貌形成与长江古水面关系初探. 第四纪研究，30（5）：877−882。

10 月 27 日，获聘为广西师范学院客座教授，北部湾环境演变与资源利用省部共建教育部重点实验室学术委员会委员、荣誉主任。

11 月 2 日，受国家海洋局聘请担任国家海洋局海涂研究中心首席科学家（2010—2015）。

12 月，发表期刊论文：王颖，2010. 关于地球科学教育发展的建议. 中国大学教学，（12）：17−18，70。

12 月，《遥远的记忆——大学教育　受益无穷》刊登于《孙鼐纪念文集》，南京：南京大学出版社，19−20。

任海岸与海岛开发教育部重点实验室名誉主任（2010 至今）。

2011 年

1 月 5 日，获聘为第四届在苏中国科学院院士咨询委员会常委会委员，任可持续发展咨询组组长。

2 月 15 日，发表期刊论文：王颖，季小梅，2011. 中国海陆过渡带——海岸海洋环境特征与变化研究. 地理科学，31（2）：129-135。

7 月 27 日，参加在瑞士伯尔尼举行的第十八届国际第四纪研究联合大会（International Union for Quaternary Research，INQUA），当选为国际第四纪研究联合会终身荣誉会员（Honorary Life Fellowship）。

8 月 28 日，发表期刊论文：王颖，2011. 沙漠. 古海洋——追溯塔克拉玛干沙漠砂源. 海洋地质与第四纪地质，31（4）：11-20。

11 月 29 日，被法国地理学会授予荣誉会员称号（Honorary Fellow）。

任江苏省水运工程技术研究中心第一届技术委员会副主任。

2012 年

4 月 20 日，被南通市人民政府聘为南通市沿海港口开发专家咨询委员会专家。

4 月，获聘担任中国海洋大学海洋化学理论与工程技术教育部重点实验室第一届学术委员会委员（2012—2016）。

5 月 30 日，聘为广西壮族自治区主席院士顾问。

6 月，王颖主编的《中国区域海洋学——海洋地貌学》由海洋出版社出版（ISBN：978-7-5027-8258-0）。

6 月 15 日，发表期刊论文：Wang Ying, Yongzhan Zhang, Xinqing Zou, Dakui Zhu, David Piper, 2012. The sand ridge field of the South Yellow Sea：Origin by river—sea interaction. Marine Geology，291-294（1）：132-146。

秋，任国家首批 2011 计划"中国南海研究协同创新中心"主任。

9 月，王敏京，江苏省有色金属华东地质勘察局工程师，入学南京大学地理与海洋科学学院，成为王颖的博士生。

10 月 15 日，发表期刊论文：王颖，2012. 海岸海洋科学的发展. 地理教育，（10）：1。

10 月，由中国地理学会授予"第三届中国地理科学成就奖"。

11 月 22 日，获得中国海洋学会海洋学报中英文版编委会编委。

11 月 30 日，发表期刊论文：王颖，邹欣庆，殷勇，张永战，刘绍文，

2012. 河海交互作用与黄东海域古扬子大三角洲体系研究. 第四纪研究，32（6）：1055-1064。

11 月，由中国海洋学会授予"海洋女科学家奉献奖"。

12 月，负责主持中国科学院学部咨询评议项目："南海资源环境与海疆权益"（2012.12—2014.12）。

12 月 20 日，受高等教育出版社有限公司办公室 Frontiers of Earth Science 期刊邀请担任期刊指导委员会委员。

12 月，王颖任副主编的《江苏近海海洋综合调查与评价总报告》由科学出版社出版（ISBN：978-7-03-036016-8）。

获聘为国家海洋局海涂研究中心学术委员会委员（2012—2019）、顾问（2017—2019）。

2013 年

1 月，王颖主编的《中国海洋地理》由科学出版社出版（ISBN：978-7-03-035640-6）。

5 月 31 日，王颖主编的《中国区域海洋学——海洋地貌学》获"优秀海洋科技图书奖"（证书编号：HKJ2013-G-TS-001-Z01）。

7 月，受国土资源部海岸带开发与保护重点实验室聘请为国土资源部海岸带开发与保护重点实验室学术委员会主任（2013—2021）。

8 月 27 日，成为国际地貌学家联合会（IAG）荣誉会员（Honorary Fellow）。

10 月 29 日，第四届江苏省自然科学学术活动月在南京启动，作了题为《我国海疆权益争端辑要》的学术报告。

发表期刊文章：王颖，2013. 乐亭情怀. 读乐亭，（38）：43-45。

2014 年

1 月，王颖主编的《南黄海辐射沙脊群环境与资源》由海洋出版社出版（ISBN：978-7-5027-8581-9）。

4 月，获安吉县人民政府聘请为安吉县生态产业发展首席科技顾问。

5 月，朱大奎，王颖著《工程海岸学》由科学出版社出版（ISBN：978-7-03-040632-3）。

5 月 10 日，被北京大学城市与环境学院聘为北京大学城市与环境学院院友会第二届理事会副会长（2014—2018）。

8 月 25 日，国家海洋局聘请王颖为国家级海域使用论证评审专家（2014.8.25—2017.8.24）。

10 月 15 日，发表期刊论文：王颖，葛晨东，邹欣庆，2014. 论证南海海疆国界线. 海洋学报，36（10）：1-11，证明"九段线"就是"海疆国界线"。

12 月 30 日，获聘为中国出版集团世界图书出版广东公司《中国地理百科》丛书顾问委员会委员。

《中国区域海洋学》获"第三届中国出版政府奖"，王颖负责主编《海洋地貌学》分册。

提名年度海洋人物候选人。

获聘为中国地质调查局泥质海岸带地质环境重点实验室名誉主任。

获聘为中国科学院陆地表层格局与模拟重点实验室学术委员会委员。

2015 年

3 月，朱大奎，王颖，杨柳燕，邹欣庆著《曹妃甸海洋生态研究——唐山曹妃甸工业区建设对海岸海洋生态影响与预测研究》由南京大学出版社出版（ISBN：978-7-305-14842-2）。

5 月，王颖任副主编的《中国海洋学学科史》由中国科学技术出版社出版（ISBN：978-7-5046-6570-6）。

6 月 25 日，获聘为江苏省国土资源厅颁发的江苏省国土资源专家咨询委员会委员（2015—2018）。

12 月，获广西海上丝绸之路发展研究院聘为广西海上丝绸之路发展研究院发展战略顾问（2015.12—2018.11）。

参加江苏省女教授联谊会。

1 月，王颖主编的《中国学科发展战略——海岸海洋科学》由科学出版社出版（ISBN：978-7-03-046177-3）。

1 月，获江苏省海洋经济协会聘为江苏省海洋经济协会名誉理事长（2016.01—2020.12）。

2 月 19 日，"江苏近海海洋综合调查与评价"项目获"江苏省科学技术奖二等奖"，王颖作为第二完成人系获奖者之一（证书号：2015-2-36-R2）。

5 月 16 日，发表期刊论文：唐盟，马劲松，王颖，夏非，2016. 1947 年中国南海断续线精准划定的地形依据. 地理学报，71（6）：914-927。

6 月 15 日，发表期刊论文：Georgia Pe-Piper，David J.W. Piper，Wang Ying，Yongzhan Zhang，Corwin Trottier，Chendong Ge，Yong Yin，2016. Quaternary evolution of the rivers of northeast Hainan Island, China：Tracking the history of avulsion from mineralogy and geochemistry of river and delta sands. Sedimentary Geology,（333）：84-99.

9 月 19 日，受邀出席 2016 第十届国际湿地大会并作主题报告，获聘为常熟市人民政府高级科学顾问。

10 月，负责中国科学院学部咨询评议项目"南海海域、岛礁开发与海疆权益"（2016.10—2018.10）。

10 月 15 日，《淤泥质海岸带研究的意义（序言）》刊登于《地质通报》第 35 卷第 10 期。

11 月 18 日，获聘为国家重点研发计划项目《过去气候变化定量重建方法和我国区域气候重建》（编号：2016YFA0600500）专家指导委员会委员（2016.7—2021.6）。

11 月 20 日，获聘为北京大学南京校友会顾问。

11 月 29 日，应邀参加国家海洋局（江苏省）海涂研究中心 2016 年度学术委员会，并获聘担任国家海洋局海涂研究中心学术委员会委员（2017.1—2019.12）。

12 月 13 日，在国家海洋局"全国海洋科技创新大会"上，被授予"终身奉献海洋"纪念奖章。

2017 年

4 月 15 日，发表期刊论文：Wang Ying, Ge Chendong, Zou Xinqing, 2017. Evidence of China's sea boundary in the South China Sea. Acta Oceanologica Sinica, 36（4）：1–12.

5 月 14 日至 16 日，应邀参加南京大学院士办组织的"院士专家义乌行"活动。

5 月 15 日，发表期刊论文：王颖，2017. 黄岩岛海域环境与战略地位分析. 亚太安全与海洋研究，（3）：18–28。

6 月 19 日至 20 日，召集组织成立江苏海岸海洋保护与开发联盟。

6 月 29 日，与印度尼西亚前国家发展规划部部长阿尔米达教授进行座谈。

7 月，王颖主编的《中国海洋地理》获"第二届全国优秀地理图书奖学术著作奖"［地理会发字（2017）13 号］。

11 月，《忆导师王乃樑教授——九十诞辰纪念会专稿》刊登于《城钧岁月，还翊天地：北京大学地理学科建立 65 周年暨北京大学城市与环境学院建院 10 周年纪念文集》，北京：北京大学出版社，154–159。

12 月 6 日至 13 日，南京大学师生一行 12 人赴海南省琼海市潭门镇开展自然、历史和人文综合调研活动。

12 月 26 日，获聘为海岸与海岛开发教育部实验室第四届学术委员会名誉主任（2017.12.26—2021.12.31）。

2018 年

7 月 1 日，获聘担任广西发展战略研究会《"孔雀西南飞"人才战略研究——以广西壮族自治区为例》课题组院士专家（2018—2028）。

8 月 28 日，发表期刊论文：王颖，王敏京，2018. 火山地貌例述. 海洋地质与第四纪地质，38（4）：1–20。

9 月，"海岸带地质环境评价与监测关键技术及应用"获"国土资源科技奖二等奖"（证书编号：KJ2018-2-12-D6），王颖为第十完成人。

11 月 1 日，王颖主编的《中国学科发展战略·海岸海洋科学》获得"2017年度海洋优秀科技图书奖"（证书编号：HKJ-2017-G-TS-005-B02）。

11月30日，"中国—东盟海岸带资源环境与生态安全研究（研究报告类）"获"广西社会科学优秀成果奖三等奖"（证书编号：201815193-15），王颖是第15作者。

获聘为扬子江生态文明创新中心顾问。

2019 年

1月，负责中国科学院地学部咨询评议项目"海洋丝路地质与海洋环境战略分析"（2019.1—2021.1）。

8月6日，在浙江省科协举办、邀请江苏省院士出行的"'共建院士之家、智助绿色发展'建设研讨暨院士专家常山行活动"上，王颖院士被聘为"浙江衢州市常山县'乡村振兴讲堂'特聘导师（2019.8—2021.8）"。

11月，王颖，吴小根发表的《海平面上升与海滩侵蚀》一文获《地理学报》创刊85周年最具影响力论文奖"。

11月，王颖获"中国地理学会建设'突出贡献奖'"（证书编号：第2019-TG074）。

11月，获聘为北京大学城市与环境学院校友会第三届理事会顾问。

附录二　王颖主要论著目录

论文

［1］王颖，1962. 谈谈海岸动力地貌学. 地理,（3）：99~101.

［2］王颖，1963. 红树林海岸. 地理,（3）：110~112，138.

［3］王颖，朱大奎，1963. 海岸地貌学现状的初步分析. 南京大学学报
（地理学),（1）：74~82，照片 4 页.

［4］王颖，1964. 渤海湾西部贝壳堤与古海岸线问题. 南京大学学报（自
然科学版），8（3）：424~440，照片 3 页.

［5］王颖，1965. 渤海湾北部海岸动力地貌. 海洋文集（秘密),（3）：
25~35.

［6］王颖，朱大奎，顾锡和，崔承琦，1965. 渤海湾西南部岸滩特征. 新
港回淤研究,（2）：49~64，图 2 页.

［7］王颖（笔名：肃波），曾昭璇，1974. 珊瑚与珊瑚礁. 地理知识,（1）：
27~30.

［8］王颖，1975. 南海的海底. 海洋战线,（3）：25~28.

［9］王颖，1977. 渤海海底地貌. 海洋战线,（6）：5~8.

［10］王颖，1980. 拉布拉多海考察散记——在国外的海上生活与见闻. 海

洋,（4）：1~2.

[11] Wang Ying, 1980. The coast of China. Geoscience Canada, 7（3）: 109~113.

[12] Gustavs Vilks, Wang Ying, 1981. Surface Texture of Quartz Grains and Sedimentary Processes on the Southeastern Labrador Shelf. Geological Survey of Canada, Current Research, Part B, Paper81-1B: 55~61.

[13] 王颖, 陈万里, 1982. 三亚湾海岸地貌的几个问题. 海洋通报, 1（3）: 37~45.

[14] Wang Ying, D.J.W. Piper, Gustavs Vilks, 1982. Surface textures of turbidite sand grains, Laurentian Fan and Sohm Abyssal Plain. Sedimentology, 29（5）: 727~736.

[15] Wang Ying, D.J.W. Piper, 1982. Dynamic geomorphology of the drumlin coast of Southeast Cape Breton Island. Maritime Sediments and Atlantic Geology, 18（1）: 1~27.

[16] 王颖, 1983. 关于海岸升降标志问题. 南京大学学报（自然科学版）,（4）: 745~752.

[17] 王颖, 1983. 圣劳伦斯湾潜水地质考察记. 东海海洋, 1（4）: 63~68.

[18] 王颖, 1983. 加拿大海洋地质学研究现状. 海洋科技动态,（9）: 2~8, 照片 1 页.

[19] Wang Ying, 1983. The mudflat system of China. Canadian Journal of Fisheries and Aquatic Sciences, 40（Supplement No.1）: 160~171.

[20] 王颖, 1984. 关于开发海南岛港口的几点建议. 中国港口,（3）: 44~47.

[21] 王颖, 1984. 核废物安置与海床研究. 海洋通报, 3（6）: 84~88.

[22] 王颖, 1984. 访日结交的学者和友人. 国际学术动态,（3）: 116~117.

[23] Wang Ying, 1984. The Development of China's Coastal Zone.//, Regional Planning Development Political Systems. Bochum W. Germany, 93~99.

[24] 王颖, 1985. 中国海洋地质专题调查. 我国海洋开发战略研究论文集. 北京: 海洋出版社, 292~294.

［25］王颖，1985. 海洋地质学的发展现状与趋势. 江苏省地质学会会讯（江苏省地质学会第四次会员代表大会专辑），（1）：28~31.

［26］Wang Ying, Mei-e Ren, Dakui Zhu, 1986. Sediment supply to the continental shelf by the major rivers of China. Journal of The Geological Society, London, 143（6）：935~944.

［27］王颖，朱大奎，1987. 海岸沙丘成因的讨论. 中国沙漠，7（3）：29~40.

［28］王颖，1987. 深海浊流沉积特征与浊流砂表面结构. 南京大学学报（地理学专辑），（8）：1~7.

［29］王颖，1987. 关于加强地理科学国际交流的几点认识. 南京大学学报（地理学专辑），（8）：238~241.

［30］Wang Ying, David Aubrey, 1987. The characteristics of the China coastline. Continental Shelf Research, 7（4）：329~349.

［31］王颖，1988. 王颖教授在中国地理学会海洋地理专业委员会成立大会上的讲话. 南京大学学报（自然科学版 地理学专辑 庆贺任美锷教授从事地学工作五十年），（9）：201~203.

［32］Wang Ying, Xiankun Ke, 1989. Cheniers on the east coastal plain of China. Marine Geology,（90）：321~335.

［33］王颖，周旅复，1990. 海南岛西北部火山海岸的研究. 地理学报，45（3）：321~330.

［34］王颖，朱大奎，1990. 中国的潮滩. 第四纪研究,（4）：291~300.

［35］王颖，朱大奎，1990. 洋浦港海岸地貌与海岸工程问题. 南京大学学报（地理学专辑），（11）：1~13.

［36］Wang Ying, 1990. Coast Research in China.//the Geographical Society of China ed., Recent Development of Geographical Science in China. Beijing: Science Press, 183~196.

［37］王颖，吴小根，1991. 浙闽港湾潮滩与沉积的组合特征. 南京大学学报（地理学专辑），（12）：1~9.

［38］王颖，1991. 开发江苏岸外海洋石油. 江苏政协,（7）：22.

［39］王颖，1992. 开发南黄海海洋石油的建议. 南京大学学报（自然科学版 地理学专辑），(13)：188~190.

［40］王颖，1992. 国际海洋科技动态. 南京大学学报（自然科学版 地理学专辑），(13)：191~198.

［41］王颖，1992. 论发展中的深水大港——连云港. 南京大学学报，"连云港及后云台山环境评价与海港发展"专集（)：31~38.

［42］Wang Ying, 1992. Coastal Management in China.//PAOLO FABBRI, University of Bologna, Italy, Ocean Management in Global Change. London and New York: ELSEVIER APPLIED SCIENCE, 469~479.

［43］Wang Ying, Zhu Dakui, 1992. Sand dune coast—an effect of land-sea interaction under the new glacial Arctic climate. The Journal of Chinese Geography, 3 (1)：37~54.

［44］Wang Ying, 1992. Coastal Development and Environmental Protection in China. Industry and Environment, 15 (1~2)：7~10.

［45］王颖，吴小根，1993. 海平面上升与海滩效应.// 包浩生主编，任美锷教授八十华诞地理论文集. 南京：南京大学出版社，28~38.

［46］陈定茂（译），王颖（著），1993. 中国的沿海开发与环境保护. 产业与环境（中文版），15 (1~2)：7~10.

［47］Wang Ying, Dakui Zhu, 1993. Dynamic geomorphology and coastal engineering of Yangpu harbour, Hainan Island, China. //Narendra K. Saxena ed., Recent Advances in Marine Science and Technology, 92. Honolulu, Hawaii, the U.S.A.: PACON International, 355~362.

［48］王颖，1994. 海洋地理学的当代发展. 地理学报，49（增刊）：669~676.

［49］Wang Ying, 1994. Effect of military activities on environment in eastern and southeastern China. Annual Science Report—Supplement of Journal of Nanjing University, 30 (English Series 2)：43~46.

［50］王颖，吴小根，1995. 海平面上升与海滩效应.// 南京大学海岸与海岛开发国家试点实验室，海岸与海岛开发国家试点实验室年报

（1991—1994），海平面变化与海岸侵蚀专辑. 南京：南京大学出版社，119~128.

［51］王颖，1995. 海洋地理学的当代发展 .// 南京大学海岸与海岛开发国家试点实验室，海岸与海岛开发国家试点实验室年报（1991—1994），海平面变化与海岸侵蚀专辑. 南京：南京大学出版社，261~269.

［52］王颖，吴小根，1995. 海平面上升与海滩侵蚀. 地理学报，50（2）：118~127.

［53］王颖，1995. 对大学本科地球科学教育的几点思索. 高教研究与探索，南京大学学报哲学社会科学版高等教育科学专辑——"面向 21 世纪地学人才培养研讨会"论文集，（2）：18~21.

［54］Wang Ying, 1995. Brief Introduction to State Pilot Laboratory of Coast & Island Exploitation. Annual Science Report—Supplement of Journal of Nanjing University, 31（Series 3）：98~99.

［55］Wang Ying, 1995. Chapter 12：China//Kenji Hotta & Ian M. Dutton, eds., COASTAL MANAGEMENT IN THE ASIA—PACIFIC REGION：ISSUES AND APPROACHES（PART Ⅲ . National Status and Approaches to Coastal Managemant ）. Tokyo：Japan International Marine Science and Technology Federation, 177~186.

［56］王颖，朱大奎，1996. 黄海海底辐射沙洲形成演变研究 .// 江苏省科学技术协会编，建设海上苏东的科学之路. 北京：中国科学技术出版社，70~72.

［57］王颖，朱大奎，1996. 海南岛洋浦湾沉积作用研究. 第四纪研究，（2）：159~167.

［58］邵全琴，王颖，赵振家，1996. 海南岛潮汐汊道的现代沉积特征研究. 地理研究，（15）：84~91.

［59］Wang Ying, 1996. The sedimentation processes of tidal embayments and their relationship to deepwater harbour development along the coast of Hainan Island, China—a summary on the Canadian—Chinese cooperative research project. Annual Science Report—Supplement of Journal of Nanjing University, 32

（English Series 4）：18~19.

［60］Wang Ying，Charlie T. Schafer，Zhang Yongzhan，1996. State Pilot Laboratory of Coast & Island Exploitation（SCIEL）. Annual Science Report——Supplement of Journal of Nanjing University，32（English Series 4）：20~22.

［61］Wang Ying，1996. The international conference on relative sea level and muddy coasts of the world by working group 106 of SCOR，ICSU held in Nanjing University. Annual Science Report——Supplement of Journal of Nanjing University，32（English Series 4）：28~30.

［62］Wang Ying，Zhu Dakui，1996. Coastal Geomorphology. Annual Science Report——Supplement of Journal of Nanjing University，32（English Series 4）：35.

［63］王颖，1997. 中国的海岸科学与海洋地理学的新进展 .// 中国地理学会主编，面向 21 世纪的中国地理科学. 上海：上海教育出版社，168~182.

［64］王颖，张永战，1997. 火山海岸与环境反馈——以海岛火山海岸为例 . 第四纪研究,（4）：333~343.

［65］王颖，张永战，1997. 火山海岸与环境反馈——以海南岛火山海岸为例. 云南地理环境研究，9（2）：12~21.

［66］王颖，1997. 海洋研究倍受重视. 国际学术动态,（3）：74.

［67］朱晓东，任美锷，王颖，1997. 江苏海岸带沉积环境中的有孔虫埋葬群特征. 海洋科学,（2）：52~56.

［68］杨宝国，王颖，朱大奎，1997. 中国的海洋海涂资源. 自然资源学报，12（4）：307~316.

［69］邵全琴，王颖，王益崎，1997. 海南岛洋浦深槽与拦门沙沉积特征和沉积环境分析. 海洋学报（中文版），19（6）：134~145.

［70］王颖，1998. 海洋地质学——海洋地质学的发展与展望 .// 中国海洋学会编，21 世纪中国海洋科学与技术展望，第四专题. 北京：海洋出版社，49~59.

[71] 王颖，朱晓东，邹欣庆，朱大奎，1998. 南黄海辐射沙洲成因的浅层地震与有孔虫证据 .// 陈颙，王水，秦蕴珊，陈邦彦主编，寸丹集——庆祝刘光鼎院士工作 50 周年学术论文集. 北京：科学出版社，113~120.

[72] 王颖，1998. 对大学本科地球科学教育的几点思索 .// 杨承运主编，吕浩雪、张大良副主编，地球科学发展趋势与人才培养. 南京：河海大学出版社，33~39.

[73] 王颖，朱大奎，周旅复，王雪瑜，蒋松柳，李海宇，施丙文，张永战，1998. 南黄海辐射沙脊群沉积特点及其演变. 中国科学（D 辑），28（5）：385~393.

[74] 王颖，张永战，1998. 人类活动与黄河断流及海岸环境影响. 南京大学学报（自然科学版），34（3）：257~271.

[75] 徐钢，王颖，朱大奎，1998. 长江口海面上升量分析. 南京大学学报（自然科学版），34（3）：272~276.

[76] 尤坤元，王颖，王雪瑜，施丙文，1998. 江苏北部岸外辐射沙洲有孔虫分布及其沉积环境分析. 南京大学学报（自然科学版），34（6）：650~654.

[77] 王颖，1998. 大西洋：过去、现在和未来. 国际学术动态,（11）：74~77.

[78] Wang Ying, 1998. Sea-level changes, human impacts and coastal responses in China. Journal of Coastal Research, 14（1）：31~36.

[79] 王颖，1999. 中国"海洋地理"记事 .// 吴传钧，施雅风主编，中国地理学 90 年发展回忆录. 北京：学苑出版社，470~474.

[80] 王颖（译），任美锷，吴传钧（校），1999. 海洋地理国际宪章（国际地理联合会副主席 Adalberto Vallega 执笔）. 地理学报，54（3）：284~286.

[81] 李志忠，朱大奎，王颖，1999. 关于中国陆架沙漠化理论几个问题的探讨. 地理学报，54（3）：269~276.

[82] 王颖，张永战，1999. 黄河断流与海岸反馈. 科学，51（5）：40~44.

［83］Wang Ying, Zhu Dakui, You Kunyuan, Pan Shaoming, Zhu Xiaodong, Zou Xinqing, Zhang Yongzhan, 1999. Evolution of radiative sand ridge field of the South Yellow Sea and its sedimentary characteristics. Science in China（Series D）, 42（1）: 97~112.

［84］Ma Jingsong, Wang Ying, 1999. A spatiotemporal data model on relational database for coastal dynamic research. Marine Geodesy, 22（2）: 105~144.

［85］张永战, 王颖, 2000. 面向 21 世纪的海岸海洋科学. 南京大学学报（自然科学版）, 36（6）: 702~711.

［86］王颖, 2000. 人类与世界海洋. 国际学术动态,（4）: 23~26, 38.

［87］Wang Ying, X.Zou, D.Zhu, 2000. The utilization of coastal tidal flats: a case study on integrated coastal area management from China.// B.W. Flemming, M.T. Delafontaine & G. Liebezeit eds., Muddy Coast Dynamics and Resources Management. ELSVIER, 287~294.

［88］王颖, 盛静芬, 2001. 江河湖海与城市发展相关剖析.// 广州市城市规划局主编, 滨水地区城市设计. 北京: 中国建筑工业出版社, 85~92.

［89］王颖, 2001. 对大学地球科学教育的几点思索. 中国地质教育,（2）: 12~15.

［90］Wang Ying, Gustaf Arrhenius, Zhang Yongzhan, 2001. Drought in the Yellow River − an Environmental Threat to the Coastal Zone. Journal of Coastal Research International Coastal Symposium（ICS2000）: CHALLENGES FOR THE 21ST CENTURY IN COASTAL SCIENCES, ENGINEERING ANDENVIRONMENT（August 2001）,（Special issue 34）: 503~515.

［91］Wang Ying, Martini I. Peter, Zhu Dakui, Zhang Yongzhan, Tang Wenwu, 2001. Coastal plain evolution in southern Hainan Island, China. Chinese Science Bulletin, 46（supp.1）: 90~96, plate 1.

［92］王颖, 2002. 做无愧于时代的知识女性. 女性风采,（4）: 23~24.

［93］王颖，盛静芬，2002. 滨水环境与城市发展的初步研究. 地理科学，22（1）：12~17.

［94］陈鹏，高建华，朱大奎，王颖，2002. 海岸生态交错带景观空间格局及其受开发建设的影响分析——以海南万泉河口博鳌地区为例. 自然资源学报，17（4）：509~514.

［95］王颖，2002. 第10届太平洋科学技术协会科学大会述评. 国际学术动态，（6）：22~24.

［96］王颖，2002. 海南岛海岸环境特征. 海洋地质动态，18（3）：1~9，Ⅰ.

［97］李海宇，王颖，2002. GIS与遥感支持下的南黄海辐射沙脊群现代演变趋势分析. 海洋科学，26（9）：61~65.

［98］王颖，马劲松，李海宇，2003. 地理信息系统技术在海洋测绘中的应用. 中国海事（测绘专刊）：28~31.

［99］王颖，朱大奎，曹桂云，2003. 潮滩沉积环境与岩相对比研究. 沉积学报，21（4）：539~546.

［100］王颖，马劲松，2003. 南海海底特征、资源区位与疆界断续线. 南京大学学报（自然科学版），39（6）：797~805.

［101］王颖，2003. 充分利用天然潮汐通道建设江苏洋口深水港临海工业基地. 水资源保护，19（6）：1~4，63.

［102］王颖，2003. 充分利用天然潮汐通道建设江苏洋口深水港临海工业基地. 第二届江海论坛论文集（论坛主题：建设洋口深水港，促进江苏经济可持续发展）：1~12.

［103］王颖，王腊春，王栋，陈文瑞，2003. 长江三角洲水资源水环境承载力、发展变化规律及永续利用之对策研究. 水资源保护，19（6）：34~40，49，64.

［104］王颖，2003. 海洋在召唤. 地理教育，（3）：序.

［105］陈国强，王颖，2003. 海岸带综合管理的若干问题. 海洋通报，22（3）：39~44.

［106］王颖，牛战胜，2004. 全球变化与海岸海洋科学发展. 海洋地质与第四纪地质，24（1）：1~6.

[107] 朱大奎，王颖，王栋，王腊春，2004. 长江三角洲水环境水资源研究. 第四纪研究，24（5）：486~494.

[108] 何华春，王颖，李书恒，2004. 长江南京段历史洪水位追溯. 地理学报，59（6）：938~947.

[109] 王颖，2004. 全球变化与海岸海洋科学进展. 知识就是力量，（1）：48~50.

[110] 王颖，2004. 大学生活回忆. 南大校友通讯，（24）：49~51.

[111] Wang Ying, Terry Healy, Chen Wenrui, Wang Dong and Aimee Bishop, 2004. Water resource capacity, regulation, and sustainable utilization of the Changjiang River Delta. Journal of Coastal Research, (SI 43 Tidal Dynamics and Environment): 75~88.

[112] Terry Healy, Wang Ying, 2004. Integrated coastal zone management for sustainable development—with comment on ICZM applicability to muddy coasts. Journal of Coastal Research, (Special Issne No. 43. Tidal Dynamics and Environment): 229~242.

[113] Zou Xinqing, Wang Ying, Wang Xiaorong, Ge Chendong, Niu Zhansheng, 2004. Environmental Stress and Policy Guidelines for Environmental Management of the Sanya coastal Zone, Hainan Island, China. Journal of Coastal Research, (SI 43 Tidal Dynamics and Environment): 243~253.

[114] Yang JingHong, Jiang ShaoYong, Wang XiaoRong, Wang Ying, 2004. Heavy Metals in Coastal Waters from Sanya Bay, Hainan Island: Implication for Human Impact on the Estuarine Coastal Environments. Journal of Coastal Research, (SI 43 Tidal Dynamics and Environment): 171~178.

[115] Martini P, Wang Y, Zhu D, et al. Coastal sandy ridges and reefs of southern Hainan Island (China) developed during Quaternary sea-level variations. 2004.

[116] 王颖，2005. 论江河湖海与城市发展——兼议南京市滨江段建设.

江苏科技信息，（10）：4~10.

［117］王颖，马劲松，2006. 南海海底特征、疆域与数字南海.// 苏纪兰主编，郑和下西洋的回顾与思考. 北京：科学出版社，177~193.

［118］王颖，牛战胜，2006. 全球变化与海岸海洋科学发展.// 路甬祥主编，科学与中国——院士专家巡讲团报告集·第三辑. 北京：北京大学出版社，207~217.

［119］王颖，2006. 发挥"江海"优势，力争 5 年内江苏海洋经济跃居全国前列——大力发展江苏省海洋经济的建议. 江苏科技信息，（3）：1~2.

［120］王颖，张振克，朱大奎，杨竞红，毛龙江，李书恒，2006. 河海交互作用与苏北平原成因. 第四纪研究，26（3）：301~320.

［121］郭伟，王颖，2006. 马六甲海峡——南海航线与当代中国经济发展. 第四纪研究，26（3）：485~490.

［122］杨竞红，王颖，张振克，J.-P. Guilbault，毛龙江，魏灵，郭伟，李书恒，徐军，季小梅，2006. 苏北平原 2.58Ma 以来的海陆环境演变历史——宝应钻孔沉积物的常量元素记录. 第四纪研究，26（3）：340~352.

［123］王颖，2006.《第四纪研究》后记. 第四纪研究，26（3）.

［124］张永战，王颖，2006. 海岸海洋科学研究新进展. 地理学报，61（4）：446.

［125］王颖，2006. 忆导师王乃樑教授. 北京大学环境学院王乃樑文集编辑组，（01）：334~337.

［126］Wang Ying, Zhu Dakui, 2006. Characteristics and Exploitation of Coastal Wetland of China. 长江流域资源与环境（Resources and Environment in the Yangtze Basin），15（5）：553~559.

［127］王颖，傅光翮，张永战，2007. 河海交互作用沉积与平原地貌发育. 第四纪研究，27（5）：674~689.

［128］杨竞红，王颖，张振克，J.-P.Guilbault，毛龙江，魏灵，郭伟，李书恒，徐军，季小梅，2007. 宝应钻孔沉积物的微量元素地球化学

特征及沉积环境探讨. 第四纪研究，27（5）：735~749.

[129] 葛晨东，王颖，T.F Pedersen，O. Slaymaker，2007. 海南岛万泉河口沉积物有机碳、氮同位素的特征及其环境意义. 第四纪研究，27（5）：845~852.

[130] 王颖，2007.《第四纪研究》后记. 第四纪研究，27（5）：900.

[131] 王颖，赵连泽，吴小根，蒋全荣，邵进，陈云棠，2007. 地球系统科学创新人才培养模式探索与实践. 中国大学教学，（6）：13~16.

[132] 王颖，2008. 海洋文化特征与江苏海岸海洋文化发展 .// 国家海洋局直属机关党委办公室编，拓海知录——中国海洋文化论文选编. 北京：海洋出版社，231~240.

[133] 王颖，2008. 曹妃甸深水港——从理想到现实.《纵横》两会专刊：18~21.

[134] 王颖，鹿化煜，胡文瑄，王元，邵进，王腊春，2009. 加强地球系统科学教育培养一流地学人才. 中国大学教学，（8）：11~12，85.

[135] 王颖，2009. 海岸海洋科学与江苏海岸环境资源——与有色金属华东地质勘查局的学术交流. 资源经济与管理研究，（2）：6~14.

[136] 王颖，2010. 遥远的记忆——大学教育 受益无穷 .//《孙鼐纪念文集》编辑委员会，孙鼐纪念文集. 南京：南京大学出版社，19~20.

[137] 王颖，王腊春，朱大奎，2010. 长江三角洲水资源现状与环境问题. 科技通报，26（2）：171~179，188.

[138] 谭明，王颖，何华春，程海，2010. 南京三台溶洞地貌形成与长江古水面关系初探. 第四纪研究，30（5）：877~882.

[139] 王颖，2010. 关于地球科学教育发展的建议. 中国大学教学，（12）：17~18，70.

[140] 王颖，季小梅，2011. 中国海陆过渡带——海岸海洋环境特征与变化研究. 地理科学，31（2）：129~135.

[141] 王颖，2011. 沙漠. 古海洋——追溯塔克拉玛干沙漠砂源. 海洋地质与第四纪地质，31（4）：11~20.

［142］王颖，2012. 海岸海洋科学的发展. 地理教育，（10）：1.

［143］王颖，邹欣庆，殷勇，张永战，刘绍文，2012. 河海交互作用与黄东海域古扬子大三角洲体系研究. 第四纪研究，32（6）：1055～1064.

［144］Wang Ying, Zhang Yongzhan, Zou Xinqing, Zhu Dakui, David Piper，2012. The sand ridge field of the South Yellow Sea：Origin by river-sea interaction. Marine Geology，291-294（1）：132～146.

［145］王颖，2013. 全球变化与海岸海洋科学进展.// 许敖敖，唐泽圣主编，聆听大师 走进科学——澳门科技大学"科技大师讲座"院士讲演录（第四辑）. 澳门：澳门科技大学出版，25～40.

［146］王颖，2013. 缅怀江上舟博士.//，江上舟在海南.

［147］王颖，2013. 乐亭情怀. 读乐亭，（38）：43～45.

［148］王颖，葛晨东，邹欣庆，2014. 论证南海海疆国界线. 海洋学报，36（10）：1～11.

［149］王颖，2016. 当代海平面上升与海南海滩侵蚀.//，"南海资源环境与海疆权益"咨询项目论文集.

［150］Georgia Pe-Piper, David J.W. Piper, Wang Ying, Zhang Yongzhan, Corwin Trottier, Ge Chendong, Yin Yong，2016. Quaternary evolution of the rivers of northeast Hainan Island, China：Tracking the history of avulsion from mineralogy and geochemistry of river and delta sands. Sedimentary Geology，333（Mar.15）：84～99.

［151］王颖，傅光翮，2016.6. 我国海疆权益争端辑要.《南海经纬》. 南京：南京大学出版社.

［152］唐盟，马劲松，王颖，夏非，2016. 1947 年中国南海断续线精准划定的地形依据. 地理学报，71（6）：914～927.

［153］王颖，2016.6. 中加合作推动海疆研究新拓展.《南海经纬》. 南京：南京大学出版社，173～184.

［154］Wang Ying, GE Chendong, ZOU Xinqing，2017. Evidence of China's sea boundary in the South China Sea. Acta Oceanologica Sinica，36（4）：1～12.

著作

[1] 王颖著，祖国的海岸．北京：科学出版社，1976．

[2] 王颖，朱大奎，金翔龙，1979．海底地质地貌．// 中国科学院《中国自然地理》编辑委员会，中国自然地理—海洋地理．北京：科学出版社，5~52．

[3] 王颖，B. 迪纳瑞尔著，石英砂表面结构模式图集（中、英文版）．北京：科学出版社，1985．

[4] 王颖等著，秦皇岛海岸研究．南京：南京大学出版社，1988．

[5] Wang Ying, 1990.10. The Coastal Environments of China. Proceedings of the Fifth MICE Symposium for Asia and Pacific：Ecosystem and Environment of Tidal Flat Coast Effected by Human Being's Activities（Nanjing, August 2−9.Nanjing: Nanjing University Press, 1−7.）

[6] Edited by Wang Ying and Schafer, Charles T. Island Environment and Coast Development. Nanjing University Press, 1992.

[7] 朱大奎，王颖主编，海洋技术．江苏科技出版社，1993．

[8] Edited by David Hopely and Wang Ying. Proceedings of the 1993 PACON China Symposium：Estuarine and Coastal Processes. Published by James Cook University of North Queensland, Australia, 1994.

[9] 王颖，朱大奎著，海岸地貌学．北京：高等教育出版社，1994．

[10] 王颖主编，中国海洋地理．北京：科学出版社，1996．

[11] 王颖著，海岸——通向海洋的虹桥．严宏谟，王颖主编的 1998 国际海洋年：海洋在召唤丛书之一．南宁：广西教育出版社，1998．

[12] 王颖等著，海南潮汐汊道港湾海岸．北京：中国环境科学出版社，1998．

[13] 蔡明理，王颖著，黄河三角洲发育演变及对渤、黄海的影响．南京：河海大学出版社，1999．

[14] 朱大奎，王颖，陈方著，环境地质学．北京：高等教育出版社，2000．

教育部"面向 21 世纪课程教材"。

[15] Yang Wencai, Paul Robinson, Fu Rongshan, Wang Ying, Geodynamic Processes and Our Living Environment. Beijing: Geological publishing house. 2001.

[16] Terry Healy, Wang Ying and Juddy-Ann Healy, (editors): Muddy Coasts of the World: Processes, Deposits and Function, (ISSBN: 0-444-51019-2), published by ELSEVIER, 2002.

[17] 王颖主编, 黄海陆架辐射沙脊群. 北京: 中国环境科学出版社, 2003.

[18] 王颖主编. 中国区域海洋学——海洋地貌学. 北京: 海洋出版社, 2012.

[19] 江苏省 908 专项办公室, 张长宽主编, 王建, 王颖, 王国祥等副主编. 江苏近海海洋综合调查与评价总报告. 北京: 科学出版社, 2012.

[20] 王颖主编, 刘瑞玉, 苏纪兰副主编. 中国海洋地理. 北京: 科学出版社, 2013.

[21] 朱大奎, 王颖. 工程海岸学. 北京: 科学出版社, 2014.

[22] 王颖主编. 南黄海辐射沙脊群环境与资源. 北京: 海洋出版社, 2014.

[23] 朱大奎, 王颖, 杨柳燕, 邹欣庆著. 曹妃甸海洋生态研究——唐山曹妃甸工业区建设对海岸海洋生态影响与预测研究. 南京: 南京大学出版社, 2015.3.

[24] 中国科协主编, 中国海洋学会编著, 苏纪兰主编, 王颖副主编. 中国海洋学学科史. 北京: 中国科学技术出版社, 2015.5.

[25] 中国科学院编, 王颖主编. 中国学科发展战略——海岸海洋科学. 北京: 科学出版社, 2016.1.

参考文献

专著

［1］王颖，B. 迪纳瑞尔著，石英砂表面结构模式图集（中、英文版）. 北京：科学出版社，1985.

［2］王颖，朱大奎著，海岸地貌学. 北京：高等教育出版社，1994.

［3］王颖主编，中国海洋地理. 北京：科学出版社，1996.

［4］朱大奎，王颖，陈方著，环境地质学. 教育部"面向 21 世纪课程教材". 北京：高等教育出版社，2000.

［5］郭建荣主编. 北大的才女们. 北京：北京大学出版社，2009.

［6］《青少年爱国主义教育读本》编委会编. 科技与教育［M］. 北京：中国时代经济出版社，2009.

［7］中国科学技术协会主编. 中国地质学学科史［M］. 北京：中国科学技术出版社，2010.

［8］孙鸿烈主编. 20 世纪中国知名科学家学术成就概览 地学卷 地理学分册［M］，2010.

［9］王颖主编. 中国区域海洋学——海洋地貌学. 北京：海洋出版社，2012.

［10］朱大奎. 地貌学家的足迹——国内外地理散记［M］. 上海：上海科学技术出版社，2013.

［11］王颖主编，刘瑞玉，苏纪兰副主编. 中国海洋地理. 北京：科学出版社，2013.

［12］朱大奎，王颖著. 工程海岸学. 北京：科学出版社，2014.

［13］王颖主编. 南黄海辐射沙脊群环境与资源. 北京：海洋出版社，2014.

论文

［1］王颖. 渤海湾西部贝壳堤与古海岸线问题［J］. 南京大学学报（自然科学版），1964（3）：424-440+462-464.

［2］行月. 探求海洋奥秘的女科学家——记南京大学地理系女教师王颖［J］. 高教战线，1983（3）：29-31.

［3］古平. 王颖，大海的骄傲［J］. 瞭望周刊，1984（13）：44-45.

［4］王颖. 试论大学本科地球学科教育［C］// 地理学的理论与实践——纪念中国地理学会成立九十周年学术会议文集，1999.

［5］王颖. 对大学地球科学教育的几点思索［J］. 中国地质教育，2001（02）：12-15.

［6］兰亚明. 海天高风真师表——记海洋科学家、南京大学王颖院士［J］. 学校党建与思想教育，2002（21）：31-33.

［7］兰亚明. 探索海洋奥秘的女科学家：记新当选的中科院院士南京大学王颖教授［J］. 世界杂志，2002（5），25-27.

［8］张九辰. 竺可桢与东南大学地学系——兼论竺可桢地学思想的形成［J］. 中国科技史料，2003（2）：21-31.

［9］郭金海. 中国科学院早期研究生条例的制定［J］. 科学文化评论，2009，6（06）：82-98.

［10］王颖，鹿化煜，胡文瑄，王元，邵进，王腊春. 加强地球系统科学教育培养一流地学人才［J］. 中国大学教学，2009（8）：11-12+85.

［11］李鹏. 中国副博士研究生培养制度的历史考察［J］. 当代中国史研究，2013，20（3）：36-40+124.

［12］方延明. 海的女儿：访新任中科院院士王颖教授. 南京大学学报，2001年12月20日。

媒体报道

［1］王颖. 时代的召唤，导师的教育［N］. 科学时报，2006-10-27.

［2］朱晓华. 访中国科学院院士王颖："海的女儿"的南海梦［N］. 中国教育报，2013-02-25.

［3］毛庆. 王颖：期盼南京闪现更多"星星点点"［EB/OL］. 南京大学新闻网，2019-03-12。

［4］朱小卫. 王颖院士建议：江苏应大力发展海洋经济［N］. 科学时报，2019-03-12。

［5］唐碧阳.【地海风云录】王颖院士访谈录［EB/OL］. 南大地理人，2019-03-12。

［6］南京添了三位新院士［EB/OL］. 搜狐新闻，2019-03-12。

档案

［1］03—MQDLWY09—708.0006，王颖在纪念国际"三八"劳动妇女节75周年表彰大会上的发言。存于南京大学档案馆。

［2］MQ421.005，存于南京大学档案馆。

［3］MQDLWY 421-004，存于南京大学档案馆。

［4］MQ421.002，存于南京大学档案馆。

［5］MQDLWY 371.0005，存于南京大学档案馆。

手稿

［1］北大120周年校庆宣传素材征集。

后 记

　　根据国务院领导指示精神和《老科学家学术成长资料采集工程实施方案》，中国科协联合中组部、教育部、科技部、工业和信息化部、财政部、文化部、国资委、解放军总政治部、中国科学院、中国工程院、国家自然科学基金委员会等 11 部委共同组成领导小组，于 2010 年启动了老科学家学术成长采集工程 (以下简称"采集工程")。

　　采集工程以学术成长经历为主线，重点面向年龄 80 岁以上、在我国科技事业发展中作出突出贡献的老科学家，系统采集反映老科学家家庭背景、求学历程、师承关系、学术交往、科研活动等的各类口述资料、音视频资料和书信、手稿等文献资料，以及各种学习工作生活用品和仪器设备等。上述宝贵资料将永久存储于采集工程馆藏基地，用以宣示和弘扬中国科学家的科学精神与科学传统，并真实全面展现中国科技发展历程。

　　本书是中国科学技术协会"老科学家学术成长资料采集工程"(项目编号：CJGC 2017-K-2-JS03) 的项目成果。全书框架和内容大纲由古琬莹和吴建华设计。本书第 1 章、第 2 章由古琬莹撰写，第 3 章、第 4 章、第 5 章由李慧、古琬莹撰写，第 6 章、第 7 章、第 8 章由董芳菲、古琬莹撰写。本书撰写过程中，王颖老师提供了大量重要的资料和线索，并给予了宝贵的修改意见。同时，朱大奎教授、杨景春教授、崔之久教授、张永战

224

教授、葛晨东教授、王敏京老师、蒋飞、朱蒙、朱耕等也提供了许多有价值的文献资料。在此，一并对各位表示衷心的感谢。

漫漫学术路，孜孜追梦人。王颖老师的学术生涯充实而有价值，丰富而又多彩，我们尽可能从不同侧面去反映王颖老师的学术精神和生活态度，力争客观真实。本书文字平实却情感真挚，希望以此书答谢众多为本书提供过帮助的可爱的人们！

老科学家学术成长资料采集工程丛书

已出版（139种）

《卷舒开合任天真：何泽慧传》　　　《此生情怀寄树草：张宏达传》

《从红壤到黄土：朱显谟传》　　　　《梦里麦田是金黄：庄巧生传》

《山水人生：陈梦熊传》　　　　　　《大音希声：应崇福传》

《做一辈子研究生：林为干传》　　　《寻找地层深处的光：田在艺传》

《剑指苍穹：陈士橹传》　　　　　　《举重若重：徐光宪传》

《情系山河：张光斗传》　　　　　　《魂牵心系原子梦：钱三强传》

《金霉素·牛棚·生物固氮：沈善炯传》　《往事皆烟：朱尊权传》

《胸怀大气：陶诗言传》　　　　　　《智者乐水：林秉南传》

《本然化成：谢毓元传》　　　　　　《远望情怀：许学彦传》

《一个共产党员的数学人生：谷超豪传》《没有盲区的天空：王越传》

《含章可贞：秦含章传》　　　　　　《行有则　知无涯：罗沛霖传》

《精业济群：彭司勋传》　　　　　　《为了孩子的明天：张金哲传》

《肝胆相照：吴孟超传》　　　　　　《梦想成真：张树政传》

《新青胜蓝惟所盼：陆婉珍传》　　　《情系梁菽：卢良恕传》

《核动力道路上的垦荒牛：彭士禄传》《笺草释木六十年：王文采传》

《探赜索隐　止于至善：蔡启瑞传》　《妙手生花：张涤生传》

《碧空丹心：李敏华传》　　　　　　《硅芯筑梦：王守武传》

《仁术宏愿：盛志勇传》　　　　　　《云卷云舒：黄士松传》

《踏遍青山矿业新：裴荣富传》　　　《让核技术接地气：陈子元传》

《求索军事医学之路：程天民传》　　《论文写在大地上：徐锦堂传》

《一心向学：陈清如传》　　　　　　《铃记：张兴钤传》

《许身为国最难忘：陈能宽传》　　　《寻找沃土：赵其国传》

《钢锁苍龙　霸贯九州：方秦汉传》

《一丝一世界：郁铭芳传》

《宏才大略　科学人生：严东生传》

《虚怀若谷：黄维垣传》

《乐在图书山水间：常印佛传》

《碧水丹心：刘建康传》

《我的气象生涯：陈学溶百岁自述》

《赤子丹心　中华之光：王大珩传》

《根深方叶茂：唐有祺传》

《大爱化作田间行：余松烈传》

《格致桃李半公卿：沈克琦传》

《躬行出真知：王守觉传》

《草原之子：李博传》

《我的教育人生：申泮文百岁自述》

《阡陌舞者：曾德超传》

《妙手握奇珠：张丽珠传》

《追求卓越：郭慕孙传》

《走向奥维耶多：谢学锦传》

《绚丽多彩的光谱人生：黄本立传》

《此生只为麦穗忙：刘大钧传》

《航空报国　杏坛追梦：范绪箕传》

《聚变情怀终不改：李正武传》

《真善合美：蒋锡夔传》

《治水殆与禹同功：文伏波传》

《用生命谱写蓝色梦想：张炳炎传》

《远古生命的守望者：李星学传》

《探究河口　巡研海岸：陈吉余传》

《胰岛素探秘者：张友尚传》

《一个人与一个系科：于同隐传》

《究脑穷源探细胞：陈宜张传》

《星剑光芒射斗牛：赵伊君传》

《蓝天事业的垦荒人：屠基达传》

《善度事理的世纪师者：袁文伯传》

《"齿"生无悔：王翰章传》

《慢病毒疫苗的开拓者：沈荣显传》

《殚思求火种　深情寄木铎：黄祖洽传》

《合成之美：戴立信传》

《誓言无声铸重器：黄旭华传》

《水运人生：刘济舟传》

《在断了 A 弦的琴上奏出多复变
　　最强音：陆启铿传》

《化作春泥：吴浩青传》

《低温王国拓荒人：洪朝生传》

《苍穹大业赤子心：梁思礼传》

《仁者医心：陈灏珠传》

《神乎其经：池志强传》

《种质资源总是情：董玉琛传》

《当油气遇见光明：翟光明传》

《微纳世界中国芯：李志坚传》

《至纯至强之光：高伯龙传》

《弄潮儿向涛头立：张乾二传》

《一爆惊世建荣功：王方定传》

《轮轨丹心：沈志云传》

《继承与创新：五二三任务与青蒿素研发》

《淡泊致远　求真务实：郑维敏传》

《情系化学　返璞归真：徐晓白传》

《经纬乾坤：叶叔华传》

《山石磊落自成岩：王德滋传》

《但求深精新：陆熙炎传》

《聚焦星空：潘君骅传》

《逐梦"中国牌"心理学：周先庚传》

《情系花粉育株：胡含传》

《情系生态：孙儒泳传》

《此生惟愿济众生：韩济生传》

《谦以自牧：经福谦传》

《世事如棋　真心依旧：王世真传》

《大地情怀：刘更另传》

《一儒：石元春自传》

《玻璃丝通信终成真：赵梓森传》

《碧海青山：董海山传》

《追光：薛鸣球传》

《愿天下无甲肝：毛江森传》

《以澄净的心灵与远古对话：吴新智传》

《景行如人：徐如人传》

《材料人生：涂铭旌传》

《寻梦衣被天下：梅自强传》

《海潮逐浪　镜水周回：童秉纲
　　口述人生》

《采数学之美为吾美：周毓麟传》

《神经药理学王国的"夸父"：
　　金国章传》

《情系生物膜：杨福愉传》

《敬事而信：熊远著传》

《恬淡人生：夏培肃传》

《我的配角人生：钟世镇自述》

《大气人生：王文兴传》

《历尽磨难的闪光人生：傅依备传》

《思地虑粮六十载：朱兆良传》

《心瓣探微：康振黄传》

《寄情水际砂石间：李庆忠传》

《美玉如斯　沉积人生：刘宝珺传》

《铸核控核两相宜：宋家树传》

《驯火育英才　调土绿神州：
　　徐旭常传》

《通信科教　乐在其中：李乐民传》

《力学笃行：钱令希传》

《与肿瘤相识　与衰老同行：
　　童坦君传》

《没有勋章的功臣：杨承宗传》　　　　《科学人文总相宜：杨叔子传》